CEFR-CVの「仲介」と複言語・複文化能力

[編著] 大木 充・西山 教行

[著] 葦原 恭子・奥村 三菜子・櫻井 直子・島田 徳子
関崎 友愛・福島 青史・真嶋 潤子・松岡 洋子

はじめに

大木 充 (おおき みつる)

　日本では、少し前まで一部の地域や職場に限られていた外国の人々の存在がどこでもだれにでも身近になってきました。それにともなって社会の多様性とどのように共生すればよいのかも多くの人々の課題になってきました。この事実に呼応するかのように、ヨーロッパで開発された CEFR も私たちにとってもより身近な、無視することのできない存在になってきました。2020 年に公表された CEFR の Companion Volume（以下、CEFR-CV）は、この課題への対処のしかたを考えるときに大いに役立ちます。本書の前半では、CEFR-CV がクローズアップしている「仲介」を応用した具体的な取り組みを紹介するとともに、後半では「複言語・複文化能力」も含めてその問題点も考えます。

　各章の内容を少し詳しく紹介します。初めから順に読む必要は必ずしもありません。読者のみなさんの興味があるところからお読みください。また、CEFR-CV の背景についてお知りになりたい方は、第Ⅰ部と第Ⅲ部 6 章をお読みください。

第Ⅰ部　2001 年版 CEFR の復習

大木充　クイズで学ぶ 2001 年版 CEFR の最重要ポイント

　CEFR-CV は、2001 年版 CEFR（以下、CEFR2001）を増補したものですが、CEFR2001 の概念的枠組みを継承しています。したがって、CEFR-CV を正確に理解するためには、CEFR2001 の概念的枠組みをまず理解しておく必要があります。また、それだけでなく CEFR2001 は現代社会で外国語（外国語としての日本語を含む）教育に関係する人々の必読書です。そこで、

i

CEFR2001 の概念的枠組み、その背景・構成を、最重要ポイントだけですが、クイズ形式で整理しました。CEFR2001 と CEFR-CV の関係についてさらに詳しくは、6 章の 2. と 3. もお読みください。

第Ⅱ部　CEFR-CV の「仲介」の実践

1 章　島田徳子　「『就労場面で必要な日本語能力の目標設定ツール』仲介（橋渡し）就労 Can do」

　タイトルにあるツールは、厚生労働省が 2021 年に開発したものですが、その背景には、外国人を雇用する企業が増加し、外国人材の就労場面における日本語コミュニケーション能力を定義し評価する必要性の高まりがあります。島田氏は、このツールの作成事業の調査研究会委員の座長として関わりました。ここでは、開発した「就労 Can do」の能力記述文の検討過程のほかに、特に CEFR-CV で拡大された仲介の概念や新たに加えられた仲介の能力記述文をどのように日本国内の就労現場の現状に適した「仲介（橋渡し）就労 Can do」として収斂させたのかについて述べています。このツールの「使い方の手引き」は、厚生労働省のウェブサイト上にアップされています。本章とあわせて読むことをお勧めします。

2 章　葦原恭子　「高度外国人材に求められる仲介能力とは ―質的・量的調査法を用いた Can-do statements の構築―」

　近年、日本においては、企業における高度人材としての外国人社員の需要が高まっています。そのため、高度外国人材の育成・教育・評価に資する枠組みを構築・確立することが喫緊の課題となっています。そこで、葦原氏を中心とする研究チームは、汎用的な評価基準となり、高度外国人材の育成・教育・評価に資する枠組みとなる「ビジネス日本語フレームワーク」を構築することにしました。その構築に取り組んでいたところ、2018 年に CEFR-CV が公表され、仲介活動に関する例示的能力記述文（can-do）が新たに加えられました。そこで、研究チームは、can-do を精査・分析し、質的調

査を経て、高度外国人材に求められる「仲介活動」に関する can-do を 49 項目選定しました。次に、その 49 項目の can-do を対象として量的調査を実施し、高度外国人材が経験している仲介活動とその自己評価を明らかにしました。

3章 松岡洋子 「災害時に求められる『仲介』とは ―移民受入れ社会の仲介力を考える―」

　日本は災害大国です。今後、政府の外国人材受入れ政策などにより、多様な言語・文化・身分の外国人が増加し、長期滞在するようになります。災害時に、言語や文化・習慣、常識や価値観、そして災害経験の異なる人々と支援者との間にコミュニケーションを構築させるためには、その間にある溝（差異）を埋めることが大切です。CEFR-CV には「仲介」「異文化能力」という項目が挙げられていますが、実は、この能力こそが災害時のコミュニケーションに必要不可欠なものです。CEFR-CV は、言語・文化の異なる新たな構成員を受け入れた社会にとって、移民、受入れホスト双方に必要な能力と捉えられています。

4章 関崎友愛 「外国人保護者の言語課題（子育ての日本語）―地域社会に求められる『仲介能力』―」

　近年、日本では外国人材の受入れ拡大を背景に、外国人児童のみならず乳幼児を育てる外国人保護者の数も年々増加しています。日本で子育てをする外国人保護者の言語課題を考える際、CEFR および「日本語教育の参照枠」の言語教育観、「生活 Can do」を活用することができます。しかし、外国人保護者が「社会的存在」として日本で自分らしい子育てを実現するためには、外国人住民の努力だけでなく、受入れ側の地域社会の住民一人ひとりが多様性を尊重し、自身の考えや意見を調整しながら相互に助け合い、互いの合意形成を目指したコミュニケーションを進める必要があり、これは CEFR-CV の「仲介」「複言語能力と複文化能力」Can do が示す能力と重なります。日本語母語話者・非母語話者を問わず、すべての人たちの「仲介能力」を高めていくことこそが日本語教師に期待される役割だといえます。

5章 奥村三菜子・櫻井直子 「言語教育に『仲介』を加えることの意義 ―言語教育の実践から学習者と教師の仲介活動を考える―」

　日本語教師である奥村氏・櫻井氏は、CEFR-CV で新たに加えられた「仲介」のスケールと記述文を参照しながら考えた教育実践について、学習者が行う仲介活動と教師が行う仲介活動の 2 つの側面から事例を紹介しています。学習者が行う仲介活動については、CEFR-CV の「仲介」で示された記述文をもとに、各レベルの仲介者像について分析を行い、仲介活動を取り入れた授業活動を考えるのに役立つさまざまなヒントを示しています。教師が行う仲介活動については、奥村氏・櫻井氏が実際に行った実践の流れ、CEFR-CV を参照しながら行った教師の内省および活動の再検討、活動に参加した学生アンケートの結果を示し、実践を振り返っています。さらに、言語教育に「仲介」の視点が加わること、仲介者としての教師の役割を考えることのそれぞれの意義についても考察しています。

第Ⅲ部　CEFR-CV の背景と論点

6章 真嶋潤子 「CEFR2001 から CEFR-CV2020 への改革について ―変わらないことと変わったこと―」

　CEFR-CV の全体像、特徴についてまず知りたい読者のみなさんには、第Ⅱ部「CEFR-CV の『仲介』の実践」より先にこの章の 4. を読むことをお勧めします。CEFR2001 についても第Ⅰ部「2001 年版 CEFR の復習」と重複している部分もありますが、より詳しく説明されています。

　この章では、主に CEFR2001 から CEFR-CV に継承されている理念と CEFR-CV で新たに補遺されたことについて説明していますが、CEFR2001 が出版されるまでの言語教育観の変遷についても言及しています。この章を読むと CEFR の理論的背景をよく理解することができます。

7章 福島青史 「『複言語・複文化能力』の文脈化の可能性 ―『メディエーション』が架橋するもの―」

　この章では、「複言語・複文化能力」を従来の専門書、解説書などには見られなかったユニークな観点から考察を展開しています。まず、言語政策の観点から欧州評議会の「複言語・複文化能力」の基盤となる「複言語主義」を分析し、その政策イデオロギー、意図を明らかにします。そのうえで、「複言語・複文化能力」の日本社会への文脈化の可能性を考えています。その際に、「メディエーション（仲介）」も含めて考えています。本文中で引用している「その（複言語主義と複言語教育の）目的は、共に生きるための方法として複言語能力と異文化間教育の開発をすることである」という文が端的に福島氏の主張を表現しています。

8章 大木充 「CEFR-CV の複言語・複文化能力 ―CARAP、Coste & Cavalli（2015）との比較―」

　CEFR-CV では、CEFR2001 にはなかった複言語・複文化能力の「共通参照レベル」（レベルと能力記述文）が追加されました。たしかに A1、B1 のような参照レベルがあれば、他の言語活動のレベルと関連づけることができるので便利です。また、Can-do 型の能力記述文があれば、教育・学習目的が明確になります。でも、このような利点があるのに、なぜ CEFR2001 には複言語・複文化能力の「共通参照レベル」がなかったのか。CEFR-CV が参照することを推奨しているミシェル・カンドリエたちの『言語と文化の多元的アプローチのための参照枠（CARAP）』および CEFR2001 策定の中心人物の一人でもあったダニエル・コストとマリザ・カヴァリの論文 Coste & Cavalli（2015）の複言語・複文化能力と比較するとこの疑問が解けます。

9章 西山教行 「CEFR-CV は CEFR2001 を継承しているか ―媒介の取り扱いをめぐって―」

　CEFR-CV は、CEFR2001 の理念を継承していることが中表紙に書いてあるだけでなく本文でも繰り返し述べられています。仲介（媒介）は、十分に展開されていませんでしたが、CEFR2001 でもすでに扱われていました。西

山氏は、CEFR2001 で主に翻訳や通訳として論じられてきた仲介を CEFR-CV が中心的な教育概念として重視している功績を認めながらも、CEFR-CV の仲介が CEFR2001 のそれを継承しているかどうかを問題にしています。問題の焦点は、CEFR-CV が CEFR2001 になかった仲介の能力記述文を含む共通参照レベルを新たに追加した点ではなくて、ロシアの心理学者ヴィゴツキーの理論や北米で展開した社会文化理論を援用し、媒介論を発展させている点です。

　外国語（外国語としての日本語を含む）教育の目的の一つとしてよく「異文化理解」が挙げられます。以前はそうではありませんでしたが、最近少し違和感を覚えるようになりました。それは、異文化に対して当事者としてではなく、部外者が上から目線で眺めているように感じるからだと思います。実際には、私たちはもう傍観者でいることはできないのです。みなさんもこの本を読みながら、異文化と共生するために何ができるのかを考えてください。

本書で使われている CEFR 関係の用語整理

　本書では、CEFRで使われている用語の日本語訳をあえて統一していません。同じ用語でも章によって日本語訳が異なることがありますが、それは訳語を統一して一つにしてしまう弊害を避けるためです。読者のみなさんが本書以外の他の本を読んだときに、別の日本語訳が使われていると理解できなくなる危険性があるため、バリエーションのある訳語をそのまま用いています。

　ここで、本書で使われている CEFR 関係の専門用語の日本語訳を整理しておきます。CEFR のオリジナルは英語版とフランス語版がありますが、最初にオリジナルの英語、フランス語、次に日本語訳を示します。

英語	フランス語	日本語訳
CEFR Companion volume	CECR Volume complémentaire	・CEFR-CV ・CEFR 補遺版 ・CEFR 増補版 ・CEFR 随伴版
descriptor	descripteur	・言語能力記述文 ・能力記述文 ・記述文
illustrative descriptor	descripteur*	・例示的能力記述文 ・例示的記述文
interaction	interaction	・やり取り ・相互行為 ・インターアクション
mediation	médiation	・仲介 ・媒介 ・メディエーション
plurilingual and pluricultural competence	competence plurilingue et pluriculturelle	・複言語・複文化能力**

vii

plurilingual and intercultural competence	compétence plurilingue et interculturelle	・複言語・異文化間能力** ・複言語・異文化理解能力**
plurilingual and intercultural education	éducation plurilingue et interculturelle	・複言語・異文化間教育** ・複言語・異文化理解教育**
social agent	acteur social	・社会的行為者 ・社会的存在

＊ フランス語版では、CEFR2001 でも CEFR-CV（CEFR2020）でも英語の illustrative に
あたる単語は使われていなくて、いつも単に descripteur になっています。また、「例示的
（illustrative）」は、「～の説明に役立つ」という意味ですが、「例示的（illustrative）」が
なく単に「能力記述文（descriptor）」だけでも「～の説明に役立つ能力記述文」の意味で
使われていることもあります。

＊＊ pluricultural と pluriculturelle の訳は「複文化」、intercultural と interculturelle の訳
は「異文化間」あるいは「異文化理解」になっていますが、2 つの違いを気にする必要は
ありません。詳しくは p.215 の注 1 と注 2 をご覧ください。

　本書では、CEFR2001 や CEFR-CV の同じところからの引用が複数の章
にあります。ある概念を説明する引用が重複しているわけですが、あえて
「○○を参照」とはしていません。こうすれば、CEFR を理解するうえでの
その概念の重要さを読者のみなさんに実感していただけると思うからです。
重複しているものは、それだけ重要であるということです。

　本書の著者のうち 5 名は、文化庁文化審議会国語分科会日本語教育小委
員会「日本語教育の参照枠」補遺版の検討に関するワーキンググループ（令
和 4 年度、令和 5 年度）のメンバーでした。本書をこのような形で上梓す
るきっかけをあたえてくださったことに関して、文化庁国語課（当時）のみ
なさまに感謝申し上げます。

もくじ

はじめに i

第Ⅰ部　2001年版CEFRの復習

クイズで学ぶ2001年版CEFRの最重要ポイント［大木 充］.......................3

第Ⅱ部　CEFR-CVの「仲介」の実践

1章　「就労場面で必要な日本語能力の目標設定ツール」
仲介（橋渡し）就労Can do　　　［島田 徳子］...................23

2章　高度外国人材に求められる仲介能力とは
―質的・量的調査法を用いたCan-do statementsの構築―
［葦原 恭子］......................45

3章　災害時に求められる「仲介」とは
―移民受入れ社会の仲介力を考える―　　［松岡 洋子］......................69

4章　外国人保護者の言語課題（子育ての日本語）
―地域社会に求められる「仲介能力」―　　［関崎 友愛］......................89

5章　言語教育に「仲介」を加えることの意義
―言語教育の実践から学習者と教師の仲介活動を考える―
［奥村 三菜子・櫻井 直子］......................111

ix

第Ⅲ部　CEFR-CVの背景と論点

6章　CEFR2001からCEFR-CV2020への改革について
―変わらないことと変わったこと―　　　　　[真嶋 潤子]　.................. 133

7章　「複言語・複文化能力」の文脈化の可能性
―「メディエーション」が架橋するもの―　　[福島 青史]　.................. 167

8章　CEFR-CVの複言語・複文化能力
―CARAP、Coste & Cavalli (2015) との比較―
[大木 充]　.................. 187

9章　CEFR-CVはCEFR2001を継承しているか
―媒介の取り扱いをめぐって―
[西山 教行]　.................. 221

おわりに　.............. 245

著者一覧　.............. 247

第Ⅰ部

2001年版CEFRの復習

2

クイズで学ぶ
2001年版CEFRの最重要ポイント

大木 充（おおき みつる）

　2020年に公表されたCEFR補遺版（随伴版／以下、CEFR-CV）の中表紙には、「本書は2001年版CEFRを更新したものであるが、2001年版CEFRの概念的枠組みは引き続き有効である」と明記されています。したがって、CEFR-CVを正確に理解するためには、2001年版CEFR（以下、CEFR）の概念的枠組みをまず理解しておく必要があります。さらに、「概念的枠組み」の背景とその具体的な構成をあらかじめ知っておくことは、CEFR-CVの正確な理解に役立ちます。そこで、CEFRの概念的枠組み、その背景と構成をクイズ形式で整理しておきましょう[注1]。クイズは、○×で答えるものと選択肢を選ぶものの2種類があります。選択肢は、質問の後ろに［　］で示しています。それぞれのクイズの解答は、解説の最後にあります。では、始めます。

1. CEFRとは？

Q.01 **CEFRは、Common European Framework of Reflection on Languagesの略である。**　　　　　　　　　　　　　　［○・×］

　Common **E**uropean **F**ramework of **R**eference for Languagesのそれぞれの単語の頭文字を取って略したものです。Rは、Reflectionではなくて、Referenceです。（答え：×）

Q.02 **英語で書かれているものだけがCEFRのオリジナルである。**
　　　　　　　　　　　　　　　　　　　　　　　　　　　　　［○・×］

　CEFRのオリジナルは2つ、英語版とフランス語版があります。フランス語

3

版のタイトルは、*Cadre européen commun de référence pour les langues* で、略は CECR です。CEFR は、40 種類の言語に翻訳されています。日本語にも訳されています。日本語版の書名は、『外国語教育II 外国語の学習、教授、評価のためのヨーロッパ共通参照枠』（吉島茂・大橋理枝他（訳・編）, 朝日出版社）ですが、一般に『ヨーロッパ言語共通参照枠』と呼ばれています。（答え：×）

2. CEFR の歴史的背景

Q.03 CEFR を策定したのは？ [欧州連合（EU）・欧州評議会・ユネスコ]

　CEFR は、2001 年に欧州評議会（Council of Europe; Conseil de l'Europe）が公表しました。欧州評議会は、1949 年に設立され、加盟国は現在 46 カ国にのぼります。日本もオブザーバー国として参加しています。一方、欧州連合(EU)は、政治、経済の協力を進めているまったくの別の組織です。（答え：欧州評議会）

Q.04 CEFR は、欧州評議会創設の目的「自由、平等、博愛」の理念を実現するために策定された。 [○・×]

　欧州評議会は、第二次世界大戦で隣国同士が戦ったという反省から創設されました。本部は、ドイツとフランスの国境近くに位置するフランスのストラスブールに置かれています。欧州評議会の創設の目的は、**「人権、民主主義、法の支配」の実現**です。CEFR は、この欧州評議会創設の目的の実現に貢献するために策定されました。CEFR の目標は、下記のように記述されています。

　　CEFR は Council of Europe の総合目標に奉仕するものである。大臣会議の R(82)18 と R(98)6 に記されているところによれば、「より大きな統一性をそのメンバー間にもたらす」こと、また「文化領域における共通行動を採用して」この目標の達成を狙うことである。

(p. 2 注2)

　（答え：×）

Q.05 欧州評議会が唱導し、CEFRが推進しているのは、複言語主義、多言語主義のどちら？　　　［複言語主義・多言語主義］

　CEFRは、多言語主義ではなくて、複言語主義を推進しています。（答え：複言語主義）

CEFRの最重要ポイント❶

keyword!　「人権、民主主義、法の支配」の実現

　CEFRを2001年に公表した欧州評議会創設の目的は、**「人権、民主主義、法の支配」の実現**であり、CEFRは、この欧州評議会の目的実現に貢献するために、複言語主義を推進している。

3. 複言語主義と多言語主義

Q.06 複数の言語でコミュニケーションできるようになれば、複言語能力、複文化能力があることになる。　　　　　　　　　　　　　　［〇・×］

　複言語主義を推進するというのは、具体的には複言語能力と複文化能力を養成することですが、複数の言語でコミュニケーションできるようになっても複言語能力、複文化能力があるとはいえません。（答え：×）

　複言語主義と多言語主義、2つの違いを理解することは、CEFR全体を理解するためにとても重要です。**多言語主義は、社会の中に複数の異なった言語が個々別々に共存している状態**（p. 4）です。例えば、大学で英語とフランス語の2つの授業を履修するのは多言語主義の状態ですが、複言語主義の状態とはいえません。**複言語主義は、個々の「言語や文化を完全に切り離し、心の中の別々の部屋にしまっておくわけではない。むしろそこでは新しいコミュニケーション能力が作り上げられる**のであるが、**その成立には全ての言語知識と経験が寄与するし、そこでは言語同士が相互の関係を築き、ま

た相互に作用し合っている」(p. 4, 太字は本章の著者による) **状態**です。この2つの状態を図で表すと次のようになります。

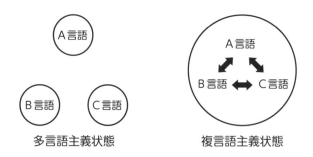

図1　多言語主義状態と複言語主義状態

4. 複言語能力と複文化能力

Q.07 ある言語でコミュニケーションをしているときに、必要ならば別の言語も用いることは避けるべきことなのか、それとも推奨するべきことなのか？　　　　　　　　　　[避けるべきこと・推奨するべきこと]

　複言語主義の状態で養成する複言語・複文化能力というのは、「言語別にバラバラに分かれているのではなく、使用する言語全てを包含する複言語と複文化の能力」(p. 191) のことです。「いろいろな状況の下で、同じ一人の人物が特定の相手との対話で効果を上げるために、その能力の中から一定の部分を柔軟に取り出して」(p. 4) 使ったり、「メッセージの途中で言語を切り替えたり、二言語での会話」(p. 156) をしたりするのも複言語・複文化能力の一つです。(答え：推奨するべきこと)

　このような能力があり、図1の右のような状態になっていれば、例えば2つの言語や文化の共通点、相違点を意識化でき、個人の言語や文化を相対化

できます。その結果、言語に固有の文化に気づき、他者の文化的アイデンティティと多様性に寛容になったり、偏見と差別をなくしたりすることも可能になります。そうすれば、より深い相互理解も容易になります。

keyword! **複言語主義　多様性　寛容**

CEFR が**複言語主義**を推進して複言語・複文化能力を養成する目的は、言語によるコミュニケーション能力だけでなく、言語と文化の**多様性**に気づかせ、その結果、多様性に**寛容**になり相互理解を容易にするためである。

5. 複言語主義に基づく教育　6つの特徴

複言語主義に基づく教育には次のような特徴があります。

(1) 部分的能力を認める
(2) ネイティブを目標としない
(3) 生涯学習を奨励
(4) 自律学習を重視
(5) 行動中心アプローチ
(6) 学習者は「社会的存在（social agent）」

複言語主義に基づく教育の特徴を順に見ていきましょう。

5.1 部分的能力を認める

Q.08 4技能は、アンバランスでもよい。例えば、読む能力より話す能力が低くてもよい。 ［○・×］

Q.09 CEFRは、不完全な熟達度の言語能力は複言語能力を構成する能力として認めていない。 ［○・×］

　CEFRの「部分的能力」は、二重の意味で使われています。一つは不完全な能力という意味で、たとえ**熟達度が低くても一つの能力として認める**立場です。例えば、フランス語は「すらすら読めるけれど、少ししか話せません」と恥じる必要はありません。CEFRでは、熟達度が低い能力も、この場合、「話す」も部分的能力として認めます。部分的能力のもう一つは、全体に対する部分という意味で、**習得している技能などが限られたものだけであっても一つの能力として認める**という立場です。わが国では、「4技能をバランス良く」という言い方をよくします。私たちには「4技能をバランス良く信仰」があり、「聞く」「読む」「話す」「書く」の4技能をすべて同程度に養成する必要があると思っています。しかし、例えば外国人観光客が多い免税店の店員さんであれば、読めなくても話せればいいわけです。CEFRでは、習得している限られた技能だけでも、この場合、「話す」だけでも部分的能力として認めます。（答え：Q8 ○／ Q9 ×）

Q.10 「部分的能力」は、複言語主義に基づく言語教育の推進に寄与している。 ［○・×］

　欧州連合（EU）では、母語に加えて2カ国語以上を身につける言語教育を重視しています。でも、限られた学習時間を考慮に入れると、すべての技能の学習に時間をかけることはできません。そこで、複言語主義を推進しているCEFRでは、部分的能力を許容する立場をとり、言語使用者のそれぞれの目的に合わせて、必要な技能を必要なレベルまで伸ばせばよいことになります。CEFRは「このような能力にも公の認知を与えることは、さまざまな種類の言語が存在するヨーロッパの中で、より多くの種類の言語を学ばせ

ることにつながり、そのことは複言語主義（plurilingualism）を浸透させるのに寄与するであろう」（p. 2）と考えています。（答え：○）

CEFRの最重要ポイント ❸

keyword! **部分的能力**

複言語主義を推進している CEFR は、熟達度が低い技能、限られた技能だけでも複言語・複文化能力を豊かにする「**部分的能力**」として積極的に位置づけ、その価値を肯定的に認めている。部分的能力を認めれば、学習時間に制限があっても複数の言語を学び、複数の文化に接することが可能になり、複言語主義に基づく教育の推進に寄与することになる。

5.2 ネイティブを目標としない

Q.11 **CEFR が外国語教育の到達目標をネイティブレベルとしていないのは、CEFR の複言語主義と関係している。** ［○・×］

「4 技能をバランス良く信仰」と並んで、部分的能力を認めることの重要性が公認されるのを阻害しているのは、私たちの「ネイティブ信仰」だと思われます。私たちは、外国語教育の到達目標を、4 技能をバランス良く、かつ完璧にそなえたネイティブのようになることだと考えがちです。しかし、この「4 技能をバランス良くかつ完璧に」という考えは、部分的能力を認める CEFR の立場では否定されます。下の引用の冒頭にある「この観点」とは、複言語主義のことです。

> この観点を採るならば、言語教育の目的は根本的に変更されることになる。もはや従前のように、単に一つか二つの言語（三つでももちろんかまわないが）を学習し、それらを相互に無関係のままにして、**究極目標としては「理想的母語話者」**を考えるといったようなことはなくなる。

新しい目的は、全ての言語能力がその中で何らかの役割を果たすことができるような言語空間を作り出すということである。もちろん、このことが意味するのは、教育機関での言語学習は多様性を持ち、生徒は**複言語的能力を身につける機会を与えられねばならない**ということである。

(pp. 4-5, 太字は本章の筆者による)

　複言語主義に基づく言語教育を実施するには、私たちは、「4技能をバランス良く信仰」と「ネイティブ信仰」を捨てて、部分的能力を公に認める必要があります。(答え：○)

5.3　生涯学習を奨励

> **Q.12** CEFR が教育機関での学習が終了しても生涯学習を奨励しているのは、個人の複言語・複文化能力の必要性は生涯にわたって変化するからである。　　　　　　　　　　　　　　[○・×]

　ここまで見てきたように「複言語能力（plurilingual competence）や複文化能力（pluricultural competence）とは、コミュニケーションのために複数の言語を用いて異文化間の交流に参加できる能力のこと」(p. 191)ですが、常に首尾よくコミュニケーションするためには、生涯にわたって学習する努力が求められます。それは、求められる複言語・複文化能力は不変でないからです。CEFR には、「複言語と複文化能力は不変ではなく、人生の方向性によって、すなわち、社会的存在である一人一人の私的および職業上の経験を通じて、その後も発展、縮小、変形してバランスを変えていくのである。成人教育、生涯教育が特に役割を担うのはこの点である。」(p. 196)と記されています。(答え：○)

5.4 自律学習を重視

Q.13 自律学習とは、教室外や自宅など指導者がいないところでする学習のことである。 [〇・×]

教育機関での学習終了後、例えば生涯学習としてしばしば自律学習する必要があります。しかし、独りで自習しているからといって、かならずしも自律学習しているとはいえません。自律学習するには、自律学習能力が必要です。

> 授業コースが終了した後は、自律的な学習が**必要**になる。「学ぶことを学習する」ことが言語学習に不可欠であることを認識し、それによって、学習者の学習方法や、どのような選択肢があるか、どの選択肢が自分に合うかについて意識が高まれば、自律的な学習が促進される。そうすれば、既存の教育制度の中でも、学習者は、自分自身の必要性、動機、性格、資質などを考慮して、学習目標、教材、学習方法を選択するようになる。
>
> (p. 164)

引用文中にある「学ぶことを学習する」とは、自律学習能力を身につけることであり、具体的には学習者が自分に合う「学習目標」「教材」「学習方法」などを明確化できるようにすることです。

複言語主義教育を実践するためには、部分的能力を認めることに加えて、このようにして教育機関での学習が終了してからも生涯を通じて、必要なときに新しい言語やより高い言語能力を習得することができるように自律学習することを重要視する必要があります。(答え:×)

5.5 行動中心アプローチ / 学習者は「社会的存在(social agent)」

「行動中心アプローチ」と「社会的存在」は、密接に関係しているので、いっしょに見ていきましょう。

Q.14 学習者に求められている実社会での課題が先にあり、その課題を遂行するにはどんな言語知識、言語活動が必要で、何ができなければならないか（Can-do）を教えるアプローチは、行動中心アプローチ、コミュニカティブ・アプローチのどちら？

[行動中心アプローチ ・ コミュニカティブ・アプローチ]

Q.15 行動中心アプローチに基づく言語教育の目標は、学習者も言葉を学習するだけでなく、言葉を使って「社会的存在」として実社会でさまざまなことができるようにすることである。 [○・×]

　2つの質問の中で使われている「行動中心アプローチ」と「社会的存在」は、密接な関係にあります。行動中心アプローチでは、「言語の使用者と学習者をまず基本的に『社会的に行動する者・社会的存在（social agents)』、つまり一定の与えられた条件、特定の環境、また特殊な行動領域の中で、（言語行動とは限定されない）課題（tasks）を遂行・完成することを要求されている社会の成員」（p. 9）と見なします。この引用のポイントは、学習者を「社会的存在」、すなわち**言語行動とは限定されない課題**を遂行する社会の成員と見なすところです。従来、言語の教室にいる学習者は、言語を学び、それを使う人としか見なされていなかったわけですが、行動中心アプローチではそうでないことになります。**言語を使うだけでなく、言語を使って何かをする人**なのです。次に示すのは、国際交流基金日本語国際センターが、外国人が日本での生活場面で求められる基礎的な日本語コミュニケーションを「JF 生活日本語 Can-do」としてまとめたリストからの抜粋です。この「JF 生活日本語 Can-do」は、CEFR を参照して策定された「JF 日本語教育スタンダード」の理念や考え方に基づいて開発されたもので、全部で 381 の能力記述文で構成されています。

　表1（次ページ）を見ると、緊急時に日本語を使って何ができなければならないかが Can-do 型の能力記述文になっています。（答え：Q14 行動中心アプローチ／ Q15 ○）

表1 「JF生活日本語Can-do」（2023年10月17日改訂版）からの抜粋

番号	大カテゴリー	小カテゴリー	JFS種別	整番	レベル	JF生活日本語Can-do	言語活動
126	出かける	緊急時に備える／対応する			A2	激しい腹痛など、急に具合が悪くなったとき、近くにいる人に救急車を呼んでほしいことを伝えることができる。	やりとり（口頭）
127	出かける	緊急時に備える／対応する			A2	事故やひったくりなど、予期しないトラブルにあったとき、近くにいる人に110番に電話してほしいことを伝えることができる。	やりとり（口頭）
128	出かける	緊急時に備える／対応する			A2	盗難や災害など、予期しないトラブルに巻きこまれたとき、短い簡単な言葉で助けを求めたり、求められたときに対応したりすることができる。	やりとり（口頭）

CEFRの最重要ポイント ❹

keyword! **行動中心アプローチ　社会的存在**

行動中心アプローチでは、学習者も「言葉を学習するだけでなく、言葉を使って社会でさまざまなことをする人（存在）」、すなわち「**社会的存在**」と考える。したがって、行動中心アプローチに基づく言語教育の目標は、学習者を単に言葉が使えるようにするだけでなく、言葉を使って**社会的存在**として実社会でさまざまなことができるようにすることである。

6. CEFRの用い方

Q.16 **CEFRは、話す能力を養成する教授法を推奨している。** ［○・×］

　CEFRは、そのタイトル Common European Framework of Reference for Languages: Learning, teaching, assessment（『外国語の学習、教授、評価のためのヨーロッパ共通参照枠』）が示しているように「学習、教育、評価」の**参照枠**です。したがって、CEFRは、例示されている教授法や学習法を参照して用いるものであり、特定の教授法・学習法を推奨していません。

CEFR は、教育、学習、評価のガイドラインを例示しているだけなのです。
CEFR から引用すれば、「Council of Europe が長年奨励してきたのは、学
習者のコミュニケーション上の必要性に基づいて、学習者がその必要性を充
たすことができるような教材や教授法を学習者の性格に合わせて採用するこ
とであった。(中略) CEFR は、どれか一つの教授法を奨励するものではなく、
選択肢を提示するためのもの」(p. 164) なのです。(答え：×)

7.　共通参照レベル

　CEFR (『外国語の学習、教授、評価のためのヨーロッパ共通参照枠』) は、
「学習、教育、評価」の参照枠ですが、ここでは評価、特に CEFR の評価水準、
「共通参照レベル」の正しい用い方を考えます。

7.1　共通参照レベルの能力記述文

Q.17　**共通参照レベルの能力記述文は、複言語主義の「行動中心アプロー
チ」による教育と学習者も「社会的存在」であるという考えに基づ
いて作られている。**　　　　　　　　　　　　　　　　[○・×]

　CEFR の評価水準、「共通参照レベル」は、いわゆるルーブリック型評価
の形をしていて、基準、尺度、能力記述文で構成されています。次の表は、
基準 (観点)「書く産出活動 (書くこと)」[注3] の共通参照レベルの一部「レ
ポートやエッセイ」についてです。A1 ～ C2 が尺度[注4]で、「日常的な事実を
述べ、行動の理由を説明するために、きわめて短い報告文を標準的な常用形
式に沿って書くことができる」などが能力記述文です。基準は、評価の観
点を表していて、尺度は、熟達度 (後述) によって A1 ～ C2 の 6 段階にレ
ベル分けして示されています。能力記述文は、熟達度の内容を Can-do 型
(「…できる」) で記述しています。

表2 「書く産出活動（書くこと）」の共通参照レベルの一部

	レポートやエッセイ
C2	明瞭で流れるような、複雑なレポート、記事、エッセイを書き、事例を説明したり、提案や文学作品の批評文を書くことができる。 読者に重点がわかるように、適切で効果的に論理を構成することができる。
C1	複雑な話題について、明瞭な構造で、きちんと記述し、重要な関連事項を強調しながら、書くことができる。 補助的な観点、理由、関連する事例を詳細に加えて、特定の視点からの論を展開し、ある程度の長さの文が書ける。
B2	論拠、論点を整然と展開して、エッセイやレポートを書くことができる。重要な点や関連する補足事項の詳細を、適切に強調することができる。いろいろな考えや問題の解決法を評価することができる。
	エッセイやレポートを書く時に、根拠を提示しながら、ある視点に賛成や反対の理由を挙げ、さまざまな選択肢の利点と不利な点を説明できる。 いろいろなところから集めた情報や議論をまとめることができる。
B1	関心をもつ話題についての短い、簡単なエッセイを書くことができる。 自分の専門範囲の日常的もしくは非日常的な事柄について、集めた事実情報をもとに、総括し、報告できる。また、それに対し、ある程度の自信を持って自分の意見を提示することができる。
	日常的な事実を述べ、行動の理由を説明するために、きわめて短い報告文を標準的な常用形式に沿って書くことができる。
A2	利用できる能力記述文はない。
A1	利用できる能力記述文はない。

(p. 66)

　上の共通参照レベルにある能力記述文を読むと、学習者も「社会的存在」として言葉を用いて実社会で何ができるかを問題にする「行動中心アプローチ」に基づいて Can-do 型の能力記述文が書かれていることがわかります。（答え：○）

7.2 共通参照レベルの役割

Q.18 共通参照レベルは、欧米の言語だけにしか適用できない評価水準である。 [○・×]

共通参照レベルは、次のような役割をしています。

(1) 学習目標を明確にする
(2) 評価を容易にする
(3) 評価をより客観的にする
(4) 比較を容易にする
(5) 協力を容易にする
(6) 人的移動を助長する

　役割全体を見ると、それぞれの役割が相互補完関係にあることがわかります。例えば、基準と能力記述文によって学習目標が明確になり、そこに尺度が加わり評価が容易かつ客観的になり、さらに比較が容易になります。このような状態になればステークホルダー同士の協力が容易になり、人的移動が助長されることになります。この共通参照レベルは、ある特定の言語だけに適用されるものではなくて、世界のすべての言語に適用される評価水準なのでこのようなことが可能なのです。また、世界規模での交流と協力や人的移動が行われるようになった現代社会が求めている評価水準なのです。（答え：×）

7.3 共通参照レベルと評価

Q.19 共通参照レベルは、どんな授業の評価にも使えるわけではない。共通参照レベルを用いることが適しているのは、「達成（到達）度評価」それとも「熟達度評価」？ [達成（到達）度評価・熟達度評価]

　達成度評価は、「特定の目的の達成の度合いを評価し、学習したことを評価」(p. 205) するためのものです。例えば、日本語の教室で助詞の「は」と「が」

の使い分けについて学習し、その後にその使い分けに焦点を絞って、その2つのどちらかを使って穴埋め問題をして理解度を見るのは、達成度評価です。それに対して、「熟達度評価は、実世界の問題に対して、学習者が、何ができるか／何を知っているかの評価」（p. 205）です。もう一度、本稿の表1と表2を見てください。例えば、表1では「緊急時に備える／対応する」、表2では「レポートやエッセイ（を書く）」という実世界の問題に対して、学習者が何ができるかを評価するようになっています。（答え：熟達度評価）

CEFRの最重要ポイント ❺

keyword! 　共通参照レベル　熟達度評価

共通参照レベルは、ある特定の言語だけに適用されるものではなくて、世界のすべての言語に適用される評価水準である。**共通参照レベル**は、社会的存在である学習者が学習したことを使って実社会での課題の何ができるか、何を知っているかを評価する「**熟達度評価**」をするためのものである。

7.4　能力記述文の文脈化

Q.20　共通参照レベルの能力記述文は、学習者の置かれている環境に合わせて文脈化（ローカライズ）して用いることが前提になっている。

[○・×]

共通参照レベルの能力記述文は、そのまま用いる必要はありません。このことは、「共通**参照**レベル」（Common **Reference** Levels; Niveaux communs de **référence**）という名前からおおよそ見当がつきます。評価するとき、参照できる、**共通の水準**です。共通に使えるように能力記述文は少し抽象的ですが、実際に使うためには必要に応じて字句を具体的に変える、つまり文脈化（ローカライズ）すればよいのです。例えば、次の表3と表4の能力

17

記述文を比べてみてください。

表3　CEFR「口頭のやり取り」の共通参照レベルの一部

	製品やサービスを得るための取引
A1	人に物事を要求したり、与えることができる。 数や量、費用、時間を扱うことができる。

(p. 84)

表4　「JF 生活日本語 Can-do」（2023 年 10 月 17 日改訂版）からの抜粋

大カテゴリー	小カテゴリー	JFS種別	整番	レベル	JF生活日本語Can-do	言語活動
出かける	買い物をする			A1	店員に買いたいものの値段をたずね、答えを聞いて理解することができる。	やりとり（口頭）
出かける	買い物をする	JF	343	A1	八百屋や市場などで買い物をするとき、買いたい野菜や果物などの名前と個数を店員に伝えることができる。	やりとり（口頭）

　言語活動は、同じ口頭でのやり取りで、しかも同じような状況に関する能力記述文ですが、CEFR のほうは、抽象的であまり具体的ではありません。それに対して、「JF 生活日本語 Can-do」のほうは、とても具体的です。CEFR の能力記述文は、学習環境に関係なく、つまりどんな文脈でも使えるように能力記述文を脱文脈化してあるのです。それに対して「JF 生活日本語 Can-do」のほうは、学習者の置かれている環境に合うように再文脈化してあるのです。

　ただし、CEFR が目指していることと、学習者の置かれている環境に合わせて文脈化することが矛盾しないように注意する必要があります。共通性が構築されなければ、共通参照レベルの意味がないからです。つまり、共通性を担保にして文脈化をする必要があるのです。また、能力記述文もあくまでも例示的なものであり、決してすべてを網羅しているわけではありません。（答え：○）

CEFRの最重要ポイント ❻

keyword! **文脈化　共通性**

共通参照レベルの能力記述文は、すべて**文脈化**して用いることが前提になっている。ただし、共通参照レベルの文脈化に関しては、CEFR が目指していることと、学習環境に合わせて文脈化することが矛盾しないように注意する必要がある。**共通性**が構築されなければ、共通参照レベルの意味がない。

　クイズと解説は、以上ですべて終わりました。CEFR がどんなものかわかりましたか。
　最重要ポイントを 6 つ挙げましたが、さらに CEFR を理解するための最「最重要ポイント」として 2 つに絞らなければいけないとしたら、私はキーワードが「複言語主義」「多様性」「寛容」であるポイント❷と「行動中心アプローチ」「社会的存在」であるポイント❹を挙げたいと思います。何が重要であるかは、人それぞれです。みなさんはどの最重要ポイントを選びますか[注5]。

注

1 掲載されているクイズのいくつかは、*Dictionnaire Pratique du CECR, Éditions Ophrys*（Jean-Pierre Robert & Évelyne Rosen, 2010）と *Les clés du Cadre, Didier*（Francis Goullier, 2019）を参考にして作成しました。

2 引用は、原則としてすべて日本語版CEFR（『外国語教育Ⅱ ―外国語の学習、教授、評価のためのヨーロッパ共通参照枠― 追補版』（吉島茂・大橋理枝他（訳・編）、朝日出版社））からの引用です。また、言語教育に関する専門用語は、原則としてこの日本語版CEFRで使われている用語をここでも使いました。

3 CEFRでは、言語活動とそれを可能にする言語能力を分けて考えます。言語活動は、さらに、「産出活動」「受容的活動」「相互行為活動（やり取り）」「仲介活動」の4つに分けられます。「書く産出活動（書くこと）」は、「産出活動」の一つです。

4 CEFRでは、尺度（レベル）は、A1・A2「基礎段階の言語使用者」、B1・B2「自立した言語使用者」、C1・C2「熟達した言語使用者」の6段階に分かれています。

5 少し別の観点からCEFRの重要ポイントをまとめた動画、「誤解と的外れの批判から考えるCEFRとCEFR補遺版の最重要ポイント」を次の日本語教育学会のYouTubeチャンネルで観ることができます。前編と後編があります。
　　［前編］　https://www.youtube.com/watch?v=hhVyJLJGDUE
　　［後編］　https://www.youtube.com/watch?v=x4Gn40gntnM

第Ⅱ部

CEFR-CVの「仲介」の実践

22

1章 「就労場面で必要な日本語能力の目標設定ツール」仲介（橋渡し）就労Can do

島田 徳子 (しまだ のりこ)

1. はじめに

　本章では、文化庁が日本語教育の包括的な枠組みとして示した「日本語教育の参照枠　報告」（文化審議会国語分科会日本語教育小委員会, 2021）の考え方に基づき、厚生労働省が作成した「就労場面で必要な日本語能力の目標設定ツール」（厚生労働省, 2020）について取り上げます。「日本語教育の参照枠」では、日本語教育においてもヨーロッパ言語共通参照枠（Common European Framework of Reference for Languages: Learning, teaching, assessment, 以下、CEFR）の言語能力観や言語熟達度、6つのレベルや言語能力記述文（Can do）を用いることが明示されています。「就労場面で必要な日本語能力の目標設定ツール」（以下、本ツール）が開発された背景には、就労を目的とした新たな在留資格「特定技能」の新設などにより外国人を雇用する企業が増加するなか、外国人材の就労場面における日本語コミュニケーション能力を定義し評価する必要性の高まりがあります。本章の筆者である島田は、本ツールの作成事業に調査研究会委員の座長として関わりました。

　本ツールは、「日本語教育の参照枠」と同様に、CEFRの言語能力観や言語熟達度、6つのレベル（A1、A2、B1、B2、C1、C2）や言語能力記述文（Can do）を参照して作成され、就労分野の49項目の言語能力記述文を「就労Can do」として提示しています。この「就労Can do」には、CEFR-CVで更新・追加された「仲介」と「オンラインでのやり取り」の言語能力記述文（Can do）が部分的に取り入れられています。

　本章では、まず、本ツールが開発された社会背景として、日本国内の就労分野への外国人材の受入れの現状と外国人材に期待される日本語能力の基準

について整理します。次に、「就労場面で必要な日本語能力の目標設定ツール」とは何か、その目的や構成、具体的な内容について、本ツールの「使い方の手引き」（厚生労働省, 2020）の内容を参照しながら概観します。さらに、「就労 Can do」として提供されている 49 項目の言語能力記述文（Can do）の検討過程について述べます。特に、CEFR-CV で拡大された仲介の概念や言語能力記述文（Can do）を、どのように日本国内の就労現場の現状に適した「仲介（橋渡し）就労 Can do」として収斂させたのか、その検討過程について述べます。分野別の言語能力記述文（Can do）の開発過程の一例として参考にしていただけるのではないかと考えます。最後に、今後の課題として、CEFR-CV で示された仲介の概念と、本ツールの「仲介（橋渡し）就労 Can do」にはギャップが存在することについて問題提起して本章を締めくくります。

2. 就労現場への外国人材の受入れと日本語能力

　日本政府は、国際競争力を高めるための高度外国人材の積極的な受入れに加え、国内の少子高齢化による労働力不足を補完し経済活動を維持するための非熟練市場への外国人材の受入れを推進しています。具体的には、「従来の専門的・技術的分野における外国人材に限定せず、一定の専門性・技能を有し、即戦力となる外国人材を幅広く受け入れていく仕組みを構築する必要がある」（内閣府, 2018）とし、外国人労働施策の方針転換を行うとともに、外国人材の受入れと共生社会の実現を目指しています。このような日本政府の方針転換による後押しもあり、2023 年度（令和 5 年度）末現在の日本国内の在留外国人数は、約 322 万人（出入国在留管理庁, 2024b）で過去最高を更新し、2023 年 10 月末現在の外国人労働者数も約 205 万人（厚生労働省, 2024）で過去最高を更新しました。

　日本での外国人の就労は、在留資格によって仕事の内容や時間、期間に制限があるため、在留資格制度を理解する必要があります。永住者や日本人の配偶者等の身分・地位に基づく在留資格には就労制限がありませんが、外国人労働者数全体の約 7 割を占めるその他の在留資格にはさまざまな条件が設

定されています。高度人材として働く技術・人文知識・国際業務（通称、技人国）の在留資格を持つ外国人労働者は全体の2割程度です。一方、非熟練市場で働く外国人労働者は、本来は就労目的の在留資格ではない技術移転を目的とする技能実習生や外国人留学生のアルバイトなどの資格外活動が、外国人労働者数全体の約4割を占めます（厚生労働省, 2024）。このような非熟練市場で働く外国人労働者は、短期的な労働力として位置づけられています。これまでの高度人材を積極的に受け入れるという日本の外国人労働施策の結果、外国人労働者は高度人材と非熟練市場に二極化し、中間層としてのブリッジ人材や後継者の育成が課題となっています（中村, 2020）。

　さらに、外国人材を受け入れた日本の職場の現状に目を移してみると、外国人材を雇用する企業が抱える課題や、外国人部下を持つ日本人上司が抱える問題について取り上げられるようになってきました（パーソル総合研究所, 2019a, 2019b, 2020）。パーソル総合研究所（2019b）の外国人部下を持つ日本人上司を対象に行った調査によると、外国人材を受け入れる職場の30%が「ノウハウがなく、手探り状態」で、34.3%が「上司自身のストレス度が高い」と回答していることが報告されています。加えて、上司のストレスは、パート・アルバイト、技能実習生の外国人材をマネジメントする場合に高まり、「強いストレスを感じている」割合は、パート・アルバイトで39.9%、技能実習生で39.1%、正社員で30.9%であったと報告されています（パーソル総合研究所, 2019b）。本調査では、在留資格や日本語能力との関係については詳しく検討されていませんが、在留資格による就労制限についての理解不足や、職務を遂行するために必要な日本語能力に対する共通認識不足などが、上司のストレス度に影響を与えている可能性も考えられます。

　このような状況のなか、日本政府は具体的な施策として、人材を確保することが難しい産業分野で一定の専門性・技能を持つ外国人を受け入れるため、外国人労働者を中長期的に受け入れる在留資格として、新たな在留資格である「特定技能1号」と「特定技能2号」を2019年4月に創設しました。2024年3月末には、介護、ビルクリーニング、建設、自動車整備、航空、宿泊、農業、漁業、外食業、工業製品製造業、造船・船舶工業、飲食料品製造業の12分野に加えて、自動車運送業、鉄道、林業、木材産業の4分

野を追加する方針が閣議決定されました（出入国在留管理庁, 2024a）。なお、2024年2月には、現行の技能実習制度を実態に即して発展的に解消し、人手不足分野における人材確保および人材育成を目的とする育成就労制度を創設することも閣議決定されました（首相官邸, 2024）。この育成就労制度では、国際的な人材獲得競争が激化するなかで、日本が外国人材にとって魅力ある働き先として選ばれる国になるという観点から、キャリアアップの道筋を明確化し、労働者として適切に権利保護を行い、関係機関で要件等を適正化するなど、長期間にわたって産業を支える人材を育成し確保することが重視されています（首相官邸, 2024）。また、外国人の人材育成の評価方法として、日本語能力の要件が明記され、就労開始前はCEFRレベルでA1相当以上（日本語能力試験N5等）、特定技能1号移行時はA2相当以上（日本語能力試験N4等）、特定技能2号移行時はB1相当以上（日本語能力試験N3等）と、3つの段階ごとの基準を明示するとともに、分野ごとにより高い水準を設定可能とすることが検討されています（首相官邸, 2024）。例えば、今後特定技能制度に追加される予定の自動車運送業では、バス、タクシー、トラックの運転手が対象となり、利用者とのやり取りや交通ルールへの理解が求められるため、高いレベルの日本語能力を要件とすることが検討されています（出入国在留管理庁, 2024）。つまり、外国人材の日本語能力の水準は、産業分野だけでなく、職務内容や職場環境、受入れ時とその後のキャリアアップなどと関連づけて検討する必要があることがわかります。

　次節では、このような背景を踏まえて開発された「就労場面で必要な日本語能力の目標設定ツール」の概要について、本ツールの「使い方の手引き」の内容を参照しながら見ていきましょう。

3.　就労場面で必要な日本語能力の目標設定ツール

　本ツールは、CEFRや「日本語教育の参照枠」の考え方に基づき、日本国内の企業等において、企業側が外国人従業員とコミュニケーションを図りながら、就労場面に必要な日本語能力の育成（達成）目標を相互に設定・共有したり、相互に確認したり、時には評価するのに活用できるものとして開発

されました。本ツールの「使い方の手引き」(厚生労働省, 2020, p. 7) によると、対象者は、企業と外国人従業員、ハローワークと外国人求職者、キャリアセンターと留学生など、ペアで示されており、両者が相互にコミュニケーションをとりながら、活用することを重視している点が特徴といえます。本ツールは、図1で示された「日本語教育の参照枠」が参照枠として示す範囲の下にある「分野別の言語能力記述文（Can do）」の一つとして位置づけることができます。以下、本ツールの構成、企業における本ツールの使用方法について見ていきましょう。

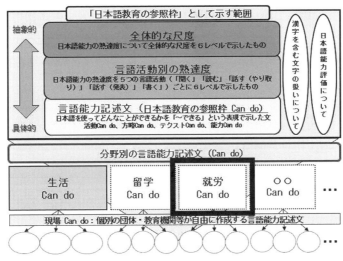

図1　本ツールと「日本語教育の参照枠」との関係
（文化庁（2021, p. 24）より一部抜粋。太枠は筆者による）

3.1　本ツールの構成

　本ツールでは、就労 Can do として作成した49項目の Can do を、7つの言語活動別にリストにした「就労 Can do リスト（めやす）」と、7つの言語活動を縦軸とし7つのレベルを横軸とした「就労場面における日本語能力：参照表」の2つの形式で提供しています。言語活動の設定では、「日本

語教育の参照枠」で示されている5つの言語活動に、CEFR-CV で提供されている「オンライン」と「仲介」の2つの言語活動を、企業調査の結果からニーズが高い言語活動であると判断し追加しています。レベルの設定では、就労現場への外国人材の受入れの状況を踏まえ、在留資格と日本語のレベルを考慮して、Aの基礎段階の言語使用者とBの自立した言語使用者を対象とし、A1、A2、B1、B2を対象としています。A2、B1、B2はさらに2つのレベルに細分化し、全部でA1、A2.1、A2.2、B1.1、B1.2、B2.1、B2.2の7つのレベルとしています。本ツールの「使い方の手引き」（厚生労働省, 2020, p. 18）では、言語活動とレベルの設定について、図2のように示しています。言語活動の名称についても、就労場面での理解の助けとなるよう、日本語教育の参照枠で「話すこと（発表）」と示されているものを「話すこと（発表・報告）」とし、CEFR-CVの「仲介」を「仲介（橋渡し）」としています。このように、就労現場のニーズや現状に合わせて、「日本語教育の参照枠」やCEFR-CV をそのまま使用するのではなく、日本国内の就労現場の状況に合わせて、言語活動の呼称についてもカスタマイズしていることがわかります。

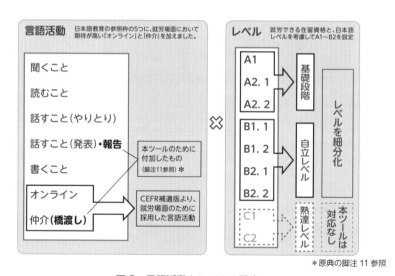

図2　言語活動とレベルの設定

（厚生労働省（2020, p. 18, 図3）をもとに作図）

以下、「就労Can do リスト（めやす）」と「就労場面における日本語能力：参照表」について詳しく見ていきましょう。

⑴ 就労 Can do リスト（めやす）

　本ツールでは、就労場面において日本語を使ってできること（言語活動）を「〜することができる」という表現で示した文を「就労 Can do」といいます。7 つの言語活動（聞く、読む、話す（やりとり）、話す（発表・報告）、書くこと、オンライン、仲介（橋渡し）ごとに、7 つのレベル（A1、A2.1、A2.2、B1.1、B1.2、B2.1、B2.2）の Can do をリストとして提供しているのが、「就労Can do リスト（めやす）」です。「使い方の手引き」（厚生労働省, 2020, pp. 13-16）では、言語活動別のリストは、①「聞くこと」と「読むこと」、②「話すこと（やりとり）」と「話すこと（発表・報告）」、③「書くこと」と「オンライン」、④「仲介（橋渡し）」の 4 つの表に分けて提供されています。

⑵ 就労場面における日本語能力：参照表

　「就労場面における日本語能力：参照表」は、「就労 Can do リスト（めやす）」の 49 項目を一覧表で示したものです。7 つの言語活動を縦軸とし、7 つのレベルを横軸として、49 項目の就労 Can do が一覧表で示されているため、CEFR の「自己評価表」、日本語教育の参照枠の「言語活動別の熟達度」と同様に、外国人従業員が自分の日本語能力で何ができるか自己評価を行ったり、職務内容に応じて期待される日本語能力の目安を検討したりするときに参照しやすい形式で提供されています。「就労場面における日本語能力：参照表」（厚生労働省, 2020, p. 11）は、本章のpp.42-43 をご参照ください。

3.2 　企業における本ツールの使用方法

　「就労 Can do リスト（めやす）」と「就労場面における日本語能力：参照表」を、企業において実際にどのように使用することが想定されているのか、見ていきましょう。

⑴ これから外国人材を受け入れる職場

　これから外国人材を受け入れる職場で本ツールを使用する場合の手順として、本ツールの「使い方の手引き」（厚生労働省, 2020, p.55）では、以下のような手順が紹介されています。

① 在留資格や従事できる業務、時間など、基本的な条件等について、受け入れる職場（関わる人）全体で確認する。
② 外国人従業員が従事する予定の職務を分析する。
③ 業務目的を達成するために、どのようなコミュニケーションが生じるか。
④ そのコミュニケーションを行うときに、どのような人と関わることになるのか 。
⑤ 話せることは必要か、聞いたり読んだりして業務に必要な行動を起こせれば十分か。
⑥ ともに働くスタッフが配慮しなくてはならないことは何か（職場環境、文化的配慮、従事する年限に合わせた短期または中・長期の育成など）。

　①〜⑥を踏まえてツールを参照し、外国人従業員が目標とする言語活動とレベルを参考にしながら、言語活動を支援するために日本語話者の従業員が配慮すべきポイントを確認する。

　以上の通り、これから外国人材を受け入れる職場で本ツールを使用する場合は、本ツールを参照しながら、職務内容を整理し、職務遂行に必要な日本語コミュニケーションについて検討します。ここで重要なポイントは、本ツールの言語能力記述文（Can do）からスタートするのではないということです。①〜⑥までの、在留資格や待遇、職務内容の分析、職務遂行に必要なコミュニケーションと必要な日本語能力の水準の検討、職場や組織で配慮することの検討など、本ツールを参照する前にしなければならないことは多岐にわたります。

⑵ すでに外国人材を雇用している職場

　すでに外国人材を雇用している職場で本ツールを使用する場合の手順として、本ツールの「使い方の手引き」（厚生労働省, 2020, p. 54）では、以下のような手順が紹介されています。

① 指導者等：日本語の活動（7つの活動）全体のうち、どの言語活動の使用頻度が高いか、どのレベルまでできる必要があるか等を概観し、現場で優先順位の高い言語活動と、実際に業務を遂行するうえで必要なレベルを検討する。
② 指導者等：必要な言語活動について、外国人従業員の実際の熟達度の位置（レベル）を見てみる。
③ 外国人従業員と指導者等：従業員本人ができていると思うことや、思うようにできないことなどを、相互に考えて共有する。
④ 外国人従業員と指導者等：仕事を行うために欠かせない言語活動と目標レベルを、本人と指導者等が一緒に確認する。
⑤ 指導者等：具体的な行動目標を設定し、OJTまたはoff-JT等の研修計画と研修実施。
⑥ 指導者等による評価と、外国人従業員本人のふりかえり。
⑦ 改善計画と次回の目標設定。

　以上の通り、指導者等と外国人従業員が目標レベルと実際の熟達度の差を確認して目標設定し、双方で共有すること、研修を計画・実施し、そのうえで達成度を評価し、再度目標設定を行い、学習を継続していくことができるようにすることが推奨されています。

4. 「就労 Can do」と「仲介（橋渡し）就労 Can do」

　本節では、「就労 Can do」として提供されている 49 項目の言語能力記述文（Can do）の検討過程と、「仲介（橋渡し）就労 Can do」の検討過程とその具体的内容について述べます。特に、CEFR-CV で拡大された仲介の

概念や言語能力記述文（Can do）を、どのように日本国内の就労現場の現状に適した「仲介（橋渡し）就労 Can do」として収斂（しゅうれん）させたのか、その検討過程に注目しましょう。

4.1 「就労 Can do」の作成手順

「就労 Can do」の作成手順は、使い方の手引き（厚生労働省, 2020, pp. 20-21）では図 3 のように示されています。以下、詳しく見ていきましょう。

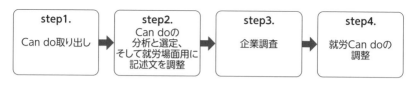

図 3 「就労 Can do」の作成手順

（厚生労働省（2020, p. 20, 図 4）をもとに作図）

(1) ステップ 1　Can do の取り出し

CEFR の言語能力記述文（Can do）と「JF 日本語教育スタンダード」が提供する JF Can-do の「聞くこと」「読むこと」「話すこと（やりとり）」「話すこと（発表）」「書くこと」のすべてのカテゴリーの言語能力記述文（Can do）と、CEFR-CV の「オンラインでのやり取り」と「仲介」のすべての言語能力記述文（Can do）を取り出し、エクセルで表を作成しました。

(2) ステップ 2　Can do の分析と選定、記述文の調整

取り出した言語能力記述文（Can do）について、5 つの観点から分析を行い、就労場面に適当と考えられる Can do を 7 つの言語活動から 7 つのレベルでおおむね 1 つずつ選定し、就労現場で想定される場面設定で記述の調整を行い、「就労 Can do」案を作成しました。選定する際の 5 つの観点は、以下の通りです。

① レベル性（レベルの特徴がわかりやすく示されているか）

② 汎用性（業種・職種に限らず必要なものであるかどうか）

③ 関連性（想定した利用者像の仕事内容に関連したものであるかどうか）

④ 具体性（タスクが具体的かどうか）

⑤ 明瞭性（記述内容がわかりやすいかどうか）

⑶ ステップ3　企業調査

　「就労 Can do」案を用いて、外国人材を雇用している企業の外国人従業員に直接指導を行っている方 69 名を対象に、49 項目の「就労 Can do」案について、部下または同僚の外国人従業員の中で具体的な1人（複数いる場合は平均的な人）をイメージして、日本語能力の実際と期待について5段階で回答を求めました。さらに、業種の異なる 15 社の企業の人事採用担当者や外国人従業員に直接指導を行っている方に、「就労 Can do」案についてヒアリングを行いました。企業調査の結果、「日本語能力の不足によって困っていることや問題となっていること」として、正社員・非正社員ともに「職場内のコミュニケーション」に最も困っており、続いて「文化や仕事に対する考え方の理解」が課題となっていることがわかりました。その回答傾向は、業種や雇用形態に偏りは見られず共通していることがわかりました。

⑷ ステップ4　「就労 Can do」の調整

　企業調査の結果をもとに、「就労 Can do」の記述内容を調整しました。まず、日本語能力の実際と期待について5段階で回答を求めた調査において、7つの言語活動別にレベル差が明確に出なかった言語能力記述文（Can do）を特定し修正しました。また、外国人従業員の就労現場のコンテクストに合った言語能力記述文（Can do）にするために、「日本語能力の不足によって困っていることや問題となっていること」として「職場内のコミュニケーション」や「文化や仕事に対する考え方の理解」に問題意識を持っているという企業調査の結果を踏まえて、記述内容を修正しました。つまり、この段階で重要なポイントは、本ツールを使用する外国人を雇用する就労現場で理解しやすく使いやすい記述内容とすることでした。

4.2 「就労 Can do」の構造

　「就労 Can do」の記述文は、構造化することによりレベル間の差を理解しやすくなっています。図 4 は、「使い方の手引き」（厚生労働省, 2020, p. 22）で示されている「就労 Can do」の構造です。

場所や関わる人　：　言語活動を行うための条件　；　対象となる事物 + 行動（できること）

図 4　「就労 Can do」の構造

（厚生労働省（2020, p. 22）をもとに作図）

　「使い方の手引き」（厚生労働省, 2020, p.22）では、例として、「話すこと（やりとり）」のレベルB1.2 の言語能力記述文（Can do）を挙げて説明しています。高いレベルの言語能力記述文（Can do）では、「場所や関わる人」「言語活動を行うための条件」がないものもあり、それは日本語能力が熟達するほど、相手の日本語や話者の配慮などの前提条件が少なくても日本語でのコミュニケーションを図ることができるということを意味していると説明しています。

（例）「話すこと（やりとり）」のレベルB1.2 の言語能力記述文（Can do）

「社内外の人と：　担当領域に関連したことであれば；　解決すべき事柄について話し合いをすることができる。情報を交換したり、チェックしたり、確認したりすることができる。」

（「使い方の手引き」厚生労働省, 2020, p.22）

　「就労 Can do」を作成する過程において、就労現場の「多様性」を想定すると同時に、具体的な場面や状況がイメージしやすい「具体性」を、言語能力記述文（Can do）に持たせることが、必要かつ重要なことでした。つまり、一見相反する両方の性質を兼ね備えた言語能力記述文（Can do）を

作成するためには、多様性と具体性を行ったり来たりすることが不可欠であるといえるでしょう。次節からは、いよいよ本書のテーマである「仲介」についてどのように検討したのか、詳しく見ていきましょう。

4.3 「仲介（橋渡し）就労 Can do」の検討過程

(1) ステップ1 「仲介（橋渡し）就労 Can do」の取り出し

　CEFR-CVの「仲介」の「テキストの仲介」の7つのカテゴリー、「概念の仲介」の4つのカテゴリー、「コミュニケーションの仲介」の3つのカテゴリーのA1からB2までのすべての言語能力記述文（Can do）を取り出し、エクセルで表を作成しました。

(2) ステップ2 「仲介（橋渡し）就労 Can do」の分析と選定、記述文の調整

　取り出した言語能力記述文（Can do）について、日本国内の就労分野への外国人材の受入れの現状と、外国人材に期待される日本語能力の基準と企業関係者へのヒアリングの結果から、A1レベルで可能な仲介活動をイメージすることが難しいと判断し、本ツールの仲介活動の言語能力記述文（Can do）としてA1は除外することとしました。また、就労現場で期待される「仲介」の言語活動はレベルごとに異なると考え、A2は「コミュニケーションの仲介」の「打ち解けた状況で仲介人としてふるまう（友人や同僚など）」のカテゴリー、B1およびB2は「概念の仲介」の「仲間からの協働を円滑に進める」のカテゴリーから選択しました。そして、他の言語活動と同様に5つの観点から分析を行い、就労場面に適当と考えられる言語能力記述文（Can do）を選定し、就労現場で想定される場面設定で記述の調整を行い、「仲介（橋渡し）就労Can do」案を作成しました。

(3) ステップ3 企業調査

　「就労 Can do」案を用いた企業調査において、「仲介（橋渡し）就労 Can do」として調査に使用したA2.1からB2.2の6つの言語能力記述文（Can do）は、日本語能力の実際と期待ともにレベルが上がるにつれて難易度が

上がることが確認できました。一方で、レベルに応じた仲介活動を想定し、A2 は「コミュニケーションの仲介」の「打ち解けた状況で仲介人としてふるまう（友人や同僚など）」のカテゴリー、B1 および B2 は「概念の仲介」の「仲間からの協働を円滑に進める」のカテゴリーの、それぞれ異なるカテゴリーから選択して作成した「仲介（橋渡し）就労 Can do」案は、仲介活動の全体像を捉えることが難しいことがわかりました。

⑷ ステップ 4　「仲介（橋渡し）就労 Can do」の調整

　⑶ の企業調査の結果を踏まえ、外国人従業員の就労現場で「日本語能力の不足によって困っていることや問題となっていること」として挙げられた、「職場内のコミュニケーション」や「文化や仕事に対する考え方の理解」に関わる場面やコンテクストで求められる「仲介（橋渡し）」の言語活動を、「仲介（橋渡し）就労 Can do」とすることとし、記述内容を修正しました。

4.4　「仲介（橋渡し）就労 Can do」

　次ページの表 1 は、「使い方の手引き」（厚生労働省, 2020, p. 16）で示された「仲介（橋渡し）就労 Can do」です。「仲介（橋渡し）就労 Can do」については、「使い方の手引き」（厚生労働省, 2020, p. 29）で詳しく説明されています。その内容に基づき見ていきましょう。

① 言語活動について

　言語活動について、就労場面における「仲介（橋渡し）」とは、企業内で、まだ日本語に慣れていない同僚に対して、仕事や職場、寮生活等に関することの理解や行動を助けるために、読んだり聞いたりして得られる情報を母語や相手にわかる言葉で伝えることであると説明したうえで、日本国内の企業において、チームで仕事をするための仲介行動であると明記しています。すでに述べた通り、企業調査の結果、「日本語能力の不足によって困っていることや問題となっていること」として挙げられた「職場内のコミュニケーション」や「文化や仕事に対する考え方の理解」に関わる場面やコ

ンテクストで期待される「仲介（橋渡し）」の言語活動に焦点化していることがわかります。

表1　仲介（橋渡し）就労Can do

言語活動	レベル	就労 Can do
仲介(橋渡し)	A1	該当なし
仲介(橋渡し)	A2.1	日常業務に関連する事柄で、（ゆっくりと）明瞭に簡単な表現で示されていれば；自身よりも日本語が熟達していない同僚や相手に、与えられた指示や案内（例：仕事の手順変更のお知らせ等）の内容を、母語や相手にわかる言葉で伝えることができる。
仲介(橋渡し)	A2.2	日常業務に関連する事柄で、短くて単純な文章で書かれていれば；自身よりも日本語が熟達していない同僚や相手に、張り紙や通知に含まれる特定の情報（例：安全手順、メール等に記載されている会議の場所や日付）を、母語や相手にわかる言葉で伝えることができる。
		明確でわかりやすく話されれば；自身よりも日本語が熟達していない同僚や相手に、重要な部分（例：作業手順）を母語や相手にわかる言葉で伝えることができる。ただし、日本語話者に対して、何度も聞き返したり、言い直しを求めることがある。
仲介(橋渡し)	B1.1	日常業務に関連する事柄で、簡単で短い文書や説明であれば；自身よりも日本語が熟達していない同僚や相手に、その情報を母語や相手にわかる言葉で伝えることができる。
		標準的な日本語でゆっくりと話してもらえれば；自身よりも日本語が熟達していない同僚や相手に、聞き返したり、長く考える時間をとりながら、母語や相手にわかる言葉で伝えることができる。
仲介(橋渡し)	B1.2	担当領域に関連する事柄で、日常的で定型的な文書（作業指示書・操作マニュアル等）であれば；自身よりも日本語が熟達していない同僚や相手に、その内容を母語や相手にわかる言葉で伝えることができる。
		想定しうる簡潔な内容（電話応対・口頭での業務指示等）の事柄で、標準的な日本語ではっきりと話してもらえれば；自身よりも日本語が熟達していない同僚や相手に、主な内容を素早く、母語や相手にわかる言葉で伝えることができる。

仲介(橋渡し)	B2.1	担当領域に関する事柄で、簡潔にまとめられた文書（会議の議事録等）であれば；自身よりも日本語が熟達していない同僚や相手に、そのまま正確に母語や相手にわかる言葉で伝えることができる。
		前もって準備していない少し複雑な話題であっても日本語話者が短く切って話してくれれば；自身よりも日本語が熟達していない同僚や相手に、その都度内容を的確に母語や相手にわかる言葉で伝えることができる。
仲介(橋渡し)	B2.2	専門領域に関する事柄で、高度な内容の文書であってもわかりやすい構成であれば；自身よりも日本語が熟達していない同僚や相手に、内容を要約して母語や相手にわかる言葉で伝えることができる。
		日本語と母語で行われる会議において、双方の社会文化的な背景も時には加味しながら、二言語間の通訳をすることができる。

（厚生労働省, 2020, p. 16 をもとに作表）

② 就労場面での例

就労場面での例として、簡単な指示や案内、張り紙や通知に含まれる主な情報（安全手順、会議の日時・場所）、業務に関する説明（文書または口頭）、作業指示書やマニュアルの内容、あらかじめ想定できるような電話の内容、会議の議事録、会議のやり取り等について、まだ日本語に慣れていない同僚に母語や相手にわかる言葉で伝える、ということなどが考えられると説明しています。

③「就労 Can do（言語能力記述文）」の特徴

「就労 Can do」の特徴としては、どの段階でも「母語または相手にわかる言葉で伝えることができる」と表されていますが、レベル B2.2 のレベルでは「二言語間の通訳をすること」もできるとしています。

④ 配慮すること（相手の日本語話者が気をつけること）

配慮すること（相手の日本語話者が気をつけること）としては、口頭によるものと文書によるものを仲介する場合があるとしています。口頭によるも

のの仲介の例として、外国人従業員の仲介によって別の従業員に説明を依頼する際の注意点についても説明がなされています。例えば、指示したい言葉だけをゆっくり話すというのではなく、その内容について文化的背景が影響して受け入れられない様子はないかなど、日本語話者が聞き手である外国人従業員の反応を捉えながら、状況に応じてよりわかりやすい説明を加えたうえで仲介してもらうという配慮をする必要性を指摘しています。文書によるものの仲介の例としては、外国人従業員の日本語の熟達度に合わせて、あらかじめ社内の掲示物をやさしい日本語で作成したり、文書はできるだけ同じフォームで作成して重要な内容を一目で読み取りやすくしたりするなどの工夫が紹介されています。

5. 今後の課題

　CEFR-CV の仲介活動は、3 つの仲介（テキスト・概念・コミュニケーション）に分かれており、それぞれのカテゴリー数（全部で 14 カテゴリー）も非常に多く複雑です。「就労 Can do」案を用いた企業調査の段階で、「仲介（橋渡し）就労 Can do」案として選定した言語能力記述文（Can do）は、レベルの特徴を考慮して、A2 はコミュニケーションの仲介の「打ち解けた状況で仲介人としてふるまう（友人や同僚など）」のカテゴリーから、B1・B2 は概念の仲介「仲間との協働を円滑に進める」のカテゴリーから選択しました。調査に使用した A2.1 から B2.2 の 6 つの言語能力記述文（Can do）は、日本語能力の実際と期待ともにレベルが上がるにつれて難易度が上がることが確認できましたが、異なるカテゴリーから選択して作成した「仲介（橋渡し）就労 Can do」案は、就労現場における仲介活動とはどのような活動であるか、その全体像を捉えることが難しいということがわかりました。最終的に、企業調査の結果、「日本語能力の不足によって困っていることや問題となっていること」として挙げられた「職場内のコミュニケーション」や「文化や仕事に対する考え方の理解」に関わる場面やコンテクストで期待される「仲介（橋渡し）」の言語活動に焦点化した言語能力記述文（Can do）を「仲介（橋渡し）就労 Can do」としました。

本ツールの「仲介（橋渡し）就労 Can do」の検討プロセスは、CEFR-CV の仲介の日本語教育の就労分野へのカスタマイズの事例として意義があるものといえるでしょう。しかし、CEFR-CV で拡張された仲介活動とのギャップは大きく、日本の職場で、「仲介（橋渡し）」としてイメージされる言語活動が限定的なものとして認識され、外国人就労者に期待される役割が固定化される危険性があるのではないかという危惧が残ります。実際の職場のコミュニケーションにおいて、「仲介」活動による共同での意味の構築や関係性の調整など、CEFR-CV で拡張された仲介の言語活動がより重要なものとして意識されるようになることを期待して、本章を締めくくります。

参考文献

厚生労働省 (2020).「就労場面で必要な日本語能力の目標設定ツール ―円滑なコミュニケーションのために― 使い方の手引き」
　　https://www.mhlw.go.jp/content/11800000/000773360.pdf
厚生労働省 (2020).「就労場面で必要な日本語能力の目標設定ツール」
　　https://www.mhlw.go.jp/stf/newpage_18220.html
厚生労働省 (2024).「『外国人雇用状況』の届出状況のまとめ（令和5年10月末現在）」
　　https://www.mhlw.go.jp/stf/newpage_37084.html
首相官邸 (2024).「技能実習制度及び特定技能の在り方に関する有識者会議最終報告書を踏まえた政府の対応について」（令和6年2月9日外国人材の受入れ・共生に関する関係閣僚会議決定）
　　https://www.kantei.go.jp/jp/singi/gaikokujinzai/kaigi/pdf/taiosaku_r060209kaitei_honbun.pdf
出入国在留管理庁 (2024a).「特定技能の受入れ見込数の再設定及び対象分野等の追加について(令和6年3月29日閣議決定)」
　　https://www.moj.go.jp/isa/applications/ssw/2024.03.29.kakugikettei.html
出入国在留管理庁 (2024b).「令和5年度末現在における在留外国人数について」
　　https://www.moj.go.jp/isa/publications/press/13_00040.html
内閣府 (2018).「経済財政運営と改革の基本方針 2018」
　　https://www5.cao.go.jp/keizai-shimon/kaigi/cabinet/honebuto/2018/2018_

basicpolicies_ja.pdf

中村二朗 (2020).「特集　平成の労働市場　外国人労働」『日本労働研究雑誌』No.717, pp.30-33.

パーソル総合研究所 (2019a).「外国人雇用に関する企業の意識・実態調査　結果報告書」
https://rc.persol-group.co.jp/thinktank/data/employment-of-foreigners.html

パーソル総合研究所 (2019b).「外国人部下を持つ日本人上司の意識・実態調査結果報告書」
https://rc.persol-group.co.jp/thinktank/data/management-of- foreigners.html

パーソル総合研究所 (2020).「日本で働く外国人材の就業実態・意識調査　結果報告書」
https://rc.persol-group.co.jp/thinktank/data/foreigners-working-in-japan.html

文化庁 (2021).「日本語教育の参照枠　報告」(令和3年10月12日; 文化審議会国語分科会)
https://www.bunka.go.jp/seisaku/bunkashingikai/kokugo/hokoku/pdf/ 93736901_01.pdf

文化庁 (2022).「『日本語教育の参照枠』の活用のための手引」(令和4年2月18日; 文化審議会国語分科会日本語教育小委員会「日本語教育の参照枠」の活用に関するワーキンググループ)
https://www.bunka.go.jp/seisaku/bunkashingikai/kokugo/hokoku/pdf/ 93705001_01.pdf

吉島茂・大橋理枝 (訳・編) (2014).『外国語の教育Ⅱ 追補版 外国語の学習、教授、評価のためのヨーロッパ共通参照枠』朝日出版社.

Council of Europe. (2001). *Common European Framework of Reference for Languages: Learning, teaching, assessment.* Cambridge.

Council of Europe. (2020). *Common European Framework of Reference for Languages: Learning, teaching, assessment - Companion volume.* Council of Europe Publishing.

表2　就労場面における日本語能力：参照表

		A1	A2.1	A2.2
	聞くこと	当人に向かって、非常にゆっくりと気をつけて発音されれば；あいさつや簡単な指示を理解することができる。	非常にゆっくりと話されれば；職場の基本ルールや安全衛生（守らなくてはいけないこと）に関する語句や表現を理解することができる。	ゆっくりと話されれば；日々の業務で行う決まった手続きや手順（日課、ルーティン）の語句や表現を理解することができる。
	読むこと	日常によくある短い簡単な表記であれば；イラストや写真などの視覚的補助や、場面から推測して読むことができる。馴染みのある固有名詞、単語や基本的な表現を部分的に理解することができる。 カタカナや漢字の例：よく行く場所や施設名、出会った人の名前、時間（月日、時分、日中、夜間、曜日）など	日常業務などの活動領域内でよく使われる語句で簡潔に書かれているものであれば；短い説明や掲示（指示、危険報告など）を理解することができる。 カタカナや漢字の例：業務に関連のある単語、頻繁に行う動作を表す言葉など、限られたもので繰り返し目にするもの	職場内で日常的に使われる言葉で書かれているものであれば；確認や注文などの、短い一般的な様式の文書等を理解することができる。
	（話すこと（やりとり））	職場内のいつも接している相手と；ゆっくりとした繰り返し、言い換え、言い直しをしながらであれば；簡単なやりとり（あいさつ）、簡単な質疑応答（自己紹介や身近な話題について）をすることができる。	職場内で：仕事上の簡単な情報交換で済む日常の話題ならば；コミュニケーションをとることができる（非常に短い社交的なやりとりには対応できるが、自分から率先して会話を進められるほどの力はない）。	社内の関係部署の人と：担当者間ミーティング等の短いやりとりで、ときどき上司や同僚が助けてくれるならば；比較的容易に会話をすることができる。 社外の人と：非常に典型的な日常の話題ならば；自身の考えや情報を交換し、質問に答えることができる。
	（話すこと（発表・報告））	あらかじめ準備していれば；あいさつや自分の名前や所属などの簡単な情報を言うことができる。	職場環境や日課などの日々の身近なことならば；簡単な語句や文を並べて単純な発表・報告をすることができる。	業務に直接関係のある事柄や物について であれば；簡単な言葉や短い文を使って、説明することができる。
	書くこと	自分の名前や所属などの基本的な事柄や、あいさつなどの定型表現ならば；平仮名といくつかのカタカナ、漢字を使って、書くことができる。	日常的な仕事中の事柄ならば；平仮名や片仮名、いくつかの漢字を使い短い文をつなげて、簡単なメモや、ごく簡単な文を書くことができる。	日々の業務など広く自身と関わりのある事柄ならば；必要な漢字を使って日誌や作業記録を時系列で書くことができる。その際に、順序を示す接続詞（まず、次に、それから等）や接続表現（ので、から、が等）を使ったりして、簡単な文を書くことができる。
	オンライン	翻訳機能に頼りながらも、とても短い文で簡単なメッセージや個人的なことをオンラインに投稿することができる。（例：メッセージアプリで業務開始、遅刻や欠席の連絡ができる）	翻訳機能に頼ることがあるが、ビジネスチャット等で：日常のやりとりであれば；簡単なやりとりを行うことができる（例：連絡事項を確認して返信する）。	1対1のオンライン会議で：回答するのに十分な時間が与えてもらえれば；自分自身を紹介し、簡単なやりとりを行い、質問をしたり、予測可能な日常のトピックについてアイデアを交換したりすることができる。
	仲介（橋渡し）	該当なし	日常業務に関連する事柄で、（ゆっくりと）明瞭に簡単な表現で示されていれば；自身よりも日本語が熟達していない同僚や相手に、与えられた指示や案内（例：仕事の手順変更のお知らせ等）の内容を、母語や相手にわかる言葉で伝えることができる。	日常業務に関連する事柄で、短くて単純な文章で書かれていれば；自身よりも日本語が熟達していない同僚や相手に、張り紙や通知に含まれる特定の情報（例：安全手順、メール等に記載されている会議の場所や日付）を、母語や相手にわかる言葉で伝えることができる。 明確でわかりやすく話されれば；自身よりも日本語が熟達していない同僚や相手に、重要な部分（例：作業手順）を母語や相手にわかる言葉で伝えることができる。ただし、日本語話者に対して、何度も聞き返したり、言い直しを求めることがある。

B1.1	B1.2	B2.1	B2.2
はっきりとした標準的な日本語で話されれば；部署内での作業指示や引継ぎ事項など、日々の話題の短い説明を理解することができる。	はっきりとした標準的な日本語で話されれば；社内の仕事上の話題について、簡単な事実関係の情報を理解することができる。	標準的な日本語で話されれば；社内で行われる議論等で、担当領域の議論の流れを理解することができる。	標準的な日本語で、特殊な慣用表現などが使われていなければ；社長スピーチ、社外講演会、顧客による説明などを理解することができる。自社や競合他社のニュースを聞いて理解することができる。
簡潔に事実等に基づいて書かれているものであれば；担当領域や業務の範囲内の、指示書や申し送り事項などは十分に理解することができる。	業務上の課題遂行のために、マニュアルや関連資料やメールなどにざっと目を通し、業務に必要な情報を収集することができる。	担当領域の文書や記事やメールを、独力でだいたい読み解くことができる（広汎な語彙力を持っているが、頻度の低い慣用句にはいくらか手こずることもある）。	専門領域の書籍や論文等から、比較的長い文章を理解し、必要な情報や論点を読み取ることができる。
社内外の人と：仕事に関連のある身近な事柄や一般的なニュースの話題など；個人的な意見を表現したり、情報を交換したりすることができる。	社内外の人と：担当領域に関連したことであれば；解決すべき事柄について話し合いをすることができる。情報を交換したり、チェックしたり、確認したりすることができる。	社内外の人と：日本語話者を相手に、一般的な事柄について、ストレスを感じさせることなく、流暢に会話することができる。重要なことを強調したり根拠を示したりして、自分の考えをはっきり説明し、主張することができる。	社内外の人と：担当領域から一般的なものまで幅広い話題について、流暢に、正確に、そして効果的に言葉を用いて、言いたいことを概ね表現できる。その場にふさわしい丁寧さで、自然なコミュニケーションをとることができる。
説明すべき事柄を順序だてて、比較的流暢に、簡単な発表や報告をすることができる。	聞き手が理解しやすいよう、要点を選んで話すことができる。また、容易に推測できる質問には対応することができる。しかし、込み入った質問に対応することができない。	担当領域に関連するテーマについて、多様な選択肢の利点や不利な点を示しながら、自身の主張を明確に説明することができる。また、想定できる様々な質問にも対応することができる。	専門領域に関連するテーマについて、要点を適切に強調し、明快かつ体系的に展開でき、流暢に発表・報告をすることができる。内容の補足など、事前準備のない展開にも対応することができる。
日々の業務など広く自身と関わりのある事柄ならば；平仮名、カタカナ、漢字を使い分けて、標準的な形式を模倣しながら、短い報告文やメール文を書くことができる。	担当領域の事柄についてならば；表記上のルールに留意して、自身の調べた情報や事実を、意見を交えながら整理して報告することができる。	担当領域に関する事柄ならば；詳細に書くことができる。自身の考えの根拠を示しながら説明する文章を書くことができる。	専門領域に関する事柄ならば；伝えたい、あるいは主張したい重要な点と補足事項のバランスを適切に考慮し、読み手が理解しやすいメール、レポート、プレゼン資料を書くことができる。
社内の小グループのオンライン会議で：視覚的な補助や対話者のきめ細かい支援があれば；やりとりに加わることができる。	プロジェクトチームのオンライン会議で：参加し、簡単な指示に従い、わからないことは聞いて、担当業務を遂行することができる。	オンライン会議で：積極的に参加し、関心のあるトピックに関する意見があるときは、その場で会話に入り、ある程度述べることができる。ただし、対話者が慣用表現や複雑な言葉を避け、回答する時間を確保する必要がある。	オンライン会議で：積極的に参加し、同時にチャットのやりとりも見ながら状況・背景を踏まえて、適切に対応できる。
日常業務に関連する事柄で、簡単で短い文書や説明であれば；自身よりも日本語が熟達していない同僚や相手に、その情報を母語や相手にわかる言葉で伝えることができる。	担当領域に関連する事柄で、日常的で定型的な文書（作業指示書・操作マニュアル等）であれば；自身よりも日本語が熟達していない同僚や相手に、その内容を母語や相手にわかる言葉で伝えることができる。	担当領域に関する事柄で、簡潔にまとめられた文書（会議の議事録等）であれば；自身よりも日本語が熟達していない同僚や相手に、そのまま正確に母語や相手にわかる言葉で伝えることができる。	専門領域に関する事柄で、高度な内容の文書であってもわかりやすい構成であれば；自身よりも日本語が熟達していない同僚や相手に、内容を要約して母語や相手にわかる言葉で伝えることができる。
標準的な日本語でゆっくり話してもらえれば；自身よりも日本語が熟達していない同僚や相手に、聞き返したり、長く考える時間をとりながら、母語や相手にわかる言葉で伝えることができる。	想定しうる簡潔な内容（電話応対・口頭での業務指示等）の事柄で、標準的な日本語ではっきり話してもらえれば；自身よりも日本語が熟達していない同僚や相手に、主な内容を素早く、母語や相手にわかる言葉で伝えることができる。	前もって準備していない少し複雑な話題であっても日本語話者が短く切って話してくれれば；自身よりも日本語が熟達していない同僚や相手に、その都度内容を的確に母語や相手にわかる言葉で伝えることができる。	日本語と母語で行われる会議において、双方の社会文化的な背景も時には加味しながら、二言語間の通訳をすることができる。

（厚生労働省（2020, p. 11）をもとに作成）

確認チェック

❶. 本ツールは、日本国内の就労分野への外国人受入れのどのような現状を踏まえて開発されましたか？

❷. 本ツールは、どのような目的で作られ、具体的に何を提供していますか。また、企業においてどのように使用することが想定されていますか？

❸. 「就労 Can do」として提供されている 49 項目の言語能力記述文（Can do）は、どのようなプロセスで開発されましたか？

❹. CEFR-CV で拡大された仲介の概念や言語能力記述文（Can do）を、どのようなプロセスで日本国内の就労現場の現状に適した「仲介（橋渡し）就労 Can do」として収斂させましたか？

❺. CEFR-CV で示された仲介の概念と、本ツールの「仲介（橋渡し）就労 Can do」にはどのようなギャップがありますか？

2章 高度外国人材に求められる仲介能力とは

質的・量的調査法を用いたCan-do statementsの構築

葦原 恭子 (あしはら きょうこ)

1. はじめに

　近年、日本では企業における高度人材としての外国人社員の需要が高まっています。日本社会における労働力人口の減少とビジネス環境のグローバル化の進展によって、元外国人留学生を高度外国人材として採用する企業が増えているためです。このような現状において、高度外国人材には、ビジネス日本語能力が求められるわけですが、その評価基準は、2024年9月現在、はっきり定まっているとはいえません。また、高度外国人材の需要が高まっているとはいえ、企業におけるその活用は十分に進んでいるとはいえません。高度外国人材の活用が進まない要因の一つとして、採用時の高度外国人材の能力の判定が難しいことが指摘されています。高度外国人材の育成・教育・評価に資する枠組みを構築・確立することは、喫緊の課題です。そこで、筆者は、研究者仲間と「ビジネス日本語フレームワーク研究会」という研究チームを立ち上げ、ビジネス日本語教育および高度外国人材の育成・評価に資する「ビジネス日本語フレームワーク」の構築を目指して、研究・調査を続けてきました。この研究の一環として、タイと韓国で活躍する高度外国人材対象のインタビュー調査を実施しました。その結果によると、各国の高度外国人材は、言語能力や異文化コミュニケーション能力を活かし、日本企業と取引先の「仲介役」として活躍しているということが明らかになりました。折しも、2018年には、CEFR 2001年版（以下、CEFR）の補遺版が発表されました。そして、「Mediation（以下、仲介）」活動について、新たな定義と例示的能力記述文（以下、can-do）が加えられ、複言語・複文化社会における「仲介」の重要性が示されました。そこで、本研究チームは、CEFR 2018補遺版（以下、CEFR-CV）の「仲介」のcan-do項目を翻訳・精査・分析し、

45

質的調査を経て、「仲介活動」can-do 項目を確定しました。次いで、高度外国人材が経験している仲介活動とその自己評価を明らかにするために、高度外国人材を対象に、量的調査を実施しました。本章では、このプロセスをご紹介しながら、高度外国人材に求められる「仲介」能力とは何か、について考えていきたいと思います。

2. 高度外国人材としての元外国人留学生をめぐる状況

2022 年度に、高度外国人材として日本企業等に就職した元外国人留学生は、33,415 人となり、2021 年度より 3,408 人（10.7%）増加しました（法務省, 2023）。このような状況下で、大学や日本語学校など日本語教育の現場では、ビジネス日本語教育のニーズが、より一層高まっています。ビジネス日本語に関する can-do については、BJT ビジネス日本語能力テストに基づく can-do が公表されています（葦原, 2014）。また、「就労場面で必要な日本語能力の目標設定ツール」として CEFR を援用した A1 ～ B2 レベルの can-do も公表されています（厚生労働省, 2020）。しかし、高度外国人材対象の CEFR を援用した、ビジネスタスクの can-do は、管見の限り、公表されていません。以上のことから、本研究チームが構築する「ビジネス日本語フレームワーク（以下、BJFW）」は、汎用的な評価基準となり、高度外国人材の育成・教育・評価に資する枠組みとなると思われます。

3. 仲介人材として活躍する高度外国人材

3.1 タイで通訳として活躍する仲介人材

本研究チームは、異文化間で通訳をする高度外国人材に求められる異文化コミュニケーション能力を明らかにするため、2017 年 8 月に、仲介の中でも特に「通訳」に焦点を絞って、タイで調査を実施しました（葦原・奥山・塩谷・島田, 2018）。日本国内外で、通訳として活躍している高度外国人材は、数多いと思われますが、タイ在住のタイ人高度人材を調査対象とした理

由は、タイには、日系企業が特に多く進出しているということです。この調査では、タイ国内で通訳業務に従事している高度外国人材8名を対象として、次のような点を明らかにすることを目的としました。

(1) タイ人の高度外国人材は仲介者としてどのような役割を果たしているか。
(2) タイ語母語話者が日本語で通訳する際の問題点・困難点・留意点は何か。

　調査対象者は、全員タイ語母語話者で、日本留学を経て、タイ国内で通訳として勤務している、または、した経験があります。本調査では、タイのバンコクで、一人当たり2時間から3時間にわたり、個別に半構造化インタビューを実施しました。主な質問事項は次の通りです。

(1) 経歴
(2) 従事している仲介活動
(3) 仲介以外の業務
(4) 通訳しにくい表現
(5) 異文化摩擦事例とその対処法

調査協力者の内訳は、表1の通りです。

表1　調査協力者の内訳　（人）

学習歴	5年(2)　6年(1)　7年(1)　8年(2)　9年(1)　12年(1)
日本留学歴	1年(1)　1年半(1)　2年(2)　2年半(1)　4年(3)
JLPT	N1取得(6)　N2取得(2)
最終学歴	タイの大学卒(4)　日本の大学院卒(4)
業種	メーカー(3)　観光メディア・花卉販売・NPOイベント関係・地方公共団体公社(各1)

この調査によって、わかったことは次の通りです。

⑴　タイ人高度人材は、タイ人と日本人の仕事への取り組み方の傾向の違いをはっきりと認識していた。それらは、「仕事への姿勢」「仕事へのこだわり」「時間の管理」「コミュニケーションスタイル」「会議のスタイル」に分類された。

⑵　タイ人高度人材は、⑴のような違いを認識したうえでさまざまな方略を用いて、仲介活動を行っていた。その方略は、「情報を確認する」「適切な伝達方法を選ぶ」「揉め事に対処する」「情報を補足する」に分類された。

⑶　タイ人高度人材は、仲介者としての心構えを持ったうえで、異文化コミュニケーターとして業務を遂行していたが、一方でさまざまなジレンマを抱えてもいた。

　以上のことから、タイ人高度人材は、単に言語を訳すだけでなく、日本人とタイ人をつなぐ異文化コミュニケーターとして、仲介活動を行っていることが明らかとなりました。

3.2　韓国のメーカーで活躍する仲介人材

　本研究チームは、2018 年 3 月には、韓国のソウルにおいて、メーカーに勤めている高度外国人材を対象として、個別に半構造化インタビュー形式の調査を実施しました（葦原・塩谷・奥山, 2019）。当時、韓国において、メーカーは、高学歴な就職希望者の就職先として代表的な業種であるとされていたためです（中央日報, 2017）。この調査の目的は、次の 3 点について明らかにすることです。

⑴　韓国における就職事情
⑵　韓国人仲介人材の役割
⑶　韓国人と日本人の仕事への取り組み方の違い

　調査対象者は、5 名の韓国語母語話者で、韓国国内のメーカーに勤務して

いる高度人材です。所属するメーカーはそれぞれ別の会社で、扱っている製品の種類も異なります。そして、全員が1～2年、交換留学やワーキングホリデーなどを通して日本に留学した経験がある元外国人留学生です。5名のうち、4名は、すでに4～8年の勤務経験があり、主任や課長の肩書きを持つ中堅社員として活躍していました。インタビュー時間は約1時間で、主な質問事項は、次の通りです。また、調査対象者の内訳は、表2の通りです。

(1) 経歴
(2) 業務内容
(3) 韓国人と日本人の仕事に対する取り組み方
(4) トラブル事例と解決方法
(5) 仲介人材として必要だと思う能力
(6) 韓国国内の就職事情

表2　韓国人高度人材の調査対象者の内訳

	高度人材A	高度人材B	高度人材C	高度人材D	高度人材E
年齢	30代前半	30代後半	20代後半	30代後半	20代後半
日本留学歴	1年	1年	1年	2年	1年半
日本語学習歴	5年	2年	12年	5年	8年
JLPT	N1	N1	N1	N1	N1
最終学歴	国立大学卒	公立大学卒	国立大学卒	私立大学卒	国立大学卒
所属	自動車部品 日系	化学 韓国系	ネットワーク 機器 韓国系	産業用部品 日系	繊維 韓国系
就業年数	8年	5年	1年半	5年	4年
肩書き	社長秘書	課長	秘書	主任	主任
業務内容	日本本社とのやりとり 本社へ報告 社長のメール翻訳	中国から原料を輸入 日本の顧客に販売 日本の取引先開拓	秘書業務 業務評価の翻訳 工場の監査の通訳	韓国内営業 報告書作成 (日本語) 昇進すれば本社勤務	日系アパレル会社とのやりとり・商品企画 通訳・貿易業務

このインタビュー調査での発話内容を分析した結果、次のようなことが明らかとなりました。

(1) 韓国人高度人材は、韓国人と日本人の仕事への取り組み方の傾向の違いをはっきりと認識していた。それらは、「仕事の進め方」「時間の管理」「問題点への対処法」「人間関係」「謝罪に対する考え方」「定年に対する考え方」に分類された。

(2) 韓国人高度人材は、(1)のような違いを認識したうえで、さまざまな方略を用いて、仲介活動を行っていた。そして、「仲介人材として必要だと思う能力」については、「調整力」「仕事の能力」「空気を読む能力」が指摘された。特に、「空気を読むこと」の重要性については、5名全員が指摘しており、印象的であった。

(3) 韓国人高度人材は、仲介者としての心構えを持ったうえで、日本人と韓国人の企業の中核をなす人材として業務を遂行していた。

4. 「仲介」can-do 開発のプロセス

4.1 CEFR 2018 補遺版の刊行

CEFR が刊行されて以来、欧州評議会に寄せられた多くの要望に応えるべく、2018 年に CEFR-CV が刊行されました[注1]。この CEFR-CV における仲介に関する能力記述文の作成は、「重要な新機軸」であると指摘されています（西山, 2018, p. 78）。また、CEFR-CV について、「新しく加えられた事項の中で、最も大きい改革・進歩は『仲介 Mediation』の能力記述であろう」（真嶋, 2019, p. 7）という指摘もあります。さらに、CEFR では、「仲介」について、「現代社会における通常の言語機能の中でも重要な位置を占める」（吉島・大橋, 2004, p. 15）としており、口頭あるいは書記テクストの処理に必要な翻訳や通訳、要約、言い換えなど対話者間の仲介の役割と規定していますが、can-do は提示されていませんでした。しかし、CEFR-CV では、意味の構築や伝達といった認知機能と関係性の仲介機能・方略を開発して、「仲介」

以外の5技能に匹敵する言語コミュニケーションの正当な地位が仲介機能に与えられました。そして、「仲介」の取り扱いについては、「言語を横断する（情報を他の言語で訳す）ことにとどまらない」「人々がお互いに直接コミュニケーションをすることができないときにコミュニケーションを可能にする」とされています。さらに、「仲介」は「話された内容でも、書かれた内容でも、第一言語でも第二言語でも、受容も産出もする」とされています（Council of Europe, 2018, p. 33, 翻訳筆者）。そして、「仲介」のcan-doについては「仲介活動」として「テクストの仲介（141項目）」「概念の仲介（58項目）」「コミュニケーションの仲介（41項目）」の合計240項目が提示されています。また、CEFR-CVが、「仲介」（原典では「媒介」としている）能力に注目した理由として、「媒介能力は言語に関わるだけではなく、複数の文化にも関わるもので、異なる言語や文化の衝突などを避ける仲介者にも求められる能力である」ためであると指摘されています（西山, 2018, p. 78）。そこで、本研究チームは、CEFR-CVにおける「仲介」のcan-doを分析し、高度外国人材に求められる仲介スキルとして再構築し、BJFWに追加することにしました。次の節では、その開発のプロセスをご紹介します。

4.2 CEFR-CV 2018を援用した「仲介」can-do開発のプロセス

　本研究チームは、2019年度から2020年度にかけて、次のようなプロセスでCEFR-CVを援用した「仲介」can-do案を開発しました（葦原・塩谷・島田, 2020）。

　⑴　CEFR-CVの仲介に関する記述を抜粋・翻訳する。
　⑵　仲介のcan-doを抽出し、日本語に翻訳する。
　⑶　内容を精査し、BJFWのcan-doとして書き換える。

　本研究チームが、CEFR-CVから抽出した「仲介」のcan-doは240項目でした。それらをBJFWのcan-doとして、再構築の作業をするうえで、

次のようなプロセスが発生しました。

(1) 翻訳した can-do 記述をビジネス場面に置き換える。
(2) ビジネス場面に置き換えることができないものはリストから除外する。
(3) 2 言語間で行われる仲介については、起点言語が日本語で目標言語が日本語以外の言語の場合、およびその逆の場合の 2 パターンの can-do を作成する。
(4) A1 ～ C2 等の尺度のレベル差をつけるために用いられるマイナス条件（「翻訳がぎこちないが」「発話に間違いがあるが」など）については削除し、タスクの難易度によってレベル差をつける。

　以上のようなプロセスを経て、表 3 の通り、CEFR-CV から抽出された 240 項目が BJFW の能力記述文項目バンクに登録されました。

表 3　仲介活動の can-do 項目数

CEFR-CVから抽出した仲介活動（240項目）			
CEFR-CVから抽出した「テクストの仲介」（141項目）			
仲介スキル	CEFR	BJFW	除外
特定の情報を口頭で伝える	13	26	0
特定の情報を書いて伝える	12	24	0
データを口頭で説明する	6	6	3
データを書いて説明する	5	10	0
テクストを口頭で処理する	28	44	10
テクストを書いて処理する	17	34	0
書かれたテクストを口頭で訳す	9	18	0
書かれたテクストを書いて訳す	8	6	5
メモをとる	12	24	0
創造的なテクストに個人的に反応する	19	0	19
創造的なテクストを分析し批評する	12	0	12

CEFR-CVから抽出した「概念の仲介」（58項目）			
仲介スキル	CEFR	BJFW	除外
仲間との協働を促進する	14	11	3
意味構築のために協働する	18	15	3
グループワークを主導する （インターアクションを処理する）	13	13	0
グループワークを主導する（概念的な発話を促す）	13	12	1
CEFR-CVから抽出した「コミュニケーションの仲介」（41項目）			
仲介スキル	CEFR	BJFW	除外
複文化の場を円滑にする	16	16	0
打ち解けた場面で仲介者として行動する	10	5	5
微妙な場面や意見の相違のある コミュニケーションを円滑にする	15	13	2

　表4は、「テクストの仲介」の「特定の情報を口頭で伝える」の書き換え例です。CEFR-CVでは、「言語A」「言語B」とされていたものを「日本語」「日本語以外の言語」に置き換えた結果、BJFWでは項目数が倍増しました（表3「BJFW」列参照）。

表4　「特定の情報を口頭で伝える」の書き換え例

	CEFR-CV 2018	BJFW	
	言語A →言語B	日本語 →日本語以外の言語	日本語以外の言語 →日本語
B2	特定の目的に関連して言語Aで書かれた本の記事について会議で言語Aでされたプレゼンテーションを言語Bで置き換えることができる。	日本語で書かれた情報をもとに会議の場で日本語で発表されたプレゼンテーションの内容を日本語以外の言語で訳して口頭で伝えることができる。	日本語以外の言語で書かれた情報をもとに会議の場で日本語で発表されたプレゼンテーションの内容を日本語で訳して口頭で伝えることができる。
	一般的なトピックや自分の興味のある分野に関連したトピックについて言語Aで書かれた正式な文書やレポートの主要なポイントを言語Bで置き換えることができる。	自分の仕事や業務と関係があるトピックについて日本語で書かれたビジネス文書の主要なポイントを日本語以外の言語で訳して口頭で伝えることができる。	自分の仕事や業務と関係があるトピックについて日本語以外の言語で書かれたビジネス文書の主要なポイントを日本語で訳して口頭で伝えることができる。

表 5 は、「概念の仲介」の「仲間との協働を促進する」の can-do 書き換え例の一部です。ビジネス場面を設定して、このように書き換えました。

表 5 「仲間との協働を促進する」の書き換え例

	CEFR-CV 2018	BJFW
C1	攻撃が起きることを回避し、または最小限度に抑え、意見の不一致や批判をかわし、貢献的なことはきちんと評価して、グループ内の異なる観点に対して敏感に対応することができる。	会議で、攻撃的な議論にならないように注意し、意見の不一致や批判をうまく扱ったり建設的意見はきちんと取り上げたり丁寧な対応をして、異なる意見をまとめることができる。

表 6 は、「コミュニケーション」の仲介の「複文化の場を円滑にする」の書き換え例です。コミュニケーションの仲介については、「異文化的要素を含むコミュニケーションにおける媒介であり、複文化間での交流の促進や他者との人間関係に配慮したやり取りの促進に関する尺度などが含まれる」という指摘があります（長沼, 2018）。CEFR-CV では、仲介者としての心構えや態度が示されていた can-do を、日本人と外国人が業務上で協働するなどの具体的なビジネスタスクとして書き換えました。

表 6 「複文化の場を円滑にする」の書き換え例

	CEFR-CV 2018	BJFW
C2	社会文化的かつ社会言語的な点を考慮しつつ、自分が属しているコミュニティや他のコミュニティのメンバー同士を効果的に自然に仲介できる。	日本人と外国人が業務上で交流するときに社会文化的な点と社会言語的な点を考慮しながら、効果的に自然な形で仲介することができる。
	ニュアンスと言外の意味を認識しつつ、微妙なディスカッションをリードできる。	日本人と外国人が会議をするときに発言のニュアンスと言外の意味を理解して、微妙なディスカッションをリードし、司会をすることができる。

5. 「仲介」can-do 確定のための質的調査

本研究チームは、can-do を書き換えた後、次のようなプロセスで質的調査を実施しました（葦原・島田・塩谷・奥山・野口, 2024）。

⑴ 高度外国人材の就職支援に携わる日本人の専門家 3 名が can-do 項目について、その必要度を「全く必要ではない = 1」から「とても必要である = 5」の 5 段階で評価し、さらに各項目について問題点や改善点等、気づいたこと（例：表現がわかりにくい、場面が想像しにくい、意味がわからない等）についてコメントをした。

⑵ 日本で就業している高度外国人材 2 名が、can-do 項目について、経験の有無とその必要度を回答した。次いで、自己評価を 5 段階「ほとんどできない = 1」から「問題なくできる = 5」で回答した。さらに、各項目について問題点や改善点などについてコメントした。

⑶ 質的調査で得た評価とコメントをもとに、さらに can-do 項目を精査・修正した。

その結果、表 7 の通り、「仲介活動」can-do 49 項目を確定しました。

表7　仲介活動のcan-do

仲介活動	項目数
日本語・日本語以外の言語間の口頭による仲介	22
日本語・日本語以外の言語間の書くことによる仲介	12
会議における日本語・日本語以外の言語間の仲介	6
日本語のみによる仲介	9

6. 高度外国人材対象の量的調査

6.1 量的調査の目的

本研究チームは、確定した「仲介活動」can-do 49 項目について、高度外国人材を対象に量的調査を実施しました（葦原・島田・塩谷・奥山・野口, 2024）。この調査の目的は、次の 2 点です。

(1) 高度外国人材はどのような仲介活動を経験しているか。
(2) 自己評価が特に高い項目の特徴、あるいは低い項目の特徴は何か。

6.2 量的調査の方法

この量的調査では、国内外で就業し、日本語を使用して業務を遂行している高度外国人材を対象に Microsoft フォームズ（日本語・英語・韓国語・中国語簡体字・中国語繁体字版）を利用して、アンケート調査を実施しました。実施期間は、2022 年 2 ～ 3 月で、調査項目は次の通りです。

(1) 調査回答者のプロフィール：
出身地、母語、日本語学習歴、日本語レベル、業種、部署名、役職名、勤続年数、勤務地、職種・業種に関する情報
(2) ・業務上の「日本語・日本語以外の言語間の口頭による仲介」22項目
・「日本語・日本語以外の言語間の書くことによる仲介」12 項目
・「会議における日本語・日本語以外の言語間の仲介」6 項目
・「日本語のみによる仲介」9 項目の全 49 項目についての経験の有無
(3) 49項目について「ほとんどできない = 1」から「問題なくできる = 5」の 5 段階での自己評価

その結果、日本国内外（国内 95、国外 123）で勤務する 22 カ国・地域出身者 218 名から回答を得ました。調査回答者の概要は、表 8 の通りです。

表 8　調査回答者の概要　（人）

出身地	中国(92)　台湾(29)　韓国(27)　タイ(24)　ドイツ(7) ベトナム(7)　アメリカ(3)　スウェーデン(3)　スペイン(2) パラオ(2)　フィリピン(2)　ブラジル(2)　インドネシア(1) マレーシア(1)　フランス(1)　ボリビア(1)　香港(1) イギリス(1)　ネパール(1)　オーストラリア(1)　スロベニア(1) ウクライナ(1)
勤務地	日本国内(95)　日本国外(123)
日本語 学習歴	1年未満(3)　1〜2年(14)　2〜3年(12)　3〜4年(14) 4〜5年(24)　5〜6年(31)　6年以上(120)
業種	製造業(43)　教育・学習支援業(36)　情報通信業(34) 卸売・小売業(14)　貿易業(13)　宿泊・飲食サービス業(10) 公務員(9)　金融・保険業(8)　娯楽業(4)　人材派遣業(4) 旅行業(4)　運輸業(3)　不動産業(2)　コンサルティング業(2) 農業・林業(1)　その他(19)
役職	役職なし(154)　管理職(25)　役員(8)　主任・チーフ(23) 経営者(8)
勤続年数	1年未満(67)　1〜2年(32)　2〜3年(31)　3〜4年(22) 4〜5年(13)　5年以上(53)
担当業務	専門・技術職(56)　事務職(29)　通訳・翻訳(28)　営業(22) 教員(22)　接客・販売(15)　企画(12)　金融・保険(5) 広報・宣伝(5)　経営(3)　研究職(2)　その他(19)

6.3　量的調査の結果

(1) 日本語・日本語以外の言語間の口頭による仲介

「日本語・日本語以外の言語間の口頭による仲介」活動の can-do 項目の経験率（%）と自己評価の平均値および標準偏差は、表 9 の通りです。

表9　日本語・日本語以外の言語間の口頭による仲介

	can-do statements	経験率 (%)	M	SD
1	日本語で書かれた、ビジネス文書から業務に必要な情報を取り出して、日本語以外の言語に訳して、口頭で説明することができる。	79.36	4.02	0.94
2	日本語以外の言語で書かれた、ビジネス文書から業務に必要な情報を取り出して、日本語に訳して、口頭で説明することができる。	74.77	3.83	0.97
3	日本語で書かれた、業務に関するデータの表やグラフを見て、要点を日本語以外の言語に訳して、口頭で説明することができる。	75.23	3.97	0.90
4	日本語以外の言語で書かれた、業務に関するデータの表やグラフを見て、要点を日本語に訳して、口頭で説明することができる。	66.06	3.80	0.99
5	日本語によるプレゼンテーションの要点を日本語以外の言語に訳して、口頭で伝えることができる。	72.94	3.95	0.92
6	日本語以外の言語によるプレゼンテーションの要点を日本語に訳して、口頭で伝えることができる。	67.43	3.78	0.98
7	日本語によるプロジェクトやイベントの流れを日本語以外の言語に訳して、口頭で説明することができる。	68.81	3.93	0.97
8	日本語以外の言語によるプロジェクトやイベントの流れを日本語に訳して、口頭で説明することができる。	62.39	3.79	1.00
9	イベントなどで日本語のアナウンスやお知らせを聞いて、日本語以外の言語に訳して、口頭で伝えることができる。	69.72	3.97	0.97
10	イベントなどで日本語以外の言語によるお知らせを聞いて、日本語に訳して、口頭で伝えることができる。	70.64	3.88	0.97
11	業務に関する日本語の指示を日本語以外の言語に訳して、口頭で伝えることができる。	79.36	4.16	0.92
12	業務に関する日本語以外の言語による指示を日本語に訳して、口頭で伝えることができる。	75.66	4.03	0.99
13	日本語で話された業界の最新情報について、要点を日本語以外の言語に訳して、口頭で説明することができる。	59.63	3.82	0.97

14	日本語以外の言語で話された業界の最新情報について、要点を日本語に訳して、口頭で説明することができる。	62.84	3.75	1.02
15	業務に関する日本語のニュースやドキュメンタリーを見て、要点を日本語以外の言語に訳して、口頭で説明することができる。	62.84	3.84	0.97
16	業務に関する日本語以外の言語によるニュースやドキュメンタリーを見て、要点を日本語に訳して、口頭で説明することができる。	59.17	3.71	0.98
17	日本語によるプロジェクトやイベントの流れを日本語以外の言語に訳して、口頭で説明することができる。	64.68	3.87	0.97
18	日本語以外の言語によるプロジェクトやイベントの流れを日本語に訳して、口頭で説明することができる。	61.47	3.76	1.03
19	日本語で書かれた業界の最新情報について、要点を日本語以外の言語に訳して、口頭で説明することができる。	59.63	3.77	0.99
20	日本語以外の言語で書かれた業界の最新情報について、要点を日本語に訳して、口頭で説明することができる。	58.26	3.67	1.04
21	日本語で書かれた業務に関連したメールや文書のポイントを言外の意味やニュアンスも含めて、日本語以外の言語で口頭で説明することができる。	75.23	3.92	0.99
22	日本語以外の言語で書かれた業務に関連したメールや文書のポイントをニュアンスも含めて、日本語で口頭で説明することができる。	72.02	3.84	1.07

　「日本語・日本語以外の言語間の口頭による仲介」活動の経験率は、58.26 ～ 79.36％と、4種の仲介活動の中で最も高い値を示しました。そして、自己評価が4.0以上の比較的自己評価が高い項目を見ると、「ビジネス文書から業務に必要な情報を取り出して説明する（項目1）」の4.02、「業務の指示を伝える（項目11）」の4.16など、一般的な業務に関するもので、経験率も75.69 ～ 79.36％と比較的高い値を示しました。比較的自己評価が低かった項目は、「業界の最新情報を口頭で説明する（項目20）」の3.67で、経験率も58.26％と最も低く、日常的に頻繁に経験する業務ではないと思われる活動でした。

（2）日本語・日本語以外の言語間の書くことによる仲介

　「日本語・日本語以外の言語間の書くことによる仲介」活動の can-do 項目の経験率（%）と自己評価の平均値および標準偏差は、表 10 の通りです。

　1～10 の項目には、「書く際には文書を作成するためのソフトウェアを使用する」という文言を加えました。これは、質的調査の際に、高度外国人材から、ソフトウェアを利用するか、手書きで書くかによって難易度が変わる、という指摘があったためです。

表 10　日本語・日本語以外の言語間の書くことによる仲介

	can-do statements	経験率(%)	M	SD
1	日本語で書かれた、業務に関するビジネス文書の要点を日本語以外の言語で書いて伝えることができる。（書く際には文書を作成するためのソフトウェアを使用する）	68.35	3.90	1.01
2	日本語以外の言語で書かれた業務に関するビジネス文書の要点を日本語で書いて伝えることができる。（書く際には文書を作成するためのソフトウェアを使用する）	65.14	3.76	1.07
3	日本語で書かれた専門的な記事の要点を日本語以外の言語で書いて伝えることができる。（書く際には文書を作成するためのソフトウェアを使用する）	59.63	3.67	1.07
4	日本語以外の言語で書かれた専門的な記事の要点を日本語で書いて伝えることができる。（書く際には文書を作成するためのソフトウェアを使用する）	55.50	3.57	1.09
5	日本語によるプレゼンテーションの要点を日本語以外の言語で書いて伝えることができる。（書く際には文書を作成するためのソフトウェアを使用する）	60.09	3.75	1.08
6	日本語以外の言語によるプレゼンテーションの要点を日本語で書いて伝えることができる。（書く際には文書を作成するためのソフトウェアを使用する）	59.17	3.71	1.04
7	日本語による会議での決定事項を日本語以外の言語で書いて伝えることができる。（書く際には文書を作成するためのソフトウェアを使用する）	61.01	3.77	1.12

8	日本語以外の言語による会議での決定事項を日本語で書いて伝えることができる。（書く際には文書を作成するためのソフトウェアを使用する）	58.26	3.71	1.05
9	日本語で書かれた専門的な分析について、日本語以外の言語に訳して、書いて伝えることができる。（書く際には文書を作成するためのソフトウェアを使用する	59.17	3.66	1.04
10	日本語以外の言語で書かれた専門的な分析について、日本語に訳して、書いて伝えることができる。（書く際には文書を作成するためのソフトウェアを使用する）	54.59	3.52	1.11
11	日本語で書かれた業務に関連したメールや文書のポイントをニュアンスも含めて、日本語以外の言語に訳して書くことができる。	68.61	3.89	1.04
12	日本語以外の言語で書かれた業務に関連したメールや文書のポイントを言外の意味やニュアンスも含めて、日本語に訳して書くことができる。	68.61	3.76	1.07

　「日本語・日本語以外の言語間の書くことにおける仲介」活動の経験率は、54.59 〜 68.81% と、「口頭による仲介」活動に次いで高い値を示しました。自己評価が比較的高い項目を見ると、「業務に関するビジネス文書の要点を伝える（項目1）」3.90、「業務に関連したメールや文書を訳す（項目11）」3.89など一般的な業務に関するものでした。比較的自己評価が低かった項目は、「専門的な分析を訳す（項目10）」3.52 という専門的な業務に関する活動で、経験率も 54.59% と最も低い値を示しました。

(3) 会議における日本語・日本語以外の言語間の仲介

　「会議における日本語・日本語以外の言語間の仲介」活動の can-do 項目の経験率（%）と自己評価の平均値および標準偏差は、表11の通りです。

表11　会議における日本語・日本語以外の言語間の仲介

	can-do statements	経験率 (%)	M	SD
1	日本語による会議やセミナーに参加して、議事録を日本語以外の言語で作成することができる。	61.01	3.61	1.16
2	日本語以外の言語による会議やセミナーに参加して、議事録を日本語で作成することができる。	55.05	3.58	1.06
3	日本語で会議をするとき、発言のニュアンスや言外の意味がわからない人がいた場合に、日本語以外の言語で、説明することができる。	62.84	3.59	1.12
4	日本語以外の言語で会議をするとき、発言のニュアンスや言外の意味がわからない人がいた場合に、日本語で、説明することができる。	57.80	3.58	1.05
5	日本語による会議で、専門的な知識を活用して、議論の要点を日本語以外の言語に訳して、口頭で説明することができる。	55.50	3.58	1.06
6	日本語以外の言語による会議で、専門的な知識を活用して議論の要点を日本語に訳して、口頭で説明することができる。	54.13	3.53	1.08

　「会議における日本語・日本語以外の言語間の仲介」活動の経験率は、54.13 〜 61.84% と、4 種の仲介活動の中で最も低い値を示しました。比較的自己評価が高い項目を見ると、「会議やセミナーの議事録を書く（項目1）」の 3.61 という一般的な業務に関するものでした。最も自己評価が低かった項目は、「専門的な知識を活用して議論の要点を口頭で説明する（項目6）」3.53 という専門的な業務に関する活動で、経験率も 54.13% と最も低い値を示しました。

（4）日本語のみによる仲介
　「日本語のみによる仲介」活動の can-do 項目の経験率（%）と自己評価の平均値および標準偏差は、表12 の通りです。

表 12　日本語のみによる仲介

	can-do statements	経験率 (%)	M	SD
1	日本語による会議で、異なる意見が対立した場合、双方の意見を検討し、解決方法や折衷案を提案することができる。	58.72	3.61	1.05
2	日本語による会議で、話し合いを建設的に発展させて結論を導き出すことができる。	51.38	3.45	1.10
3	日本語による業務上の交渉で、意見が一致しない時に、日本語で妥協案や別の提案を示すことができる。	55.05	3.49	1.01
4	業務上の必要性に応じ、情報提供者・橋渡し役・リーダーなど様々な役割を日本語を使って、柔軟にこなすことができる。	60.09	3.53	1.07
5	複雑な業務をする時に、課題や考慮すべき重要ポイントを明確にして、日本語で説明することができる。	59.17	3.54	1.04
6	協働で業務にあたる際、効率よく進むように、日本語を使って、グループをまとめることができる。	60.09	3.61	1.04
7	業務で協働している際に、意見が異なる相手を尊重しながら、日本語でうまく対処することができる。	65.06	3.62	1.02
8	日本人と外国人が業務で交流する際に、文化的・言語的な相違点を考慮しながら、効果的に、日本語で仲介することができる。	67.43	3.75	0.99
9	日本人と外国人が業務で協働する際に、異文化による誤解を先読みし、誤解を生まないように、日本語で説明することができる。	65.14	3.68	1.00

　「日本語のみによる仲介」活動の経験率は、51.38 〜 67.43% で、4 種の中で3 番目に高い値を示しました。比較的自己評価が高い項目を見ると、「文化的・言語的な相違点を考慮しながら、効果的に、日本語で仲介する（項目 8）」3.75 であり、67.43% と、経験率もこの分類の中で最も高い値を示しました。また、最も自己評価が低かった項目は、「話し合いを建設的に発展させて結論を導き出すことができる（項目 2）」3.45 という、ネイティブの日本人にとっても難易度が高いと思われる活動でした。

6.4 can-do 調査結果のまとめ

本研究チームによる can-do 調査の結果、次のことが明らかとなりました。

(1) 「経験あり」と回答した者の割合は、「日本語・日本語以外の言語間の口頭による仲介」（平均値 68.1%）が最も高く「会議における日本語・日本語以外の言語間の仲介」（平均値 57.7%）が最も低い値を示した。このことから、高度外国人材は、主に、通訳や翻訳など言語に関する業務を遂行していることがわかった。

(2) 自己評価の平均は、「日本語・日本語以外の言語間の口頭による仲介」（平均値 3.86）が最も高く、「日本語のみによる仲介」（平均値 3.62）が最も低い値を示した。このことから、外国語能力を使用する業務に対する自己評価のほうが、日本人と同様の仲介を求められる業務に対する自己評価より、高いことがわかった。

(3) 「日本語・日本語以外の言語間の口頭での仲介」の自己評価は、日本語→日本語以外（平均値 3.93）、日本語以外→日本語（平均値 3.80）であった。このことから、高度外国人材は、日本語を日本語以外の言語に通訳するより、日本語以外の言語を日本語に通訳するほうが難しいと認識していることがわかった。

(4) 「日本語・日本語以外の言語間の書くことによる仲介」の自己評価は、日本語→日本語以外（平均値 3.77）、日本語以外→日本語（平均値 3.67）で、翻訳する場合も、(3) と同様に、高度外国人材は、日本語を日本語以外の言語に翻訳するより、日本語以外の言語を日本語に訳すほうが難しいと認識していることがわかった。

以上、この can-do 調査によって、高度外国人材が業務上で経験している仲介活動の実態と自己評価について、その一端が明らかとなりました。

7.　ビジネス日本語フレームワーク（BJFW）の今後

　本研究チームが確定した「仲介活動」の can-do については、量的調査の結果をもとに、他のBJFW の can-do 項目とともに、項目の難易度を推定するためにラッシュ系モデルによる統計分析を行います。その結果に基づき、can-do 項目を難易度順に並べ、尺度化し、BJFW を完成します。こうして、「仲介活動」の can-do を含む BJFW は、CEFR-CV を援用した、汎用的な評価基準となります。完成した BJFW は、高度外国人材の育成・教育・評価に資するべく、ウェブサイトで広く公開します。この BJFW は、高度外国人材のビジネス日本語能力を評価するシステムとなりうると同時に、ビジネス日本語教育の現場において、教員や学習者にとって明確な目標レベルが提示できるなどの利点があると思われます。研究チーム一同は、このフレームワークがより多くの皆さんにご活用いただけることを期待しています。

※本章で紹介した研究は、科学研究補助金 基盤研究（C）「高度外国人材に求められるビジネス日本語フレームワークの確立 —尺度化と妥当性検証—」課題番号 19K0071（研究代表者：葦原恭子　研究分担者：奥山貴之、塩谷由美子、島田めぐみ、野口裕之）の研究成果の一部です。

注

1 本研究チームがビジネス場面における「仲介活動」can-doを構築し始めたのは
   2018年で、『CEFR-CV 2020』は未刊行でした。本文中の「CEFR-CV」はすべて
   CEFR 2018 補遺版を指します。

参考文献

葦原恭子 (2014).「ビジネス日本語 Can-do statements」
   https://business-japanese-cando.jp/

葦原恭子・奥山貴之・塩谷由美子・島田めぐみ (2018).「高度外国人材に求められる『仲
   介』スキルとは ―タイで活躍する高度外国人材に対する実態調査を中心に―」『琉
   球大学国際教育センター紀要』2, 1-17. 琉球大学国際教育センター.

葦原恭子・塩谷由美子・奥山貴之 (2019).「韓国で活躍する元留学生の高度人材をめ
   ぐる現状 ―メーカーにおける仲介人材に対する実態調査―」『琉球大学国際教育
   センター紀要』3, 1-17. 琉球大学国際教育センター.

葦原恭子・塩谷由美子・島田めぐみ (2020).「高度外国人材に求められる『仲介』ス
   キルとは ―CEFR 2018 補遺版における mediation の分析を通して―」『琉球大
   学国際教育センター紀要』4, 11-35. 琉球大学国際教育センター.

葦原恭子・島田めぐみ・塩谷由美子・奥山貴之・野口裕之 (2024).「高度外国人材に
   求められる仲介能力とは ―質的調査法・量的調査法を用いた Can-do statements
   の構築―」『東アジア日本語教育・日本文化研究』27, 33-48. 東アジア日本語教育・
   日本文化研究学会.

厚生労働省 (2020).「就労場面で必要な日本語能力の目標設定ツール」
   https://www.mhlw.go.jp/content/11800000/000773360.pdf

中央日報 (2017).「韓国、4年生大卒者 31万人失業時代」
   https://www.disc.co.jp/wp/wp-content/uploads/2017/12/2017kigyou-gaikoku-
   report.pdf

長沼君主 (2018).「第 3回 『CEFRから読み解くタスクベースの言語能力発達』後編」
   (ARCLE「【新企画リレーコラム】言語能力育成を考える」) ベネッセ教育総合
   研究所. https://www.arcle.jp/note/2018/0029.html

西山教行 (2018).「CEFRの増補版計画について」『言語政策』14, 78-80. 日本言語政策
   学会.

法務省 (2023).「令和 4年における留学生の日本企業等への就職状況について」
   https://www.moj.go.jp/isa/content/001407655.pdf

真嶋潤子 (2019).「外国語教育における到達度評価制度について —CEFR 初版 2001 から 2018 補遺版 CEFR-CVまで—」『外国語教育のフロンティア 2』1-13. 大阪大学.

吉島茂・大橋里枝 (2004).『外国語教育 II ＜追補版＞ —外国語の学習、教授、評価のためのヨーロッパ共通参照枠—』朝日出版社.

Council of Europe (2001). *Common European Framework of Reference for Languages: Learning, teaching, assessment.* https://rm.coe.int/16802fc1bf

Council of Europe (2018). *Common European Framework of Reference for Languages: Learning, teaching, assessment - Companion volume with new descriptors.* https://rm.coe.int/cefr-companion-volume-with-new-descriptors-2018/1680787989

確認チェック

❶. 本章では、CEFR-CV の can-do を援用した、ビジネス日本語フレームワークの can-do の構築プロセスを紹介しています。このプロセスで実施した質的調査・量的調査とは、どのような方法でしょうか？

❷. CEFR-CV の can-do と、本研究チームが構築した can-do は、どのような点が異なっているでしょうか？

❸. 本章の量的調査で明らかとなった、高度外国人材の自己評価が比較的高い can-do 項目と、低い項目の特徴は、どのようなものだったでしょうか？

❹. 本研究チームが構築している can-do は尺度化の後、一般公開されます。あなたなら、この can-do をどのように活用しますか？

3章 災害時に求められる「仲介」とは
移民受入れ社会の仲介力を考える

松岡 洋子 (まつおか ようこ)

1. はじめに：人口の流動化

 人々は動いている！

　人口の流動化は世界規模で拡大しています。その理由は、仕事や留学、結婚など自ずから選択した移住だけでなく、災害、紛争、政治的迫害からの避難や貧困からの脱出など多様です。また、移住する側の理由だけでなく、受入れ国側のメリットや、難民受入れなど国際社会における責任によって移住は成立します。たとえば、ドイツでは二国間協定などを結んで労働移民を受け入れたり、難民条約や国内法に従って多くの難民を受け入れたりしています。

　アメリカ、オーストラリア、カナダなどは移民国家として有名ですが、IOM（国際移住機関）注1 の資料によると、アラブ首長国連邦では人口の8割以上が移民です。2020年現在、国際移住者の割合は全人口の3.6%で、ヨーロッパ（約8700万人）とアジア（約8600万人）とで世界の国際移民の約6割を占めています。次いで北米、ラテンアメリカ、オセアニアとなっています。2019年に始まった新型コロナウイルス感染拡大の影響により各国でロックダウンなどの移動制限が起こりましたが、感染状況が落ち着き、行動制限が緩和されてからは移住がさらに拡大しています。

1.2 なぜ日本に移住者が？

　日本は2008年をピークに急激な人口減少社会に突入しており、毎年60万人前後人口が減少しています。これは日本人の人口が急激に減少しているためで、外国人人口は反対に増加しており、2023年末には340万人を超え、

日本籍に帰化する人も増えています。出入国在留管理庁[注2]によると、日本に住む外国人の国籍は 2023 年 10 月現在では中国 24%、ベトナム 17%、韓国 12% の順に多いのですが、近年多国籍化が進み、ネパールやバングラデシュなどアジア各地からの移住者が増加しています。在留資格では技能実習 12%、技術・人文知識・国際業務 11%、特定技能 6% などの労働人材が占める割合が増えています。この比率は国内の地域差が大きく、たとえば岩手県では、ベトナムが最も多く 4 分の 1 を占め、在留資格では技能実習と特定技能を合わせて 4 割を超えていますが、同じ県内でも、カンボジアが最多、中国が最多、など市町村による違いも見られます。

　政府は、日本の少子高齢化、人口減少とそれに伴う労働力不足に対応するため、2018 年に「外国人材の受入れ・共生のための総合的対応策」を提示し、関係各省庁では外国人受入れ施策を推進しています。2021 年には外国人の経営層、幹部等の高度人材と呼ばれる外国人の受け入れについても 2019 年の約 10 万人から倍増させる目標を示し、国籍、社会階層など多様な外国人が増加することが期待されています。日本はある側面で外国人移住者に依存する社会に変化したといえるでしょう。政府は「移民」という用語は使いませんが、実質的には日本にも移民はすでに存在しています。

2. 災害と移民

2.1 日本は災害大国

　日本は災害大国と言われます。ドイツの大学と民間財団 Bündnis Entwicklung Hilft, Institute for International Law of Peace and Armed Conflict at the Ruhr University（2023）は、世界 193 カ国の自然災害リスクを災害発生、対処能力、脆弱性等のリスク指数を分析した結果を公表しました。それによると、自然災害に暴露されるリスクは中国、メキシコに次いで世界第 3 位ですが、防災対策、救援・復興対策などを勘案した災害リスク指数、つまり、災害が起こった際に起こる被害想定は、世界第 24 位になっています。ただし、このリスク指数に異文化対応指数というものを加えた

場合には、外国人に慣れていない日本ではその脆弱性が高まるのではないでしょうか。United Nations department of Economic and Social Affairs（国連経済社会局人口部）（Gu（2019））は、2018年7月現在における世界の主要都市の自然災害リスクを分析しています。台風、水害、地震、土砂災害、噴火、干ばつの6大災害の発生・脆弱リスクでは、東京1位、大阪2位であり、世界の災害リスク上位19カ国・地域の都市にはこれ以外に浜松（7位）、札幌（11位）がランクインしています。これらの都市には外国人住民や観光・ビジネス等の外国人交流人口も多く、外国人が被災するリスクは高いということです。ここ数年を見ても、1時間に100ミリを超える豪雨、大型台風による土砂災害や洪水被害、数日で積雪量1mを超える豪雪、そして、大規模地震など、「数十年に一度」と称される災害に日本は襲われています。ひとたび大災害が起これば、多くの外国人に被害が及ぶことは容易に想像できるでしょう。

2.2 災害時の外国人・移民の脆弱さ

　土井（2013）は、1995年の阪神・淡路大震災の犠牲者5,431人のうち外国人犠牲者9カ国174人（全犠牲者の3.19%）は、当時の兵庫県の人口に占める外国人比率1.81%に比してその割合が多いことを指摘しています。

　災害時には、居住する場所の言語能力が不十分な外国人は、必要な情報から遮断されてしまうリスクが高まります。また、災害に関する知識や経験（ストック情報）がないと、情報を翻訳したとしても、その情報の意味が理解できません。たとえば、「津波」を知らなければ、翻訳されてもその危険性には気づけません。あるいは、「避難所」というものが自分の国では有料で利用するものだと、日本でも同様に解釈して「お金がないから避難所には行けない」と考えてしまうかもしれません。さらに、外国人だということだけで差別されたり、支援の対象から外されてしまったり、といったことが、これまでの災害時にも起こっています。また、災害によって日本人の配偶者が犠牲になった外国人や、職場が被災して仕事を失った技能実習、特定技能などの在留資格の外国人は、在留資格の変更、延長などができないと不法滞

在になってしまいます。

　IOM（国際移住機関）と Council of Europe（欧州評議会）（2017）の報告には、難民・移民が災害時の身近なリスクに気づかない、言語がわからないことから、災害支援情報等にアクセスできないといった課題のほか、居住環境、健康水準、教育水準が平均以下の難民・移民の場合、それが原因で脆弱性がさらに高くなっていることが指摘されています。

　菊澤（2020）は、災害時の外国人の制約・傾向として、言語、前提の異なり、心理的不安、情報収集、多様な生活文化の5つに分類し、具体例を整理しました。たとえば、日本語がわからないために、災害時の情報が理解できない、案内表示が読めないなどが言語的制約の例として挙げられています。また、前提の異なりの事例としては、災害に関する知識の不足が示されています。心理的不安としては、外国人だからということによる孤立感やパニック、情報収集では、情報の所在・情報源の差異、そして、生活文化としては宗教上・慣習上の食事制限が例示されています。

2.3　災害時に多文化コミュニティが直面すること

　どんなコミュニティも、ある一定のルール・慣習をもって形作られていますので、そのルールや慣習から外れる行動や異質なものを排除しようとする傾向があります。それは、コミュニティのまとまりを維持するためのごく当たり前の反応です。異質な存在はコミュニティの「逸脱者」であり、大きなストレスとなります。日本のような同質性の高いコミュニティではその傾向が強くなりがちですから、外国人は災害時にはコミュニティの逸脱者として見られてしまうことがあります。たとえば、長期間にわたって避難生活をしている避難所で、宗教上の理由で食べられない食事が頻繁に出されると、その宗教の信者は「もう長い期間避難生活が続いているのだから、私たちの食事にも配慮してほしい」「このままでは、食事がとれない状況が続いてしまう」と訴えるでしょう。一方、その宗教について知識がない人は、「非常時なんだから、勝手なことを言わないで出されたものは何でも食べるべきだ」と反発します。自分たちがそれまで当たり前だと感じてきたコミュニティの輪か

ら逸脱した存在にストレスを感じてしまうのです。これは、どちらが正しい、間違っている、という単純な話ではなく、お互いに「正論」があり、それが対立してしまうのです。このような状態が続くと、異質なもの同士が不信感をいだき、やがてそれが対立の種になってしまうでしょう。

　2011年3月の東日本大震災当時は、日本各地に外国人住民が増加・点在していました。農山村地域でも、技能実習生、国際結婚移住者など、外国人住民が増えてきた時期です。そこに、大地震が発生したわけですから、避難所をはじめとするさまざまなコミュニティで、日ごろはあまり接触せずに過ごしてきた外国人、日本人双方が異文化接触による対立、不満、不安などを体験しました。

　次ページの表は当時起こった外国人住民と日本人住民との接触課題の一部を、外国人、日本人それぞれの視点で示したものです。下線を引いた事例は、食事の課題ですが、視点が変わると見方が変わるというものです。ここでは、便宜上、課題を「言語障壁」「習慣・文化」「情報障壁」「差別意識・不信感」の4カテゴリーに分類しました。しかし、たとえば、災害時に頻出する「被災状況」「安否確認」「罹災証明」などが外国人には伝わらないという課題は、言語上の障壁だけでなく、情報そのものの知識の差異（情報障壁）も含んだ複合的な課題です。災害についてのストック情報や経験がなければ、単に通訳・翻訳しただけでは意味が伝わらないという例です。「罹災証明」は、何のために必要か、何が証明され、どのように使われるのか、といった知識がなければ、ことばの直訳では理解不能です。その意味を伝える際には、外国人がこのストック情報を持たない、という前提に立ち、情報を補い、その社会の常識・前提を伝えながらの説明、つまり文化翻訳が不可欠となります。

表　災害時の異文化間接触課題事例

カテゴリー	外国人	日本人
言語障壁	・いろいろな情報が貼りだされるが日本語がわからないので、何が書かれているかわからない。 ・「交通情報」「被災状況」「安否確認」「義援金」「罹災証明」…なんのことか意味がわからない。 ・「停電」「断水」「ライフライン」「復旧」「通行止め」ってどういう意味？ ・防災無線で何を言っているのかわからない。	・外国人が避難所の係りの人に向かって外国語で何か訴えているが何を言っているのかわからない。 ・隣にいる外国人に「食料が配給される」と教えてあげたけれど取りに行かない。 ・外国人には英語を使えば問題ない。
習慣・文化	・**避難所で配られる食事が食べられない。** ・みんなと一緒にお風呂に入れと言われたが、無理だ。 ・避難所ですぐとなりに男の人が寝ているのは困る。 ・日本人がわたしの子どもの頭を触りながら何か話しかけているが、やめてほしい。 ・避難所のトイレの掃除をするように言われたけどなぜ私が掃除しなければならないの？	・**非常時なのに、食事の配慮を要望するのはわがままだ。** ・配給ものは何でも食べるのが当たり前だ。個別対応は無理。 ・外国人はハグして慰めると落ち着く。 ・一人１回と言っているのに、外国人は食料配給の列に何回も並ぶ。たくさんの食料を一人で持って行くこともある。 ・避難所にある特設電話を一人で長時間、独占している。
情報障壁	・外国から入ってくる情報と日本の情報が違う。どちらが本当？ ・一度、国に帰りたいけれど、帰国の方法がわからない。パスポートもなくしてしまった。 ・地震が何回も起こるから怖い。いつになったら終わるの？	・義援金や災害支援金の情報を外国人は知らない。 ・日本人配偶者が死亡した外国人は、在留資格がなくなったから、すぐに帰国しなければならない。 ・外国人はすぐに帰国したほうがいい。 ・ストーブのそばなどの暖かい場所はお年寄りに譲ってほしいのに、外国人が固まっていて頼みにくい。
差別意識・不信感	・周囲の人がこちらを見ながら、ヒソヒソと何か日本語で話している。私が何か悪いことをしたの？ ・避難所で私物がなくなってしまった。でも、だれも一緒に探してくれない。ひょっとして、隣の人が盗んだの？ ・「ガイジンは国に帰れ」と言われた。	・知らないことばで大きな声で話すのでうるさい。外国人は出ていってほしい。 ・外国人は避難所で何も手伝わないで文句ばかり言っている。協力してほしい。

3. 災害時の異文化・異言語対応力の必要性

3.1 英語の通訳は万能か

　日本社会では、外国人人口比率が高まっているとはいっても、まだその接触に慣れていない日本人が圧倒的多数です。すぐ近くに外国人がいても、気づかなかったり、遠ざけたり、という日本人はまだまだ多いでしょう。また、日本の外国語教育は英語偏重と言っても過言ではなく、そのために「外国人＝英語使用者」というイメージが強化されています。流暢な日本語で外国人が日本人に道を尋ねたら、英語で返答されたという話は白人系の留学生からよく聞きます。また、留学生が「わたしは英語ができない」と言うと、「外国人なのに英語ができないの？」と驚かれるということも多いようです。外国人に対する偏った見方なのでしょう。

　日本は英語使用社会ではありません。英語学習に力を入れているものの、学んだ英語を使うのは、特定の場、特定の人に限定されます。ローカルな地域に暮らす日本人にとって英語は無縁のものです。日本は英語が通じない国、というのは、外国人のコメントでよく聞かれるものですが、裏を返せば、日本語だけで十分に暮らせる幸せな国ということもできます。日本語ができない人にとっては暮らしにくい社会ともいえるでしょう。

　現在、日本に来る外国人はますます多様化しています。英語を自由に駆使する外国人もいますが、英語も日本語もできない外国人も多くなっています。ミャンマーや、カンボジアの人々の第一言語を知っているでしょうか。これらの国々も日本と同様、英語使用社会ではなく、英語ができない人は少なくありません。今後、政府の外国人材受入れ政策などにより、多様な言語・文化・身分の外国人が増加し、長期滞在するようになります。多様な背景の人々が混在する日本社会で英語は共通語となるでしょうか。災害時に英語は万能でしょうか。

　繰り返しになりますが、外国人といっても、出身、社会的地位・身分、教育水準、移住先の言語能力、災害に対する知識や経験などさまざまで、その違いによって災害リスクも多様です。ホスト社会とは常識や価値観、知識が

異なることを前提にコミュニケーションをとる必要があります。先にも例を挙げたように、非常時に使われることばは、使用頻度が低く、ストック情報がない外国人には直訳しても意味が通じません。文化的単一性が高い日本社会では「常識」は空気のようなものです。つまり、「常識」を意識するのは、それが当たり前ではない人と接触したときです。災害時に異なる「常識」同士の接触が起こると、混乱が生じます。それは、時に脅威であり、危機につながります。この混乱、危機を軽減するためには、異なる「常識」の間の調整・仲介が必要となります。

3.2 災害時の異文化・異言語対応力はだれのために必要か

ここまで、災害時にその土地や社会の習慣、言語に慣れていない外国人は災害リスクが高まること、そして、外国人を受け入れたホスト・コミュニティ側にも課題が生じることを指摘してきました。これらの課題に対応するため、現在、外国人支援者のための異文化・異言語対応力養成・研修がさまざまな形で行われるようになっています。

アメリカでは、CLAS（culturally and linguistically appropriate services）[注3]と呼ばれる医療分野の言語・文化対応力指標に基づき、医療関係者のための異文化・異言語対応力向上のための各種研修が統轄され、実施されています。その研修の中に、災害・危機状況における文化・言語対応力研修も組み込まれており、文化的能力の向上のため、自他のアイデンティティの学習、偏見・ステレオタイプへの抵抗、他者の信念・価値観・コミュニケーションの嗜好の尊重、受援者のニーズに合わせたサービスの提供、新たな文化的体験の蓄積といった項目が取り上げられています。また、文化的謙虚さ、すなわち、自身の偏見や特権の理解、他者にひらかれた姿勢を維持する内省力などを指しますが、その謙虚さを実践現場で表すために、自身の信念、価値観、偏見の認識、知らないことを認識し学ぶ心、他者のアイデンティティや人生経験に対する共感、他者重視、文化の異なる他者からの学びと成長などの意識、態度などを向上させます。移民国家アメリカでは、英語力が不十分な市民、文化的に多様な市民が多数存在するため、州によっては、医療従事者、消防

士、ケースワーカーなどに対してこの研修の受講が強く推奨されています。

　災害時対応人材の異文化・異言語対応能力は、文化の異なる外国人住民・移民を助けるために役立つだけでなく、多文化コミュニティで起こる異文化間のさまざまな課題に対応するためにも必要な能力です。さらに、災害時の救援活動の中で、言語や文化の違いに対応できないと、救護する人自身がストレスを感じ、救援活動が進まなくなることがあります。単に移民や外国人に対応するための能力というだけでなく、支援する人自身のストレス軽減にとっても重要な能力といえます。

3.3　外国人住民・移民は受け身でいいの？

　観光やビジネスで訪れる一時滞在の外国人は、土地の事情もわからず、ことばや習慣が異なるところで被災した場合、リスクが高まります。日本語や日本の習慣、災害知識を学んでから日本に来てください、というのは現実的ではありません。災害時の支援の際には、支援者側の対応力が求められます。

　一方、一定程度以上の期間、日本に住む外国人住民は、観光客やビジネス客と同じように支援者・救護者に頼りきりの一方的な受援者ではいられません。住民であるということは、滞在期間が長くなる分、災害に遭うリスクも高くなりますので、外国人住民向けの防災訓練が各地で行われるようになっています。先にふれたように、外国人＝英語というわけではなく、英語ができない外国人住民の比率は増えています。そのかわり、簡単な日本語を学んだ外国人住民は少しずつ増えつつあります。外国人住民が日本で安全に暮らすために、災害知識を学び、日本語である程度のやり取りができるような学びの機会を日本社会が提供し、外国人住民がそれを積極的に活用する、という社会になってほしいと思います。

3.4　災害に備え対応する人材育成とは

　異なる言語・文化の人同士の接触や、急激に増えた外国人住民を含めた防災の観点から、移住者、受入れ社会双方、つまり外国人住民にも日本人にも

教育・啓発は大切です(下図参照)。

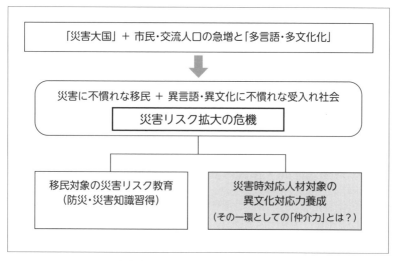

図　災害大国におけるリスクと教育の必要性

　日本人は、子どもの頃から避難訓練を行い、災害に対する知識やリスクへの対応方法をある程度は持っています。ただし、外国人とのコミュニケーションにはまだまだ不慣れな人が多く、そのノウハウを外国人に伝えることが難しく、時には誤解や対立が起こるリスクを抱えています。つまり、コミュニティで共助の機能が働きにくくなっているのです。そのため、災害時の支援人材、たとえば、消防、警察、医療関係者、コミュニティリーダーなどは、一定程度の異言語・異文化対応力を習得することが求められています。また、外国人住民(移民)は災害リスクの知識を学ぶ必要があります。

4. 災害時の異文化対応力

4.1 災害時支援の異文化対応力ってどんなもの？

　これまで見てきたように、災害時にことばや文化の異なる人々に災害情報、避難情報など重要な情報を伝え、異文化・異言語間の接触で起こる誤解や対立などのさまざまな課題を解決するためには、言語・文化対応力が必要です。

　本書のメインテーマは CEFR-CV です。これが災害時とどのように関係するのか、怪訝に思う方もいるでしょう。災害時に移民・外国人を支援し、リスクを軽減するためには、もちろん外国語能力は役立ちますが、それだけでは十分ではありません。言語や文化・習慣、常識や価値観、そして災害経験の異なる人々と、災害時の支援者との間にコミュニケーションを構築させるためには、その間にある溝（差異）を埋めることが大切です。CEFR-CV には「仲介」「異文化能力」という項目が挙げられていますが、実は、この能力こそが災害時のコミュニケーションに必要不可欠なものです。

4.2 CEFR-CV に見られる「仲介」

　CEFR-CV の「仲介」の能力記述文は、欧州評議会の言語政策プログラムのプロジェクトとして、North & Piccardo（2016）"Developing illustrative descriptors of aspects of mediation for the CEFR" で開発されたものです。CEFR-CV は言語・文化の異なる新たな構成員を受け入れた社会にとって、移民、受入れホスト双方に必要な能力と捉えられています。

　一般的に「仲介」の能力は「テキストの仲介」すなわち、言語横断的な通訳・翻訳能力としてイメージされますが、異文化・異言語の人同士が一つの状況に対して異なる認識や解釈をした場合の「仲介」が重要であることが、North & Piccardo（2016）に指摘されています。

　　社会的行為者とその対話者は同じ状況的文脈を共有しているが、異なる

認識と解釈を持ち続ける可能性がある。これらの間のギャップは、おそらく第三者による何らかの仲介を必要とするほど大きいかもしれない。

(North & Piccardo, 2016, p. 8)

　たとえば、長期間に及ぶ避難所生活での食事について考えてみましょう。「食事の配布」という状況的文脈は共有されていますが、そのことに対する解釈は、日本人と外国人とでは異なるかもしれません。日本人は「災害時の避難所では、そこにあるものを分け合って食べるのは当たり前」と考える人が多いでしょう。しかし、宗教上の食事制限のある人にとっては、「なぜ、長期間の避難をしているのに、今に至っても食事対応をしてもらえないのか」と不満を高めるでしょう。これに対して、宗教上の制限に対する理解が薄く、避難生活にストレスを抱えている日本人は、「食事にいちいち注文をつけるのは、非常時には我がままだ」と捉えてしまうかもしれません。このような解釈のすれ違いが生じたら、両者に対立が起こることが予想されます。ここに、両者の認識を理解している人が仲介をすることによって、その対立を回避したり、緩和したりすることができるのではないでしょうか。

　North & Piccardo（2016）では、「言語」「文化」「社会」「教育」の4種の「仲介」について整理されています。CEFR-CVでは、「テキストの仲介」「概念の仲介」「コミュニケーションの仲介」の3グループに分けて「仲介」の能力記述が示されています。

「テキストの仲介」

　言語的、文化的、意味的、技術的な障壁によって理解できないテキストの内容を他者に伝えること、と説明されています。一般的に通訳・翻訳をイメージしますが、2言語間だけでなく、ひとつの言語で行われることもあります。具体的には、音声・文字情報から必要な具体的な情報（例：時間、場所、値段など）を伝える、データに記載されている重要な点を選択・解釈して情報を説明する、原文の要点を要約する、テキストの目的や視点を伝える、概要を翻訳する、必要な情報を把握する、ニュアンスを捉える、ポイントを押さえたメモを作る、重要なものと省略可能なものを選択する、文学作品等を解

釈し分析・評価する、などがあります。

「概念の仲介」

　他者の異なる概念について意味を構築し、伝えあい、協働作業を促進することです。目的、プロセス、ステップを示し共同作業の枠組みを示す、アイデアや解決策を共同構築する、相手に自分の考えを説明させその思考プロセスの矛盾を見抜く、議論をまとめて次のステップに導く、活動をリードする、タスクの目的について指示を出し、理解度を確認する、流れを阻害せずにグループ内のコミュニケーションを促進する、必要に応じてコミュニケーションの方向性を変える、必要に応じて役割を変えてコミュニケーションを促進する、論理的な推論を促す質問をする、論理的で一貫性のある議論にする、などがあります。

「コミュニケーションの仲介」

　個人、社会文化、社会言語、知的な立場の異なる人同士の理解を促進すること、と説明されています。言語・文化の異なる参加者間の共有空間を作り出すのです（他者性への対処、類似点・相違点の識別、既知・未知の文化的特徴の構築など）。たとえば、関心を持って文化的規範や考え方の理解を促進する、異なる社会文化的・言語的視点に対する感受性・尊重を示す、発生する可能性のある誤解を予測し、対処・修復する、会話中の意味を伝える、重要な情報を抽出して伝える、参加者の異なる視点を探求する、参加者の理解を深めるために解説する、共通基盤を確立する、参加者の視点を変え合意や解決に近づける、といったものがあります。

　さらに参加者の発言の意味を明確にし、理解を促進するためのストラテジーとして、予備知識を活性化する質問をする、新しい知識と既知の知識を比較・関連づける、例と定義を示す、専門知識を言い換えなどで解説する、プロセスを一連のステップに分解する、アイデアや指示を箇条書きにする、複数の要点が示されたときポイントを別々に提示する、繰り返しや冗長性を排除する、明確に説明するためスタイルを変える、例示する、重要な情報を

強調する、繰り返しや予断を排除する、受け手に関係ないものを排除する、などが挙げられています。

4.3 災害時に「仲介」は役立つか？

では、災害時に「仲介」はどのように貢献できるでしょうか。ここでは、仮設のお風呂が利用できるようになった避難所に以下のような掲示が貼り出されたと想定し、検討してみましょう。

下記のとおり、仮設風呂が利用できます。

　場所：〇〇駐車場

　時間：要配慮者　午後１時～午後２時
　　　　一般の方　午後２時～午後９時

　注意：・一人15分までご利用ください。
　　　　・バスタオルをご持参ください。
　　　　・シャンプー、ボディソープ等は量に限りがありますので、できるだけ持参してください。

　清掃：浴室の清掃は当番で行います。
　　　　当番は右側の当番表で確認して下さい。

---

①「テキストの仲介」はできる？

外国語で翻訳することも可能ですが、ここではやさしい日本語を使っての仲介をしてみましょう。テキストの仲介では、情報の具体化、選択、ニュアンス、省略などが行われます。この掲示で伝えるべき内容、意図は以下のように整理できます。

- 〇〇駐車場にお風呂があります
- 2時から9時までお風呂に入ることができます
  お年寄り、赤ちゃんがいる人、歩くことができない人は1時から2時まで入ることができます
- ひとり15分入ることができます
- タオルを持っていきます
- シャンプーとせっけんを持っていきます
- あとで、お風呂の部屋の掃除をします

　基礎的な日本語が理解できる外国人なら、これでおおよその意味は理解できるでしょう。

②「概念」「コミュニケーション」の仲介は必要？

　テキストの仲介だけでは、まだ伝わりにくいメッセージがあります。たとえば、「要配慮者」ということばを具体的に伝えるために「お年寄りや赤ちゃんがいる人、歩くことができない人など」と言い換えましたが、外国人も要配慮者である場合もあります。入浴に宗教上の制限があることに配慮して、要配慮者とする場合もあるでしょう。そのようなことはまったく考慮していない、というところもあるかもしれません。「一般の方」ということばが表す人は、ある文化では、一人ずつ入浴するのが「一般的」であり、日本ではこのような仮設の風呂では複数の人が一緒に入浴するのが「一般的」です。また、入浴のイメージも、浴槽に浸かることが一般的か、シャワーを使うことが一般的か、習慣によって分かれます。

　このようなときに、風呂を利用する人の属性、多様性を把握し、その人数や対応を話し合って、入浴のルールを変更する必要があるでしょう。他の人に肌を見せることを宗教で禁じられている人、あるいは習慣で他の人と一緒に入浴することを回避して不衛生な状態が続いている人がいるなら、個別に入浴できるよう対応するよう仲介者が多数派である日本人に事情を説明し、理解を求め、新たなルールを作っていくべきではないでしょうか。

　さらに、浴室の清掃当番については、自国の社会階層による役割概念（例：

清掃作業は下層の社会階層の人の収入源だから、上層の人は関わらない）などから、公共の場を清掃することに参加すること自体に抵抗を示す外国人もいます。このようなときに、日本の避難所の対応について説明をする、あるいは、そのような常識を持つ人に別の役割を担ってもらうよう調整するなど、仲介することで対立を緩和できます。

　状況の解釈のずれに対し、コミュニティで共有できる意味を構築する「概念の仲介」、あるいは、異なる人同士の理解を促進し、共同空間を作り出す「コミュニケーションの仲介」が重要な役割を果たします。伝えようとする人と、それを受け取る人との解釈のズレは、同じ文化を持つ人の中でも起こり得ます。まして、文化や習慣の異なる人の間では、当然、解釈の違いや対立は容易に生じてしまうでしょう。何をどのように解釈しているのか、誰と誰の解釈がズレているのか、対立する人同士の間にどのように介入し、説明し、仲介するのか。このような能力は、災害大国の多文化コミュニティ日本には、不可欠なものになります。

5.　災害のリスク対応とCEFR-CV

5.1　やさしい日本語とCEFR-CV

　「やさしい日本語」は、1995 年の阪神淡路大震災がきっかけに作られました。もともとは、基礎的な日本語能力がある外国人に情報伝達をするために、災害発災直後の 3 日間程度に使えるものとして示されたものです。現在、行政でも民間でもさまざまな場所で「やさしい日本語」を使う動きがあり、研修会も盛んに行われています。研修では、簡潔に、短いことばで、最後まで言い切るなど、コツが取り上げられていますが、実際に「やさしい日本語」でコミュニケーションをとる際には、CEFR-CV の「仲介」の能力を使うことが有用ではないでしょうか。単にことばを言いかえるだけでなく、概念や文化的差異に配慮した調整をすることで、伝わることは格段に増えます。

　Ａ が Ｂ に対してメッセージを伝えるとき、Ａ のメッセージや行動の意味を Ｂ が解釈するためには、Ａ の文化の背景にある常識を Ｂ が理解し、逆

に B の文化の背景を A が知るプロセスが必要です。そのプロセスを作り出すのが仲介役の役割であり、「やさしい日本語」は CEFR-CV と親和性が高いものです。

5.2 災害対応人材とCEFR-CV

CEFR-CV は、言語学習者の能力の一環として示されましたが、消防、警察、医療従事者、ソーシャルワーカー、コミュニティリーダーなど、多文化コミュニティにおける災害時に、人々を救護し、コミュニティを結束させるための役割を担う人々にとって重要な能力です。CEFR-CV でレベルごとに示された能力記述文は、そのレベルにかかわらず、災害時の異文化接触状況で役立つものです。

たとえば、B1 の総合的な能力記述文に、「さまざまな背景を持つ人々を紹介し、質問の一部について、異なる意図に受け止められる可能性があることを認識し、他の人々に専門知識や経験、意見の提供を促すことができる」というものがあります。この能力があったら、先に例示した仮設風呂の使い方について、宗教や慣習の理由で日本人と同様のルールに合わせるのが難しい人の存在について、コミュニティの中で情報を共有し、新しい使用ルールを決めるという話し合いが実現できるでしょう。多文化化が進んだ日本社会では、災害時の備えに CEFR-CV のアイデアをぜひ活用してほしいものです。

注

1 IOM（国際移住機関）
 https://worldmigrationreport.iom.int/wmr-2022-interactive/
 （2024年1月22日閲覧）

2 出入国在留管理庁
 https://www.moj.go.jp/isa/publications/press/13_00036.html
 （2024年1月21日閲覧）

3 CLAS（culturally and linguistically appropriate services）
 「ThinkCulturalHealth; CLAS, cultural competency, and cultural humility」
 https://thinkculturalhealth.hhs.gov/assets/pdfs/resource-library/clas-clc-ch.pdf
 （2024年2月20日閲覧）

参考文献

菊澤育代 (2020).「災害時に外国人が抱える課題 ―情報発信の在り方を考察する―」
『都市政策研究』21, 25-38. 福岡アジア都市研究所.
土井佳彦 (2013).「『多文化共生社会』における災害時外国人支援を考える ―東海・東南海地震に備えて―」『人間関係研究（南山大学人間関係研究センター紀要）』12, 21-30. 南山大学人間関係研究センター.
Bündnis Entwicklung Hilft, Institute for International Law of Peace and Armed Conflict at the Ruhr University Bochum. (2023). *The WorldRiskReport 2023.* https://weltrisikobericht.de/wp-content/uploads/2024/01/WorldRiskReport_2023_english_online.pdf
Council of Europe. (2020). *Common European Framework of Reference for Languages: Learning, teaching, assessment - Companion volume.* Council of Europe Publishing.
Gu, D. (2019). *Exposure and vulnerability to natural disasters for world's cities* (Technical Paper No. 4). United Nations, Department of Economics and Social

Affairs, Population Division.

International Organization for Migration (IOM), & Council of Europe. (2017). *Migrants in disaster risk reduction practices for inclusion.* https://publications.iom.int/books/migrants-disaster-risk-reduction-practices-inclusion

North, B., & Piccardo, E. (2016). *Developing illustrative descriptors of aspects of mediation for CEFR.* Education Policy Division, Council of Europe, Strasbourg.

World Bank. (2023). *World development report 2023: Migrants, refugees, and societies.* doi:10.1596/978-1-4648-1941-4.

Strunk, W. Jr., & White, E. B. (1979). *The elements of style* (3rd ed.). MacMillan.

U. S. Department of Health & Human Services. Cultural Competency Curriculum for Disaster Preparedness and Crisis Response. https://cccdpcr.thinkculturalhealth.hhs.gov/

確認チェック

❶. 日本に外国人が増えています。その理由、背景について説明してください。また、これからもこの傾向が続くか、検討してください。

❷. 多様な人々が一緒に暮らすコミュニティで災害が起こったとき、どのようなことが起こりますか？　それは、日本人だけのコミュニティとどのように異なりますか？

❸. なぜ、外国人はコミュニティの「逸脱者」と捉えられますか？　具体例を挙げて説明してください。

【発展】

❹. CEFR-CV の能力記述の中から、災害時の異文化接触課題の解決のための「仲介」として役立つものを選び、表（p.74）で挙げた災害時の異文化間接触課題に照らし合わせて、具体的に仲介の方法を考えてください。

4章 外国人保護者の言語課題（子育ての日本語）

地域社会に求められる「仲介能力」

関崎 友愛（せきざき ともえ）

1. はじめに

　近年、皆さんの住む地域にも外国人児童だけでなく乳幼児を連れた外国人保護者を見かけることが増えてきたのではないでしょうか。本章では、「日本で子育てをする外国人保護者」（以下、外国人保護者）の言語課題に焦点を当ててみたいと思います。

　日本は少子高齢化に伴う人口減少による労働者不足を解消するために外国人材の受け入れを拡大しており、令和5年12月末時点での日本の在留外国人数は341万人を超え、過去最高となりました（出入国在留管理庁, 2024）。令和4年6月には政府から「外国人との共生社会の実現に向けたロードマップ」が示され、中長期的な課題の重点事項の1点目に「円滑なコミュニケーションと社会参加のための日本語教育等の取組」が掲げられました。また、「ライフステージ・ライフサイクルに応じた支援」では「地域子育て支援」が1点目に掲げられています。日本で子育てをする外国人保護者の言語課題を解決するため、日本語教育と子育て支援という領域を超えた連携が求められています。

　地域日本語教育の現場では、在留外国人の急増と日本語学習ニーズの多様化により、外国人住民に対する言語保障としての日本語教育機会の提供および教育内容の質の担保が急務となっています。「日本語教育の推進に関する法律」（令和元年）および同法に基づく「日本語教育の推進に関する施策を総合的かつ効果的に推進するための基本的な方針」（令和2年）では、地域日本語教育は地方公共団体が地域の状況に応じた施策を策定し実施することと示されましたが、地域によって取り組みはさまざまであり、地域における日本語教育人材[注1]の不足が大きな課題となっています。このような状況の

なか、文化審議会国語分科会によって令和4年に「地域における日本語教育の在り方について（報告）」が取りまとめられ、地方公共団体の日本語教育施策の整備および充実に向けた取り組みについて期待される具体的な方向性が示されました。この報告では、地方公共団体に今後期待されることとして「日本語教育の推進に関する基本方針を策定すること」に加え、「『日本語教育の参照枠[注2]』を踏まえた『生活 Can do』を参照し、自立した言語使用者である B1 レベルまでの日本語教育プログラムを編成すること」が示されました。さらに、「地方公共団体に地域日本語教育コーディネーターを専任として配置し専門性を有する日本語教師を一定数確保すること」「日本語教育人材は文化庁[注3]事業等を活用して研修を行うことによりそれぞれ資質の向上を図ること」「専門性を有する日本語教育機関と連携し日本語教育推進体制を強化すること」なども示されました。これまで地域のボランティアたちによる市民活動によって支えられてきた地域日本語教育の環境を整備するため、国が制度を整え、外国人住民に対する言語保障としての地域日本語教育を地方公共団体が推進していくための具体的な内容が示されたといえます。

2.　日本で子育てをする外国人保護者の実態

　国立社会保障・人口問題研究所（2023）によると、2021年の日本の出生総数は 830,057 人で、そのうち「外国にルーツを持つ子ども」の出生数は 34,660 人で出生総数の 4.4% を占めています。つまり 2021 年に日本で生まれた子どもの 23 人に 1 人が「外国にルーツを持つ子ども」であるということになります。「外国にルーツを持つ子ども」には、「両親のうちどちらかが外国籍」である子どもと「両親ともに外国籍」である子どもが含まれますが、「両親ともに外国籍」である割合は 53% を占め、その割合は年々増加しています。彼らは母国を離れ日本で子育てをするなかで配偶者にも頼ることが難しい場面に遭遇することが多く、地域や周囲の人から情報を得ることや何らかの言語的な配慮を必要としています。また、外国人保護者の言語課題を考える際、就労者の帯同家族として子連れで来日した人たちだけでなく、これから日本で妊娠、出産をする人たちも含めて考えなければなりません。外国

人材の受け入れが拡大し、定住外国人が増加するなかで、日本で妊娠、出産、子育てをする外国人保護者は今後ますます増加していくと考えられます。

　外国人保護者の言語支援の在り方を考えるためには、日本で妊娠、出産し、子どもを地域の中で育てる外国人保護者の実際の生活がどのようなものかをまず知ることが必要です。筆者がヒアリングを通して得た当事者および関係者等の実際の声をもとに、「妊娠～出産」「出産～子の就学」「就学以降」の3つのステージに分けて、彼らの生活を見てみましょう。彼らの言語課題を想像しながら読み進めてみてください。

2.1　妊娠～出産

　妊娠がわかるとまず産婦人科（あるいは婦人科）を予約し、受診するところから始まります。日本では妊娠が確認された段階で分娩予約を取っておく必要がある産院も多いようです。外国人妊婦にとっては、まず外国語対応が可能か、無痛分娩ができるか、女医がいるか、宗教上の問題に寄り添ってもらえるか、入院時の食事に関する希望が通るかなど、自分の希望に合う産院が近隣地域にあるかどうかを調べ、婦人科や分娩する産院を選ぶことになります。母語話者なら簡単に手に入る情報も、彼らにとっては一つ得るにも大変な時間を要します。

　妊娠が確認されると役所の窓口に母子健康手帳をもらいに行きます。この場が外国人妊婦と行政との初めての接触になります。母子保健の分野では、近年の外国人住民の急増を背景に多言語版の母子健康手帳[注4]や、妊娠から出産の流れ、必要な手続きの説明や注意すべき点などをまとめた多言語によるリーフレット[注5]などが作成され、外国人住民の多い都市部を中心に外国人妊婦にはこれら多言語資料が配布される地域も増えてきました（母子保健推進会議, 2020）。しかし、全国的に見ると、地方や外国人住民の少ない地域では何の配慮も行われていない自治体もまだあります。

　妊娠中に十数回ある妊婦健診の場では、日に日に変化する自分の体調について詳細に説明をしたり、心配なことについて相談し、医師や看護師から助言をもらったり薬を処方してもらったりしますが、日本語能力の限られた外

国人妊婦にとって、これらの言語活動が困難となることは想像に難くありません。日本語のできる家族や親しい友人がいれば健診時に付き添いを頼めるかもしれませんが、そのような友人のいる人ばかりではありません。母語話者にとっては妊娠期間中の不安を解消する場となる妊婦健診ですが、外国人妊婦にとっては不安と緊張、我慢の時間となることもあります。

　出産育児一時金の申請手続き、両親学級への参加、妊娠期間中のトラブルへの対応、入院準備に関する情報の理解、陣痛が来た際の病院との電話でのやり取り、入院してから出産を迎えるまでの看護師や助産師とのやり取り……母語話者でも大変なこれらのプロセスを、言語的な制限を抱えながら乗り越えていく困難を想像してみてください。

2.2　出産〜子の就学

　無事に出産したあとも、出生届の提出、子どもの健康保健加入、児童手当の申請手続きに加え、外国人保護者には出入国在留管理庁や大使館での手続きが待ち構えています。慣れない赤ちゃんの世話と初めての授乳に苦戦し、出産による体調回復もままならないなか、ある日知らない人（あとで助産師であることがわかる）が家にやってきて、よくわからない日本語でたくさん話しかけられます。聞きたいことは山ほどあるのに、赤ちゃんの世話で手いっぱいでことばの不便を乗り越えるために事前に準備しておく時間も心の余裕もありません。最後に「何か質問はありますか」と聞かれ、仕方なく「いいえ」と答えるのです。

　一カ月健診を受けるために病院に行くと、言われるがままに書類を書かされ、通訳らしき人も見当たらないまま助産師や小児科医から難しい説明を受けます。周りの日本人保護者は家族の付き添いがいるようで余裕が見えます。赤ちゃんの体重は正常に増加しているか、母乳はよく出ているか、質問したくてもできずに健診が終わります。不安な気持ちを落ち着かせる間もなく、また赤ちゃんの世話に明け暮れます。カタカナや見慣れない漢字で埋め尽くされた予防接種に関する大量の資料に圧倒され、一度予防接種を受けに行った小児科があまりに不親切で、他にいい小児科がないか調べているうちに、

四カ月健診の案内が来ます。母語話者であれば、よくわからないことや小児科の評判などを周囲の人に尋ね、友人を作り、自然に他者のサポートを得ながら過ごしていくのですが、配偶者にさえ頼れず、周囲に頼る方法もわからず、不安で押しつぶされそうになっている外国人保護者がきっとあなたの住む地域にもいるはずです。

　地域に「子育て支援センター」という施設があることを知り、子どもを連れて行ってみます。日本の子どもたちはおもちゃで楽しそうに遊んでいます。おもちゃの取り合いでけんかになったら、保護者同士が上手にコミュニケーションを取って、自分の子どもに「ごめんね」をさせています。そんななか、我が子はずっと1人で遊んでいます。あるとき、他の子どもが遊んでいるおもちゃが欲しくなって横取りしてしまい、相手を泣かせてしまいました。すぐに相手の保護者が近づいてきて、我が子の顔を見るなり「大丈夫だよ！」と言ってその場を去ってしまいます。保護者同士コミュニケーションを取ること、我が子に相手のおもちゃを取ったことを謝らせること、そのどちらもが実現できない悲しさを抱えて家に帰るのです。我が子がミルク以外にご飯をあまり食べないことについて悩み、誰かに相談したくて支援センターに足を運んでいたものの、誰にも話しかけてもらえず、職員とも話す機会が得られず、自分から話しかける勇気も出ず、次第に足が遠のいてしまいます。

　子どもが1歳を過ぎた頃、保育園に預けて働きたいと思い、保育園の申請窓口を調べて出向きます。そこで「今仕事をしていなければ保育園を利用できません」と表示された翻訳アプリを見せられ、途方に暮れます。母語話者でさえ煩雑な保育園の申請手続きを言語的なサポートなしに彼らが乗り越えるのは至難の業です。保育園と幼稚園の違い、申請条件をなんとか理解し、やっと幼稚園への入園を決めても、次から次へと問題は起こります。地域によっては外国人家庭の受け入れに慣れていない幼稚園もあり、入園説明会で外国籍家族の存在を認識していても何の言語的なサポート体制もない園もあります。入園面接で「子どもが先生の指示を理解していない」「保護者とコミュニケーションが取れない」という理由で入園を断られることもあります。さらには入園を断られた理由を尋ねても教えてもらえないことさえあります。

　無事に幼稚園に入園しても、日本の幼稚園の「当たり前」がわからず苦労

は続きます。「上履き」「防災頭巾カバー」「給食袋」「お遊戯会」「お芋掘り」……これらすべてがどんなものなのかわかりません。ある日、幼稚園から帰ってきた子どもが「今日みんな〇〇を持ってきていた」と泣きます。少し前に配布された園からの手紙に必要な持ち物が書かれていたようですが、情報量の多すぎる園からの手紙は毎度読む気になれません。また別の日には、子どものお迎えのときに先生に呼ばれ、その日起こった他の園児とのトラブルについて先生から詳しく説明されます。先生の話し方が冗長なので内容を掴むために集中して聞いていると、先生はにっこり笑顔で「日本語わかりませんよね、大丈夫です」と一方的にコミュニケーションを諦めてしまうのです。このようなやりきれなさを気軽に相談できる「ママ友」も周囲にいません。

2.3 就学以降

　やがて小学校に入学する日が迫り、入学説明会に参加します。そこでも大量の資料を渡され、校長先生の話のほとんどが理解できず呆然とし、同時に不安が襲います。周囲の日本人保護者はすでに友達のように親しげに雑談しています。何がわからないかさえわからないまま、入学を迎えます。無事に入学し学校生活が始まっても、子どもが学校生活になじめず不安定になり、毎日家で暴れます。そのケアをするだけで一日が終わってしまいます。担任の先生に面談の時間を取ってもらっても、子どもの心情や家での様子について詳細に伝えられず、先生から与えられる学校での様子に関する情報もぼんやりとしか理解できません。夫は仕事が忙しく、子どものことはすべて自分に任されていて、不安に押しつぶされる日々を過ごします。

　PTAが何なのかわからないまま係を決められ、ライングループで大量の情報のやり取りが交わされます。反応できないでいると自然にメンバーから除外されていることも多く、自分が透明人間になったかのような気持ちになります。

　日本語を学ぶ自由な時間など見つけられないまま、子ども優先の日々は過ぎていきます。やがて子どもに友達ができ、学校生活にも慣れてきた様子が見られ安心していると、子どもの学校生活について自分が知らない、あるい

はわからないことが増えてきたことにふと気づきます。子どもに説明を求めたり、子どもに翻訳・通訳してもらったりすることが増え、情けなさを感じるようになります。子どもは次第に日本語のわからない保護者に自分の話をしなくなっていきます。それは思春期になると、親子関係にも大きな影を落とすのです。

　いかがでしたか。言語的制限を抱えながら子育てに奮闘する外国人保護者の苦労や困難を少しは想像することができたでしょうか。彼らの言語課題に地域日本語教育は何ができるでしょうか。

3.　「子育ての日本語」とは：「生活Can do」を例に

　地域日本語教育に関わる者が参照できるよう、生活分野で日本語を使って何がどのくらいできるかを示したものに「生活Can do」があります。

　次頁の図1が示すように、「日本語教育の参照枠」に示された言語能力記述文（参照枠Can do）を参照することにより生活・留学・就労といった分野別の言語能力記述文（Can do）が作られていくわけですが、生活Can doはこのうち日本国内に在住する外国人（「生活者としての外国人」）が日常生活において日本語で行うことが想定される言語活動の例示という位置づけになります。生活Can doは「地域における日本語教育の在り方について（報告）」（文化庁, 2022）の別冊に「生活Can do一覧」として収録され、その後最終調整を経て2023年3月に文化庁「日本語教育コンテンツ共有システム（NEWS）」上に全785個の生活Can doが公開されました。

　地域日本語教育の現場でこの生活Can doがそのまま、あるいは、さらに各現場に合うよう書き換えられ、学習目標となったり教室活動のヒントとなったりすることが想定されています。生活Can doの公開において注目すべきは、『生活者としての外国人』に対する日本語教育の標準的なカリキュラム案について」（以下、標準的なカリキュラム案）（文化庁, 2010）では具体的に示されていなかった「生活上の行為の事例」のうち「V 子育て・教育を行う」ための日本語能力が、具体的な言語能力記述文（Can do）として

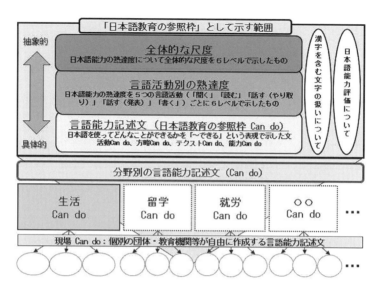

図1 「日本語教育の参照枠」の構成（文化庁（2021, p. 15）より一部抜粋）

示されたことです。在留外国人の定住化が進むなか、日本で妊娠、出産、子育てをする外国人保護者の言語課題に対応できるよう地域日本語教育に関わる人たちが参照できる「日本で子育てをするための日本語」の内容が初めて示されたのです。

3.1 「生活Can do」開発と「生活上の行為の事例」

生活 Can do は、標準的なカリキュラム案で示された「生活上の行為の事例」（令和3年度改定版）に基づき、5つの言語活動（「聞くこと」「読むこと」「やり取り」「発表」「書くこと」）がA1からB1（一部B2を含む）のレベル別に記述されています。CEFR および「日本語教育の参照枠」の言語教育観や言語能力記述文（Can do）に精通した日本語教育専門家グループによって開発されました[6]。作成過程では、レベルや記述内容の妥当性を検証するための質的検証および量的検証が実施され、レベルや表現の修正を繰り返し経て完成されました。生活 Can do 作成のもととなった「生活上の

行為の事例」の全体像は表1の通りで、Ⅰ〜Ⅹの大分類の下に、さらに中分類、小分類に細分化されています。

　このうち子育てに関する大分類「Ⅴ 子育て・教育を行う」には No.198 〜 No.352 までの計155個の Can do が作成され、小分類は上から順に「(15) 出産に備える」「(16) 出産し育児をする」「(17) 家庭で子供を育てる」「(18) 地域で子供を育てる」「(19) 幼稚園・保育所で教育・保育を受けさせる」「(20) 小・中・高等学校で教育を受けさせる」「(21) 特別支援教育を受けさせる」となっており、妊娠してから子が18歳になるまでがカバーされていることがわかります。

表1　生活上の行為の事例（大分類・中分類・小分類）

大分類	中分類	小分類
Ⅰ 健康・安全に暮らす	01 健康を保つ	(01)医療機関で治療を受ける
		(02)薬を利用する
		(03)健康に気を付ける
	02 安全を守る	(04)事故に備え、対応する
		(05)災害に備え、対応する
Ⅱ 住居を確保・維持する	03 住居を確保する	(06)住居を確保する
	04 住環境を整える	(07)住居を管理する
Ⅲ 消費活動を行う	05 物品購入・サービスを利用する	(08)物品購入・サービスを利用する
	06 お金を管理する	(09)金融機関を利用する
Ⅳ 目的地に移動する	07 公共交通機関を利用する	(10)電車、バス、飛行機、船等を利用する
		(11)タクシーを利用する
	08 自力で移動する	(12)徒歩で移動する
		(13)自転車を利用する
		(14)車・オートバイ等を使用する
Ⅴ 子育て・教育を行う	09 家庭及び地域で子育てをする	(15)出産に備える
		(16)出産し育児をする
		(17)家庭で子供を育てる
		(18)地域で子供を育てる
	10 子供に教育を受けさせる	(19)幼稚園・保育所で教育・保育を受けさせる
		(20)小・中・高等学校で教育を受けさせる
		(21)特別支援教育を受けさせる

Ⅵ 働く	11 仕事を探す	(22) 就職活動をする
		(23) 労働条件について理解する
	12 仕事をする	(24) 職場の安全を確保する
		(25) 個別業務を遂行する
		(26) 協働業務を遂行する
		(27) 勤務評価に対応する
	13 仕事に役立つ能力を高める	(28) 職業能力の開発を行う
		(29) 事務機器等を利用する
		(30) 職場の人間関係を円滑にする
Ⅶ 人とかかわる	14 他者との関係を円滑にする	(31) 人と付き合う
		(32) 異文化を理解する
Ⅷ 社会の一員となる	15 地域・社会のルール・マナーを守る	(33) 住民としての手続をする
		(34) 住民としてのマナーを守る
	16 地域社会に参加する	(35) 地域社会に参加する
	17 社会制度を利用する	(36) 福祉等のサービスを利用する
		(37) 社会保険を利用する
Ⅸ 自身を豊かにする	18 人生設計をする	(38) 生活設計をする
	19 学習する	(39) 学習する
		(40) 学習を管理する
		(41) 学習方法を身に付ける
		(42) 日本語を学習する
		(43) 日本について理解する
	20 余暇を楽しむ	(44) 余暇を楽しむ
Ⅹ 情報を収集・発信する	21 通信する	(45) 郵便・宅配便を利用する
		(46) インターネットを利用する
		(47) 電話等を利用する
	22 マスメディアを利用する	(48) マスメディア等を利用する

（文化庁（2022b, pp. 1-2）をもとに作成）

3.2 「Ⅴ子育て・教育を行う」Can do 例とその活用

　155 個の「Ⅴ子育て・教育を行う」Can do（以下、子育て Can do）の具体的な記述をいくつか見てみましょう。

表2 「V 子育て・教育を行う」Can do の例

通番	言語活動	カテゴリー	レベル	Can do
254	やり取り	会話	A2	公園などで会った他の保護者と、普段どこで子供を遊ばせているかや、地域のおすすめの遊び場などについて、短い簡単な言葉で話すことができる。
262	読むこと	世情を把握するために読むこと	B1	保育施設の種類（保育園・幼稚園・認定こども園など）やそれぞれの特徴などについて書かれたある程度長い文章に目を通して、子供を預けるために必要な情報を探し出すことができる。
271	やり取り	インタビューすること、インタビューを受けること	A2	保育園や幼稚園の入園面接で、子供の健康状態（持病やアレルギーの有無など）や、生活（食事や遊び、睡眠など）についての簡単な質問に対して、短い簡単な言葉で答えることができる。
277	読むこと	情報や議論を読むこと	A1	辞書を使うことができれば、保育園や幼稚園から配られた入園準備品のリストを見て、必要なものについてのいくつかの情報を理解することができる。
278	やり取り	製品やサービスを得るための取引	A2	友人や先生に、保育園や幼稚園の入園準備品リストに書かれた知らないものについて、どんなものか、どこで買えるかなどについて質問し、いくつかの簡単な答えを理解することができる。
286	書くこと	記録、メッセージ、書式	A2	保育園や幼稚園などの連絡帳（又は連絡アプリの該当する箇所）に、子供の体調について心配なことや、お迎えの人や時間の変更などを、短い簡単な文で書くことができる。
308	発表	長く一人で話す：経験談	A2	子供の学校行事などで他の保護者に、子供から聞いたクラスの様子や子供の家での様子などを、短い簡単なことばで話すことができる。
326	聞くこと	聴衆の一人として生で聞くこと	B1	発音と内容がはっきりしていれば、学校の進路説明会で、子供の進路に関する簡単な説明を聞いて、主要な情報を理解することができる。

（文化庁（2022b, pp. 34-41）から抜粋して作成）

子育てのさまざまな場面で「日本語を使って何がどのくらいできるか」が具体的に記述されていることがわかります。読者の皆さんは、これらの Can do を参照し、どんな学習内容や教室活動がイメージできるでしょうか。地域日本語教室などでこの子育て Can do がどのように活用できるか考えてみましょう。

（1）学習目標にする

　まず思い浮かぶのは Can do を学習目標とし、学習項目と教室活動を考えることです。CEFR および「日本語教育の参照枠」の言語教育観では、学習者を社会的存在（＝社会の中で行動する者）として捉え、「言語を使ってできること」を重視します。つまり、社会で行動する者である外国人保護者の言語課題から学習目標を設定し、それを達成できるようになるための評価と教育活動を考えるということですが、具体的な場面・対象・行為が記述された子育て Can do を参照することにより、外国人保護者がどのような言語課題を抱えているのかを知ることが可能になります。

　例えば、子どもの幼稚園入園を控えた A1 レベル相当の外国人保護者への言語支援を考えた場合、No.271「保育園や幼稚園の入園面接で、子供の健康状態（持病やアレルギーの有無など）や、生活（食事や遊び、睡眠など）についての簡単な質問に対して、短い簡単な言葉で答えることができる。(A2 やり取り)」という Can do を学習目標とすることができます。この目標を達成するための教室活動として、まず保育園や幼稚園に入園する際には入園面接が実施されること、そこでは先生と保護者間で子どもの健康状態や生活について簡単なやり取りが交わされたり、子どもが先生の簡単な指示を理解できるか確認されたりし、面接を通して子どもの入園の可否が決まるという入園に関する情報（生活・社会・文化的情報）を提供することが必要です。また、日本の情報を扱うだけでなく、彼らの母国の生活・社会・文化的情報についても話してもらうことが大切です。双方向の対話が行われることにより異文化理解、相互理解につながる学習となり、彼らの異文化に対する気づきを促進し複言語（異文化理解）能力を高めることができるでしょう。言語的手当てとして、子どもの健康状態を説明するための語彙（卵アレルギーが

ある、湿疹ができやすい、便秘気味など）や、子どもの日常生活を説明するための表現（外遊びが好き、好き嫌いがある／ない、おむつがまだ取れないなど）も必要になるでしょう。彼らにとって必要な日本語学習とは、言語課題を達成するための日本語です。つまり、彼らが面接時に幼稚園の先生に伝えたいことを日本語で伝えられるように言語支援を行うことが重要です。実際の入園面接に先立って地域日本語教室の活動のなかで面接の予行練習ができれば、きっと自信をもって面接に臨むことができるでしょう。このように、彼らのエンパワーメントにつながる、つまり本来備わっている能力を自立的に発揮できるようにするための日本語学習が必要なのです。

（2）現実社会に結びつく活動を考えるためのヒントにする

　生活 Can do の用途は単に学習目標とするだけではありません。日本で生活する外国人住民が実際に遭遇する場面や行為が具体的に記述されているため、教室活動を教室内だけの練習にせず、現実社会と結びついた活動を考えるためのヒントを与えてくれます。例えば No.254「公園などで会った他の保護者と、普段どこで子供を遊ばせているかや、地域のおすすめの遊び場などについて、短い簡単な言葉で話すことができる（A2 やり取り）」という Can do をもとに、現実社会に結びつく活動を考えてみましょう。例えば、住んでいる地域にどんな公園や遊び場があるか、日本語学習支援者と共に地図や子育て情報を提供するウェブページなどを利用して調べ、次の活動までに実際に行って写真を撮ってきてもらいます。次の活動でそこがどんな場所だったか、どんな遊具があったか、どんな人たちが遊んでいたかなど、写真を見せながら紹介し合う活動ができます。これは上記 Can do が達成できるように、まず地域の遊び場について知るための活動です。このような活動は、彼らの行動範囲を広げることにつながるうえ、自分が訪れた遊び場について他者に紹介できるという自己表現も可能にします。また、事前に準備しておいたインタビューシートを持って地域の子育て支援センターに出向き、そこで子どもを遊ばせている他の保護者におすすめの遊び場について聞くインタビューをし、次の活動でインタビューを通して得たおすすめの遊び場に関する情報をクラスで共有するといった活動のアイデアも浮かびます。イン

タビューシートを準備しておくことで他の保護者に話しかける言語的、心理的ハードルを低くし、日本語で話すことの成功体験を重ねることができます。活動を通して学習者が現実社会で関わる人たちとコミュニケーションを取り、意味のあるやり取りができるよう工夫することで、彼らの日常生活に密接に結びついた日本語学習が可能となり、それは彼らの子育ての生活をより豊かにしてくれることでしょう。

（3）行政や関連機関と連携するためのヒントにする

　No.262「保育施設の種類（保育園・幼稚園・認定こども園など）やそれぞれの特徴などについて書かれたある程度長い文章に目を通して、子供を預けるために必要な情報を探し出すことができる（B1 読むこと）」という Can do の活用を考えてみましょう。この Can do から、読むことが B1 レベルに到達していない外国人保護者にとって保育園や幼稚園の入園に関する情報を理解することは困難であることがわかります。しかし、子どもの入園を控えた外国人保護者にとっては、自身の日本語能力に関わらず、これらの情報は今すぐ必要です。この問題を解決するために、行政や関連機関と連携するという方法を考えることができます。例えば、地域日本語教室が自治体の保育課などと連携し、外国人保護者向けの保育園入園手続き説明会を共催し、そこで日本語教師や日本語学習支援者がコミュニケーションの橋渡しをすることができます。また、地域の私立幼稚園と連携し、外国人保護者向けの入園までの流れや手続き、入園条件などについての説明会を実施することもできるでしょう。このような連携はその場限りのものとせず、彼らが入園した後も続くことが望ましく、地域の日本語教室の存在が外国人親子を受け入れる幼稚園にとっても重要な仲介者の役割を果たすことができます。このように、日本語教育分野を超えた子育て支援分野との連携は、自治体や子育て関連機関に向けた外国人対応の方法提示の機会となり、外国人住民にも伝わりやすいコミュニケーション方法の普及、さらには地域社会への多文化共生意識の啓発にもつながります。

4. 地域社会に求められる「仲介能力」

　ここまで、外国人保護者の言語課題と、それを達成するための地域日本語教育の方法について述べてきましたが、ここで浮かび上がる疑問があります。外国人保護者が地域日本語教室等で日本社会について理解を深め、日本語能力を向上させれば、日本で自分らしく満足のいく子育てが実現するのでしょうか。外国人住民の努力だけで多文化共生社会が実現するのでしょうか。答えは「いいえ」です。真の多文化共生社会の実現には、地域住民一人ひとりがまずは外国人住民の存在に関心を持つこと、「多様性は豊かさである」という視点を持ち、彼らと相互理解を図ろうとすること、時にその場にいる人たちの仲介者となり、コミュニケーションの橋渡しをしたり、相手の日本語能力に合わせて自身の話し方を工夫、調整したりすること、また異なる文化背景を持つ人たちとも信頼関係を築き協働する力を身につけることなどが必要です。これらの能力は日本語教師にとって必須の能力であることは言うまでもありませんが、外国人住民がより深く社会に参加し、自分らしさを発揮し、社会で活躍するためには、一般の地域住民たちにこそこれらの能力が必要となるでしょう。

　筆者は前述の「子育て Can do」開発に関わった一人ですが、Can do の作成過程で「この Can do は必要か」「この Can do で十分か」「どんな Can do が真に必要か」という問いと向き合うことになりました。例えば、入園準備品について理解するための Can do として、No.277「辞書を使うことができれば、保育園や幼稚園から配られた入園準備品のリストを見て、必要なものについてのいくつかの情報を理解することができる（A1 読むこと）」がありますが、準備品リストの単語を自分で調べて母語で理解できたとしてもなお残る問題があると考えました。そこで No.278「友人や先生に、保育園や幼稚園の入園準備品リストに書かれた知らないものについて、どんなものか、どこで買えるかなどについて質問し、いくつかの簡単な答えを理解することができる（A2 やり取り）」という Can do を追加しました。外国人保護者にとって真に必要な Can do は、助けが必要な場面やわからないことが生じた際に、周囲の人に助けを求めたり、何がわからないかを伝え、

尋ねること、そして、周囲の人から情報をもらうことであり、そのCan do達成には周囲の人たちの能力（異文化に対する理解、文化的背景の異なる相手にもわかるように説明する能力）が大きく関係するといえます。多文化共生社会は外国人住民の能力だけで実現するのでは決してなく、我々母語話者も含むすべての日本語使用者が多様性を尊重し、自身の考えや意見を調整しながら相互に助け合い、互いの合意形成を目指したコミュニケーションを進めることによって実現するといえます。

　これは、CEFR-CVで新たに記述が追加された「仲介」「複言語能力と複文化能力」のCan doが示す能力と重なります。CEFR-CVが発表されたことにより、文化審議会国語分科会は「日本語教育の参照枠」の3つの言語教育観の捉え直しを行い、「『日本語教育の参照枠』の見直しのために検討すべき課題について」（文化審議会国語分科会, 2024年2月22日）において、言語教育観に、日本語学習者の能力に限らず、学習者を取り巻く周囲の人たちの能力についての説明を加えました[注7]。以下の下線の部分が追加された説明です。

言語教育観（1）「日本語学習者を社会的存在として捉える」に加えられた説明：

　より深く社会に参加し、より多くの場面で自分らしさを発揮していくためには、日本語学習者及び日本語教育に関わる全ての人々が多様な文化を尊重した活力ある共生社会の担い手として、個々の意見や考え方を調整しながら、合意の形成を進め、新たな価値を生み出していくための日本語によるコミュニケーションの促進が重要である。

言語教育観（2）「言語を使って『できること』に注目する」に加えられた説明：

　言語を使って「できること」を増やしていくためには、日本語学習者が学ぶことに加え、「多様な人々との助け合いを通して」、「他者による橋渡しによって」、「確認や言い換えを求めるなどの様々な方法を用いて」、「ICT技術を利用して」など様々な方法がある。「できること」を

日本語学習者の努力だけでなく、他者との関わりや様々な方法・技術を用いることで、その幅を広げていくことが重要である。

言語教育観（3）「多様な日本語使用を尊重する」に加えられた説明：
　ここで言う日本語の在り方とは、形式面の正確さだけではなく、日本語学習者が伝えようとするメッセージの背景にある考え方、伝え方、話の進め方なども含まれる。言語・文化の相互尊重・相互理解を前提として、日本語によるコミュニケーションで用いられる表現方法や談話展開などについて、多様な日本語の在り方を肯定的に捉え、日本語によるコミュニケーションをさらに豊かにしていくことが重要である。

　言うまでもなく、CEFR の対象とする言語能力は外国語または第二言語の能力に限ったものではなく、母語も含めたすべての言語使用者の能力です。CEFR-CV で新たに加えられた「仲介」や「複言語能力と複文化能力」の Can do を外国人保護者の言語課題という文脈で捉えれば、外国人保護者と関わる周囲の人々（地域日本語教室等における日本語教師、日本語学習支援者、子育て関連機関の職員、保健師、保育士、幼稚園・小学校の教職員、他の保護者、医療従事者、行政職員など）の「やさしい日本語」による話し方の調整能力や、文化背景の異なる人々にもわかりやすく工夫して情報提供ができる能力、文化的な違いによる配慮をもって人間関係を築こうとする態度および能力を示しており、外国人住民との共生を目指す日本社会の在り方を考えるためのヒントを与えてくれます。

5.　最後に

　本章では、外国人保護者の言語課題に注目し、地域日本語教育における彼らへの言語支援の方法や共生社会を目指す社会の在り方について考える際に CEFR および「日本語教育の参照枠」の言語教育観、生活 Can do が活用できることを見てきました。
　地域日本語教育に関わる日本語教師には、地域住民の日本語学習を教室の

中だけの「閉ざされた学習」にせず、地域のさまざまなリソースを有効に活用し、地域の人たちにも働きかけられるダイナミックな教室活動を提案し、実施できる能力が今後ますます求められます。外国人住民と地域社会の「仲介者」となり、両者の橋渡しをすることによって、一般の地域住民にも多文化共生意識を啓発していくこと、また日本語母語話者・非母語話者を問わず、日本社会を構成するすべての人たちの「仲介能力」を高めていくことこそが、地域日本語教育に関わる日本語教師に期待される役割であり、それは日本語教師という仕事の醍醐味であると思います。今後の地域日本語教育に関わる日本語教師の果たせる役割に大きな可能性と期待を感じます。

　日本に生まれ育った人も、外国にルーツを持つ多様な背景を持つ人も、日本社会を構成するすべての人たちが自らの意思で学び、多様な他者と良好な関係を築き、自己肯定感を持って自身の能力を発揮し自己実現できる活力ある社会を実現するために、地域日本語教育に携わる者ができることは何か、私も一人の日本語教師として考え続けていきたいと思います。

注

1. 「生活者としての外国人」に対する日本語教育を実践する人材については、文化審議会国語分科会が「日本語教育人材の養成・研修の在り方について（報告）改定版」（2019）で日本語教育人材に求められる資質・能力を明らかにしたうえで、その養成・研修の在り方および教育内容を提言しています。

2. 「日本語教育の参照枠」が取りまとめられた経緯および内容の詳細については、文化庁（2021）「日本語教育の参照枠　報告」（文化審議会国語分科会）を参照してください。

3. これまで文化庁が所管であった外国人等に対する日本語教育事業は令和6年4月より文部科学省総合政策局に移管したため、日本語教育人材の養成・研修も文部科学省事業となり引き継がれます。
　　［文部科学省 > 日本語教育］
　　https://www.mext.go.jp/a_menu/01_p.htm

4. 公益社団法人母子保健推進会議により令和元年に英語・中国語・韓国語・スペイン語・ポルトガル語・ベトナム語・インドネシア語・タイ語・タガログ語・ネパール語の計10カ国語の母子健康手帳が作成されました。

5. 「外国人住民のための子育てチャート」（かながわ国際交流財団「外国人のための子育て支援サイト」）などがあります。
　　https://www.kifjp.org/child/jpn/chart

6. 生活Can doの開発および検証の詳細は「文化庁委託事業報告書 令和3年度 生活Can doの作成及び検証補助業務に係る事業報告書」<https://www.bunka.go.jp/tokei_hakusho_shuppan/tokeichosa/nihongokyoiku_sogo/r03/pdf/93844101_01.pdf> および「文化庁委託事業報告書 令和4年度 生活Can doの作成及び検証補助業務に係る業務報告書」<https://www.nihongo-ews.mext.go.jp/information/download/375> を参照してください。

7. 文化庁（2024）はCEFR-CVの発表を受け「日本語教育の参照枠」に「書くこと、オンラインでのやり取り」「仲介」についての尺度を加筆しました。また「複言語・複文化能力」については「日本語教育の参照枠」においては「異文化間能力」として捉えるとしています。詳細は「『日本語教育の参照枠』の見直しのために検討すべき課題について ―ヨーロッパ言語共通参照枠補遺版を踏まえて―」（文化庁, 2024, p. 38 〜）を参照してください。

参考文献

かながわ国際交流財団 (2023).「『外国人住民の未就学児が保育園・幼稚園に入るための仕組みづくり』調査の報告」(「外国人住民のための子育て支援サイト」より)
https://www.kifjp.org/child/supporters#kosodate

外国人材の受入れ・共生に関する関係閣僚会議 (2022).「外国人との共生社会の実現に向けたロードマップ」
https://www.kantei.go.jp/jp/singi/gaikokujinzai/index.html

公益社団法人日本助産師会HP「日本で暮らす外国からきた母子や家族への支援」
https://www.midwife.or.jp/general/global.html

公益社団法人母子保健推進会議 (2020).「令和元年度子ども・子育て支援推進調査研究事業 母子健康手帳の多言語化および効果的な支援方法に関する調査研究 (報告書)」
https://www.mhlw.go.jp/content/11900000/000763370.pdf

国立社会保障・人口問題研究所 (2023).「人口統計資料集 2023年改訂版　表 4-2父母の国籍別出生数：1987 ～ 2021年」
https://www.ipss.go.jp/syoushika/tohkei/Popular/Popular2023RE.asp?chap=4

出入国在留管理庁 (2024).「令和5年末現在における在留外国人数について」
https://www.moj.go.jp/isa/publications/press/13_00040.html

「日本語教育の推進に関する法律」(2019).
https://www.bunka.go.jp/seisaku/bunka_gyosei/shokan_horei/other/suishin_houritsu/index.html

「日本語教育の推進に関する施策を総合的かつ効果的に推進するための基本的な方針」(2020).
https://www.bunka.go.jp/seisaku/bunka_gyosei/shokan_horei/other/suishin_houritsu/92327601.html

文化庁 (2010).「『生活者としての外国人』に対する日本語教育の標準的なカリキュラム案について」(平成22年5月19日; 文化審議会国語分科会)
https://www.bunka.go.jp/seisaku/kokugo_nihongo/kyoiku/nihongo_curriculum/pdf/curriculum_ver09.pdf

文化庁 (2019).「日本語教育人材の養成・研修の在り方について (報告) 改定版」(平成31年3月4日; 文化審議会国語分科会)
https://www.bunka.go.jp/seisaku/bunkashingikai/kokugo/hokoku/pdf/r1393555_03.pdf

文化庁 (2021).「日本語教育の参照枠　報告」(令和3年10月12日; 文化審議会国語分科会)

https://www.bunka.go.jp/seisaku/bunkashingikai/kokugo/hokoku/pdf/
93736901_01.pdf

文化庁 (2022a). 「『日本語教育の参照枠』の活用のための手引」(令和 4 年 2 月 18 日;
文化審議会国語分科会日本語教育小委員会「日本語教育の参照枠」の活用に関す
るワーキンググループ)
https://www.bunka.go.jp/seisaku/bunkashingikai/kokugo/hokoku/pdf/
93705001_01.pdf

文化庁 (2022b). 「地域における日本語教育の在り方について（報告）　別冊　『日本語
教育の参照枠』に基づく『生活 Can do』一覧」(令和 4 年 11 月 29 日; 日本語教
育小委員会)
https://www.bunka.go.jp/seisaku/bunkashingikai/kokugo/hokoku/
pdf/93913301_01.pdf

文化庁 (2024). 「『日本語教育の参照枠』の見直しのために検討すべき課題について ―
ヨーロッパ言語共通参照枠 補遺版を踏まえて―」(令和 6 年 2 月 22 日; 文化審議
会国語分科会日本語教育小委員会「日本語教育の参照枠」補遺版の検討に関する
ワーキンググループ)
https://www.bunka.go.jp/seisaku/bunkashingikai/kokugo/nihongo/nihongo
_124/pdf/94009301_01.pdf

Council of Europe. (2001). *Common European Framework of Reference for Languages:
Learning, teaching, assessment.* Cambridge University Press. (吉島茂・大橋理
枝他 (訳・編). (2014). 『外国語教育 II ―外国語の学習、教授、評価のためのヨー
ロッパ共通参照枠― 追補版』朝日出版社.)

Council of Europe. (2020). *Common European Framework of Reference for Languages:
Learning, teaching, assessment - Companion volume.* Council of Europe Publishing.

確認チェック

❶. 「生活 Can do」とは何ですか？「日本語教育の参照枠」においてどのような位置づけで、どのような目的で作られたものですか？

❷. 「生活 Can do」の地域日本語教育への活用について、本章ではどのような活用方法が取り上げられていましたか？

【発展】

❸. 生活 Can do の中から「子育て」に関する Can do を選択し、外国人保護者を対象とした地域日本語教育プログラムにおける教室活動を具体的に考えてみましょう。
参考：「生活 Can do」一覧表 1・2（A1-B2）（エクセルファイル形式）
　　　https://www.nihongo-ews.bunka.go.jp/infomation/download/371

❹. 外国人住民を取り巻く日本社会の「仲介能力」を高めるために、あなたが地域日本語教育に携わる日本語教師としてどのような取り組みができるか、具体的に考えてみましょう。

5章 言語教育に「仲介」を加えることの意義

言語教育の実践から学習者と教師の仲介活動を考える

奥村 三菜子・櫻井 直子 (おくむら みなこ・さくらい なおこ)

1. はじめに

　「仲介」は、CEFR2001において「現在社会における通常の言語機能の中でも重要な位置を占める」(吉島・大橋他, 2014, p. 15) 言語活動と位置づけられていました。そして、CEFR-CVでもこの考え方は踏襲され、受容活動・産出活動・相互行為活動を有機的につなぐ言語活動 (Council of Europe, 2020, p. 34) として、「仲介」のスケールと例示的記述文（以下、記述文）が開発されました。これらのスケールと記述文は、仲介活動とはどのような活動であるのかをより具体的に描き出し、教師が仲介活動を取り入れた授業活動を考えたり、学習者に対して教師が行う支援について考える際に、さまざまなヒントを与えてくれます。

　本章では、日本語教師である筆者がCEFR-CVの「仲介」のスケールと記述文を参照しながら考えた教育実践について、櫻井・奥村 (2024) で示したアイデアから2つ取り上げ、学習者が行う仲介活動と教師が行う仲介活動の2つの側面から事例を紹介します。そのうえで、言語教育に「仲介」の視点が加わることで、これまでの言語教育実践にどのような変化をもたらし得るのか、その意義を考えてみたいと思います。

2. 学習者の仲介活動

　筆者は日々の日本語の授業に仲介活動を取り入れたいと考えていましたが、さまざまなニーズやスキルを持つ学習者に対して、どのような学習目標を設定し、どのような課題[注1]を提供することが望ましいのかがわからず、各レベルの仲介活動が具体的にどのような活動であるのかを明らかにする

必要があると考えました。そこで、CEFR-CV の「仲介」で示された記述文をもとに、各レベルの仲介者像について分析を行いました（櫻井・奥村, 2021）。分析には、文を形態素（語）に分割する形態素解析という手法を用いました。

2.1 各レベルの仲介者像

　分析ではまず、形態素解析によって「仲介」の記述文からレベルごとの特徴語を抽出しました[注2]。その結果、各レベルの仲介活動の特徴を示す要素として、「対象」「活動」「条件」の3点が浮かび上がってきました。そこで、これら3つの観点から A1 ～ C2 レベル[注3]の仲介者像を整理しました。

> 対象＝何を仲介できるか
> 活動＝どのような仲介活動を、どのようにできるか
> 条件＝仲介するときにどんな助けが必要か

A1 レベルの仲介者像

対象：予測可能なとても単純で短く直接的な情報、または非言語的な
　　　サイン（例. ポスター、注意書き、標識、プログラム等）を仲介
　　　できる。

活動：理解した情報を直接指し示したり見せたりしながら、単独の語や
　　　句を用いてゆっくり仲介を行うことができる。

条件：常に適切な語を選ぶことはできず、辞書等の助けが必要となる。

A2 レベルの仲介者像

対象：限られた範囲の日常的かつ身近で基本的な内容が単純に書かれた
　　　話題、情報、指示、メッセージを仲介できる。

活動：・テキストの要点をざっくりと、ときには行きつ戻りつしながら、
　　　　簡単な文を用いて仲介できる。

　　　・自分の提案や賛意を表現したり、他者の考えを尋ねたりするこ

ともできる。

・鍵となる主な点についてのメモを作ることができる。

条件：明瞭なテキストが、明瞭に提供される必要がある。

B1 レベルの仲介者像

対象：個人的な事柄または自分が関心を持っている話題の情報的なテキストを仲介できる。

活動：・語彙的な制限はあるものの、相手にさまざまな質問をしながら直線的な表現で仲介することができる。

・仲介内容を描写したり簡単に要約したりしながら伝達することができる。

条件：・事前に準備が必要な場合もある。

・テキストが標準的かつ十分精確に提供される必要がある。

B2 レベルの仲介者像

対象：自分の職業的／学術的な文脈の複雑な話題に関するグループでの話し合いや作業を仲介できる。

活動：・さまざまな相手に関連する内容や重要な点を説明することができる。

・内容をさらに発展させながら、より分かりやすく、より長く、確実に仲介できる。

・命題的に脱線したり行き詰まったりした話し合いを前へ進めることができる。

・協働的に他の人々に発話を促したり、他の意見を比べたりしながら（再）構成できる。

条件：なし。

C1 レベルの仲介者像

対象：評価的なコメントを含む専門的で抽象的なオリジナル／生の素材や、聴衆のいる場面での議論を仲介できる。

活動：・時折事実確認をするが、流暢に如才なく仲介できる。

　　　　・仲介内容を自ら解釈したり、自分の意見や有用な情報を補足したりしながら、仲介内容を自ら構築することもできる。

条件：なし。

C2 レベルの仲介者像

対象：幅広く多様な媒体、素材、話題を仲介できる。

活動：・背後にある社会文化的な含意、ニュアンス、皮肉、あてこすり、底意も考慮しながら、流暢な仲介をすることができる。

　　　　・内容が概念的に複雑なものであっても、状況に応じて、効果的かつ自然に、自信を持って、精確に、上手く精緻化して提示することができる。

　　　　・その場に適したさまざまな役割を担いながら、話し合いや議論を先導することもできる。

条件：なし。

(櫻井・奥村, 2024, pp. 120-122)

　これらの仲介者像を見ると、仲介を行う際に必要となる助け（「条件」）が、B2 レベル以上では「なし」となっていることに気づかされます。そこで、筆者は、仲介者像は B1 レベルと B2 レベルを区切りとしてさらに大別できるのではないかと考え、次の 2 つの観点から、各レベルの特徴語に基づく対応分析[注4]を行いました。

　　観点 1 ：どのように他者と関われるか、またはグループ活動を主導できるか

　　　　　　① 他者との関わり方　　② グループ活動の主導

　　観点 2 ：どのようなテキストを受容し、どのようなテキストや方法で伝達できるか

　　　　　　③ 受容するテキスト　　④ 伝達するテキストと伝達する方法

対応分析の結果は、A1 〜 B1 レベルと B2 〜 C2 レベルの間に隔たりがあることを示していました。この 2 つのグループの間には、仲介を行う際に必要となる助け（「条件」）が必要か不要かという点の他に、協働活動を主導できるかどうかという点でも異なりが見られました。そこで、A1 〜 B1 レベルの仲介者を「基礎的な仲介者」、B2 〜 C2 レベルの仲介者を「自立した仲介者」と名づけ、分析結果をもとに、それぞれの特徴を次のように整理しました。

「基礎的な仲介者」（A1 〜 B1 レベル）

観点１：① 仲介の際に補助や条件が必要だが、他者による協力に依存しながら仲介ができる。

　　　　② 主導はできないが、一人から少数の他者を相手に仲介ができる。

観点２：③ トピックは私的な領域を超えないが、単純で直線的で具体的なテキストが受容できる。

　　　　④ 受容したテキストの要点を、簡単な方法で伝えることができる。

「自立した仲介者」（B2 〜 C2 レベル）

観点１：① 他者に配慮しながら仲介を行うことができる。

　　　　② 仲介者自ら、複数の他者やグループに対して協働的・主体的に関わることができる。また、文化的背景や意見の異なる複数の他者を相手に促しや先導などを行いながら、主体的に仲介できる。

観点２：③ 専門的で幅広いトピックの複雑で抽象的なテキストが受容できる。

　　　　④ 受容したテキストを発展させたり再構築したりして、確実に分かりやすく伝達することができる。

（櫻井・奥村, 2021, p. 165, 文言等を一部修正）

以上のように、CEFR-CV の「仲介」の記述文から各レベルの仲介者像を

描き出すことができ、仲介活動を取り入れた授業活動を考えるのに役立つさまざまなヒントが得られました。

2.2 仲介活動を取り入れた授業実践

　では、具体的にはどのように授業活動を行うことができるのでしょうか。ここでは、2.1 の B1 レベルの仲介者像および「基礎的な仲介者」の特徴をヒントに、日本語の授業における仲介活動を考えてみたいと思います[注5]。

　ここでは一例として、以下のロールプレイ用カードを用いて仲介活動を実践する流れを見ていきます。

場所：日本語学習者の母国のある駅にて

登場人物：日本人観光客、駅員、私（学習者本人）

状況：電車が大幅に遅延して困っている日本人観光客がいる。
　　　そこで、駅のアナウンスの内容を日本語でその日本人に
　　　伝え、また、その日本人がどこに行きたいのかなどを聞
　　　いて、駅員にも尋ねながら、路線図や掲示物などを使っ
　　　て行き方を伝える。

　まず、このロールプレイ用カードの状況や活動が、何に基づき、どのように検討されたのか、以下に順を追って見てみましょう。

　ロールプレイ用カード作成のために初めに行ったのは、次の表１の作成です。表１は、左側には B1 レベルの仲介者が「何を仲介するか（対象）」「どのような仲介をどのように行うか（活動）」「仲介する際にどんな助けが必要か（条件）」を、右側にはこれら３つの要素について授業活動で課題となり得る対象・活動・条件の具体的な例を記入したものです。傍線は、B1 レベルの仲介者像から授業活動の例に取り入れた部分を示しています。

表1 B1レベルの仲介者像と授業での課題の例

	B1レベルの仲介者像（2.1より）	授業での課題の例
対象	個人的な事柄または自分が関心を持っている話題の情報的なテキストを仲介できる。	・駅の遅延アナウンス ・日本人観光客の情報 ・駅員からの情報
活動	・語彙的な制限はあるものの、相手にさまざまな質問をしながら直線的な表現で仲介することができる。 ・仲介内容を描写したり簡単に要約したりしながら伝達することができる。	・アナウンスの内容を日本人観光客に伝える ・日本人観光客の目的地等を駅員に伝える ・駅員から得た情報を日本人観光客に伝える
条件	・事前に準備が必要な場合もある。 ・テキストが標準的かつ十分精確に提供される必要がある。	・路線図や掲示物などを使う ・標準的で曖昧さのないアナウンスを聞いて伝える

　表1を作成した後、課題の例がB1レベルとして適切かどうか、隣接レベルであるA2・B2レベルの特徴を参照して以下のように確認しました。

　仲介する対象テキスト（駅の遅延アナウンスや日本人観光客の情報等）を見ると、A2レベルの「日常的／身近な話題」でも、B2レベルの「職業的／学術的分野の複雑な話題」でもなく、おおむね「情報的なテキスト」です。また、一人から少人数の相手を対象とした活動なので、「個人的な事柄」の仲介といえます。

　さらに、この場面で行う仲介は、A2レベルの「要点をざっくりと簡単な文で伝える」だけでは対応できませんが、B2レベルの「内容を発展させながら仲介する」ほど複雑な活動でもありません。アナウンスの要点を日本人に伝えたり、日本人とやり取りして得た内容を要約して駅員に伝えたり、駅員から得た情報の概要を日本人に伝えたりする仲介活動で、おおむね具体的な情報を伝える活動ですから、「直線的」な表現で十分に対応できると考えられます。

条件に関しては、駅は騒音や雑音が多い場所で、A2 レベルの「明瞭なテキストが明瞭に提供される」ような安定した環境ではありませんが、公共のアナウンスは一般的に「標準的かつ十分に精確なテキスト」で行われます。また、路線図などの視覚情報が活用できる環境にあり、仲介する際の助けが不要な B2 レベルよりは課題を遂行しやすいと推測されます。

　以上のような手順を経て、表1の右側に記した「授業での課題の例」が検討され、それに基づいたロールプレイ用カードが作成されました。

　次に、具体的な授業活動をイメージするために、このロールプレイ用カードを使った仲介活動で学習者がどのような活動を行うかを考えました。学習者は、次のような多様な言語活動を、2 つ以上の言語を用いて行うと考えられます。

- アナウンスを聞く［聞く（母語）］
- アナウンスの内容を日本人観光客に伝える［話す（日本語）］
- 日本人観光客に目的地や今後の予定などを尋ねる［やり取り（日本語）］
- 駅員に相談する［やり取り（母語）］
- 駅員から得た情報をメモする［書く（母語）］
- 駅員から得た情報を日本人観光客に伝える［話す（日本語）］
- 路線図や掲示物を見る［読む（母語）］
- 日本人観光客に助言する［話す・やり取り（日本語）］
- 駅名や地名などの情報を記したメモを手渡す［書く（母語・日本語）］

　このように、仲介活動には、受容活動（聞く・読む）、産出活動（話す・書く）、相互行為活動（やり取り）が含まれ、それぞれの活動が「仲介する」という活動に収斂されていることが見て取れます。授業に仲介活動が取り入れられることは、学習者にとってさまざまな言語活動を総合的に学んだり運用したりする大切な機会となることを、教師は認識しながら授業をつくり上げていくことが大切でしょう。

3. 教師の仲介活動

本節では、教師の仲介活動を考えていきます[注6]。筆者が実際に行った実践の流れ、CEFR-CV を参照しながら行った教師の支援の可視化と再検討、活動に参加した学生に行ったアンケートの結果を示し、実践を振り返ります。

3.1 CEFR-CV を参照した授業実践の見直し

筆者は、欧州で日本語を勉強する大学生（日本語 B1 レベル）と、日本の大学生（英語 B1 レベル）が参加する合同セミナーのグループ・ディスカッションを行っています。グループ・ディスカッションの目的は、6 人前後のグループで複数の時事問題についてお互いの考えを述べ合い、新たな発見をすることです。このディスカッションでのテーマは、欧州の学生が各自選んで日本語の授業で準備した原稿を用いて提起され、問題提起に続くディスカッションは、教師は介入せず、学生同士でグループごとに自由に進められます。

筆者は、その際に、学生たちのやり取りが円滑に進まないことがあると気づきました。このセミナーは、生活環境が異なる同年代（大学 2 年生）の学生が意見交換をするという双方にとって貴重な機会であると認識しており、その機会をもっと有効に生かせるよう工夫する必要があると考えました。そこで、CEFR-CV を参照して、教師の学生に対する支援の現状を可視化し、何が不足しているのか、どのスケールを参照すれば不足を補えるのかを検討しました。

このディスカッションの前に教師が行った支援は、以下のスケールと対応していました。（以下の〈 〉はスケール名を示しています。）

【筆記での産出】〈報告書、随筆／小論〉[注7]
【概念の仲介】〈概念的な話を奨励する〉
【仲介の方略】〈言語を適応させる〉〈複雑な情報を分けて示す〉
【口頭での産出】〈持続的な独話：情報を提供する〉

【言語的能力】〈音韻の制御〉
【口頭での相互行為】〈非公式の話し合い〉

　しかしながら、グループ内でのコミュニケーションが滑らかに進むような支援や、話し合いを深めて新たな発見につながるような支援はしていませんでした。また、双方の大学の学生同士が初対面であることや、参加者の第一言語が多様であることに対する配慮もありませんでした。この点を改善するために CEFR-CV を参照したところ、学生たちが行うディスカッションは、以下の「仲介」のスケールと対応していることがわかりました。

【概念の仲介：グループ内で協働する】〈意味の構築に向けて協働する〉
【概念の仲介：グループ活動を導く】〈相互行為を管理する〉
【コミュニケーションの仲介】〈複文化的な空間を促進する〉
　　　　　　　　　　　　　　　〈非公式の場面で仲介者として行動する〉

　これらのスケールから、非公式のディスカッションの場においては、参加者間の相互行為がうまくいくよう気を配り、各参加者の背景にある文化や言語を考慮して実りのある意見交換となるよう、一人ひとりが仲介者として振る舞うことが求められるということがわかります。そこで、今回のディスカッションに参加した学生一人ひとりが、初対面であっても、日本語やオランダ語など互いの第一言語を尊重しつつ、共通言語となり得る英語も活用しながらディスカッションを進め、話し合いを深めていこうとする意識を持つことが一つのカギとなると考えました。また、今回の参加者は、日本語 B1 レベルの欧州の大学生と英語 B1 レベルの日本の大学生で、2.1 で示したグループの協働作業が先導できる B2 レベル以上の「自立的な仲介者」には該当しませんが、各自が自分の複言語能力を用いてディスカッションを行えば、B2 レベル以上の仲介活動も可能になるのではないかと期待しました。
　では、そのために、教師はどのような支援が行えるのでしょうか。
　第一に、何のためにこのディスカッションをするのかという目的を学習者に明示的に伝えることが必要であると考えました。それは、このグループ・

ディスカッションの目的が、日本語を学ぶことそれ自体ではなく、参加者の意見をお互いに知り、自分の考えを更新させたり、広げたりすることであったにもかかわらず、グループ・ディスカッションを観察していると、日本語の授業だから日本語で話さなければならない、内容がわからないのは自分の日本語能力が足りないためだと考えている日本語学習者の様子が見受けられ、それがコミュニケーションの障害になっていると考えられたためです。

第二に、ディスカッションで日本語を用いることは他の参加者の第一言語を尊重するという意味で重要であるが、同時に自分が得意とする言語を用いることも同じぐらい重要であるということを示す必要があると感じました。

CEFR-CV では、【概念の仲介】の中に、教師が行う仲介活動として「関係性の仲介」を挙げています。その仲介活動を「効果的な活動のための条件づくり」(Council of Europe, 2020, p. 108) と説明しており、この授業でも、このことを具体的に学習者に示すために、次のような約束ごと（条件）を示し、日本の大学生を含む参加者全員で共有することにしました。

- グループ・ディスカッションの目的は、他の人の意見を知って自分の意見を考え直すことです。
- 自分の意見を伝えるときは、自分が使える言語はすべて使いましょう。同時に、他の参加者がいろいろな言語を使うことを認めましょう。
- 参加者が困っていたら、お互いに助け合いましょう。同時に、自分が困ったときは、遠慮せずに他の参加者に助けを求めましょう。
- これらのことを考えながら、協力し合って深い話し合いをしましょう。

このように、目的の明確化や約束ごとの共有といった、学習者が仲介活動を行うための支援を加え、合同セミナーを実施しました。

3.2 事後アンケートの結果にみる実践の考察

上記の教師の支援がディスカッションを活発にしたのかを探るために、セミナーに参加した学生 35 名にオンラインによる事後アンケートを行いまし

た。アンケートは、無記名で日本語と英語を用いて行い、英語の回答は邦訳
し、その結果を分類、整理しました。回答者は 20 名で、その全員がすべて
の質問に回答していました。

　質問は以下の 6 問で、Q1 のみ 3 択の多肢選択式で、それ以外は記述式で
した。

　　　Q1 ：同セミナーを楽しみましたか。
　　　Q2 ：その理由は何ですか。
　　　Q3 ：グループ・ディスカッションでいくつの言語を使用しましたか。
　　　　　どの言語を何のために使いましたか。
　　　Q4 ：グループ・ディスカッションでグループメンバーを助けましたか。
　　　　　どのように手助けしたか書いてください。
　　　Q5 ：このような多言語によるディスカッションは役に立ちますか。
　　　　　どうしてですか。
　　　Q6 ：この合同セミナーの改善に何かアドバイスがありますか。

　アンケートの結果は、「①セミナーとディスカッションに対する評価」と
「②複数の言語を用いた活動に対する評価」の 2 点から整理しました。

①セミナーとディスカッションに対する評価

　Q1 の回答は、「はい」が 18 名、「どちらでもない」が 1 名、「いいえ」が 1 名
でした。「どちらでもない」「いいえ」の理由に該当する記述回答を Q2 から
探りましたが、唯一否定的な記述は「母語話者と話せてよかったが、怖かっ
た」の 1 件でした。

　Q2 の回答から肯定的評価の理由を探ると、次の 3 つの観点にまとめられ
ます。以下に回答例を示します。

新たな知識を得た
・日本国外で発生しているさまざまな問題について新たに知ることがで
　きた。

- 言語の制約にとらわれることなくディスカッションのテーマについてそれぞれの価値観のもと深い内容まで話し合うことができた。
- ともに文化や歴史的問題を話し合えた。
- 日本の文化や社会についての見識を深め、同時に日本の学生に私たちの文化や社会について示せた。

新たな人間関係を構築した

- 同年代の興味深い学生に出会う素晴らしい機会だった。
- 学生はフレンドリーで日本語を話そうという気にしてくれた。
- 学生が気さくに話しかけてくれた。

言語の学びになった

- いろいろな言語が飛び交っていて、日本ではできない経験だった。
- すばやく日本語を英語に、英語を日本語にするなどの力を身につけることに役に立った。
- 授業ではあまりしないようなアカデミックな日本語を話すことができた。
- 日本語を勉強するための新たな方法だった。
- 日本語でより深刻なトピックについて話すのはとても良い機会だった。

　Q6 で得たセミナーへのコメントには、「時間が短かった」「途中でグループ替えをしたかった」「先生たちも話し合いに参加したらいいと思う」という意見があった一方で、「イベントは完璧だった」「もっと一緒に過ごしたかった」という意見も多く見られました。

②複数の言語を用いた活動に対する評価

　Q3、Q4 の回答を見ると、すべての参加者が複数の言語を用い、互いに手助けをしていたことがうかがえました。また、Q5 では、自分の複言語能力を駆使したことに関する肯定的な回答が非常に多く見られました。その内

容は、次の3つの観点に整理できます。以下に回答例を示します。

コミュニケーション力を高める

これについては、最も多くの学生が言及していました。

- 一つの外国語では表現できないとき、別の外国語で表現できた。
- 言語の壁を時々感じても、互いに相手に伝わるように工夫をすることでより相手との距離が近まる。
- ジェスチャー（ボディランゲージ）が身につく。
- 一つの言語にこだわるのではなく柔軟に言語を変えてディスカッションすることを学べた。
- 多言語のディスカッションでは曖昧な表現だとうまく伝わらないことも多く、はっきりと自分の意見を述べることが重要だった。日本語だけのディスカッションでは伸ばしにくい部分を伸ばしてくれた。
- 実際に会話をしたので、例えばスピーキングの授業でロールプレイをするのに比べて、より自然な話し方が学べた。

深い理解につながる

- 言語の持つ微妙なニュアンスの違いや価値観の理解を促す。
- 多言語であることは一見大変なように思えるが、毎回自分の発言を考えながらわかりやすく発言できるとともに、より相手の意見に耳を傾けながらその言葉自体にもアドバイスができるため、円滑な議論といえるかわからないが良い経験ができた。
- より深刻なトピックについてどう話すか、自分の意見をどう言うかを考えるのに役立った。

情意フィルターを下げる

- 互いに言語が通じない壁を乗り越えている感覚が、話せないことへの緊張や恐怖を取り除いた。
- スムーズな議論のために自由に英語を加えることができたのは良かっ

た。そうすることで、発話がブロックされることなく、ボキャブラリー不足のときは時々英単語を入れることができた。

・多言語であることで、よりリラックスできた。正しい言葉がすぐに見つからなかったとき、お互いに頼ることができた。

　以上のようなさまざまな回答から、参加者がより実りのあるディスカッションに向けて、自分が持つすべての言語能力を駆使して自分の意見を伝えよう、相手の意見を理解しよう、みんなで助け合おうとし、その結果、互いに深く理解し合うことができ、そのことがコミュニケーションや言語の学びにも結びついた様子がうかがえます。加えて、日本語以外の言語を使ってもよいという条件であったにもかかわらず、日本語学習者側のコメントの中に、日本語の勉強に役立ったという記述が複数見られたことは、複言語教育を念頭に置いた新たな言語教育活動への示唆を感じさせるものでもありました。

　教師の仲介活動の視点から実践を検証し、そのために必要な教師の支援を再検討したことにより、ディスカッションが活性化し、セミナーに参加した学生には大きな気づきと学びが生まれたといえるでしょう。

4. 言語教育実践に「仲介」の視点が加わる意義

　CEFR-CV で示された「仲介」は、学習活動の検討から教師の内省まで、さまざまな言語教育実践において参照することができます。本節では、言語教育に「仲介」の視点が加わることの意義について、前掲の2種類の実践例をもとに考えてみたいと思います。

4.1 「学習者の仲介活動」にみられる意義

　まず、本章 2. で示した「学習者の仲介活動」から、言語の授業に仲介活動を取り入れる意義について考察してみます。

　2. の最後に記したとおり、仲介活動というのは「仲介すること」だけで独立した活動なのではなく、受容・産出・相互行為といった活動が有機的に

結びついた言語活動です。さらに、表1で示した課題を遂行するには、母国の交通機関をめぐる文化的・社会的な事情を伝えることや、日本人観光客の心情への配慮なども求められるでしょう。当然、2つ以上の言語が必要となりますし、加えて、路線図を読み取る力や、時には翻訳アプリを活用する力も必要となるでしょう。そうして、ようやく人と人、音声と人、資料と人をつなぐことが可能となります。このように、言語の授業に「仲介」の視点が加わることで、さまざまな言語活動と非言語活動が相互に循環し、ことばの学びはより動的で社会的なものとなります。これまで行ってきた、例えば「読む」「書く」という授業に「仲介」のエッセンスが加わることで、何のために読み、誰のために書くのかといった明確な目的が与えられ、その授業活動は教室と社会をつなぐ活動へと発展するでしょう。ここに、言語の授業活動に仲介活動を取り入れる大きな意義があると考えます。

　もう1点、本章では B1 レベルの仲介活動を例に紹介しましたが、CEFR-CV では A レベルから可能な仲介活動があることも明示しています。例えば、A1 レベルでは「ある考えへの関心を示すために、簡単な言葉／手話や非言語的な合図を使うことができる」（Council of Europe, 2020, p. 92）という記述文がありますが、サインや指し示しのような非言語的な行動も他者に次の行動を起こさせる大切な仲介活動の一つです。このことは、2.1 で示した仲介活動を行う際に助け（条件）が必要となる「基礎的な仲介者」（A1 〜 B1 レベル）であっても、自分なりのやり方で仲介者の役割を担い、一人の社会的行為者（social agent）として社会への参加が可能であることを示しています。教師は、その可能性を学習者に明確に示し、仲介活動を行う機会を積極的に提供していくことで、学習者の仲介力を段階的に育んでいくことができるでしょう。言語学習の早い時期から仲介活動に取り組み、他者との関わりや社会との関わりのなかで新たに学んだ言語を運用する体験は、学習者にとって言語学習の動機づけにもなると期待されます。ここにも言語の授業に仲介活動を取り入れる意義があると考えられます。

4.2 「教師の仲介活動」にみられる意義

　次に、本章 3. で示した「教師の仲介活動」から、仲介者としての教師の役割を考える意義について考察してみます。

　3. で示した例では、当初の協働活動がうまく運ばなかった要因について、教師が何を行い、何を行っていなかったかを客観的に内省した様子が描かれています。問題解決のために着目したのは、変えようのない学習者の特性や課題の変更ではなく、4 つの「約束ごと」に見られる活動環境の整備でした。その際に参照したのが、CEFR-CV の「仲介」で示された「概念の仲介」です。「概念の仲介」には、本章 3.1 で挙げた「関係性の仲介」に加え、「認知的な仲介」も提示されています。学習環境を整え（関係性の仲介）、足場かけ（認知的な仲介）をしながら協働活動を支援する教師の役割が示されています。

　例で示したディスカッション活動に限らず、教室をはじめとする学びの場というのは、多様な学習者が集う協働の場です。その協働の場における教師は、学習者同士をつなぎ、そこで行われる活動や学びが深まるよう、仲介者としての役割を担います。それと同時に、教師自らもその協働の場に学習者と対等な関係で参加します。協働活動に一人の参加者として加わる体験は、自分が日々学習者の協働活動にどのように関わり、支援しているのかを教師自らが体感しながら振り返る機会となり、それをとおして、協働的な学びの場における仲介者（教師）とはどのような存在であるかという問いへの視座を得ることができるでしょう。ここに、教師の教育実践に「仲介」の視点が加わる意義があると考えられます。

　この意義はさらにもう一つの意義をもたらします。教師が学習者の協働において場づくりや足場かけをして適切に関わろうとする行動が、学習者に社会的な言語使用者としてのロールモデルを示すことになるという点です。言い換えれば、教師が行う仲介活動によって自分たちの協働が促進された体験を持つ学習者は、それをモデルとして自らも社会でさまざまな人々を仲介する先導者として振る舞うようになり、学習者の言語活動の幅を広げ得るということです。

5. おわりに

CEFR-CV の「仲介」の章（3.4）の冒頭に次のような説明があります。

仲介では、言語使用者／学習者は、社会的行為者（social agent）として、意味を構築したり伝達したりするための橋渡しや手助けを行う（中略）。焦点となるのは、コミュニケーションや学習のための空間や状態を創り出すこと、新しい意味を構築するために協働すること、新しい意味を構築したり理解したりするよう他者を促すこと、新しい情報を適切な形で伝えることなどのプロセスにおける言語の役割である。

(Council of Europe, 2020, p. 90)

つまり、私たち人間は、協働空間の創出、新たな意味構築に向けた協働、新情報の適切な伝達のためにことばを用いて仲介活動を行っているということです。これは、多様な人々が集い、互いを尊重し合いながら相違点を乗り越え、新たな価値観を見いだしていくという民主的な言語コミュニケーションのありようといえるでしょう。CEFR2001 が「仲介」を「言語機能の中でも重要な位置を占める」（吉島・大橋他, 2014, p. 15）と位置づけた所以でもあると思われます。

言語の学びの場において一人ひとりの学習者／教師が社会的行為者として仲介活動を行うことは、民主的な対話と協働の体験にほかなりません。そして、この体験をとおし、学習者／教師は、そこで用いられることばが担う役割の大きさにも気づかされ、自分はこれまで何のためにことばを使い、何のためにことばを学んできたのかを振り返るきっかけにもなるかもしれません。

言語教育の場に「仲介」が加わることで、必然的にさまざまな言語や文化が交差する環境に身を置くことになります。それにより、学習者も教師も、自分と他者のことば・文化・社会への新たな気づきと、異なるものに対する関心や配慮がいっそう促され、民主的で平和な社会の維持・構築へとつながることを願います。それこそが言語教育の役割だと思うからです。

注

1 本章では、社会的行為者（social agent）がさまざまな場面で行う活動のことを「課題」と示しています。

2 この分析には、計量テキスト分析を目的に開発された KH Coder 3というフリー・ソフトウェアを使用しました。詳細は<https://khcoder.net>（2024年2月4日閲覧）をご参照ください。

3 CEFR-CVの「仲介」には合計295の記述文が示されていますが、このうち Pre-A1の記述文は3文のみであるため分析対象からは除きました。

4 対応分析とは、複数のデータ項目同士の関係が強いか弱いかを散布図にプロットし、視覚的に把握できる分析手法です。この分析でも、注2と同様、KH Coder 3を使用しました。

5 ここで記す例は、櫻井・奥村（2024, p. 122）で示した授業のアイデアをより具体的に説明したものです。

6 ここで記す例は、櫻井・奥村（2024, pp. 113-115）で示した授業のアイデアをより具体的に説明したものです。

7 スケール名を含むCEFR-CVの引用はすべて筆者による邦訳です。

参考文献

櫻井直子・奥村三菜子 (2021).「*CEFR Companion Volume with New Descriptors*における『仲介』に関する考察」『日本語教育』178, 154-169. 日本語教育学会.

櫻井直子・奥村三菜子 (2024).『CEFR-CVとことばの教育』くろしお出版.

Council of Europe. (2001). *Common European Framework of Reference for Languages: Learning, teaching, assessment.* Cambridge University Press.（吉島茂・大橋理枝他（訳・編）. (2014).『外国語教育Ⅱ —外国語の学習、教授、評価のためのヨーロッパ共通参照枠— 追補版』朝日出版社.）

Council of Europe. (2020). *Common European Framework of Reference for Languages: Learning, teaching, assessment - Companion volume.* Council of Europe Publishing.

確認チェック

❶. 「仲介」は CEFR2001 の「コミュニケーション言語活動」には示されていないというのは正しいですか？

❷. 仲介活動には受容活動・産出活動・相互行為活動が含まれるというのは正しいですか？

【 発展 】

❸. 2.1 の「各レベルの仲介者像」を見ながら、あなたの学習者がどのレベルの仲介者像に該当するか考えてみましょう。

❹. 2.2 の表 1 を参考に、あなたの学習者に適した具体的な仲介活動を考えてみましょう。

❺. 「3. 教師の仲介活動」を参考に、グループワークやプロジェクトワークを活性化させるために、あなたならどんな支援を行うか考えてみましょう。例えば、その活動をする際の約束ごとを考えてみましょう。

❻. あなたの学習者は授業でどんな言語をどんなときに使っていますか？観察してみましょう。

【 答え 】

❶. いいえ、CEFR2001 にも示されています。

❷. はい。

第Ⅲ部

CEFR-CVの背景と論点

132

6章 CEFR2001からCEFR-CV2020への改革について

変わらないことと変わったこと

真嶋 潤子 (まじま じゅんこ)

1. はじめに

　本章に与えられた課題はCEFR2001とその随伴版CEFR-Companion Volume 2020（以下、基本的にCEFR-CV）[注1]との相違点、すなわち何が違うのか、何が補遺されたのかを説明することです。筆者のスタンスとしては、できるだけCEFR2001とCEFR-CVの作成に当たった欧州評議会の専門家チームの意図を理解して紹介することを意識しています。そのため、両方に最初から深く関わってきたNorth氏の近著（Piccardo & North, 2022）から、それらを振り返って書かれた論考を参考にしています。

　本書が世に出る2024年という年は、国内の日本語教育界が教育機関と教員資格の面で大きく変革する年である[注2]ため、本章では日本国内外の外国語教育に携わる読者に加え、日本語教育関係者も意識して、日本語教育の内容・方法面の方針である「日本語教育の参照枠」（文化庁, 2021）に関する文献から、日本語教育に関する事例を示しています。それは「日本語教育の参照枠」がCEFRを参照して作成されたものだからです[注3]。

　欧州評議会は2001年にCEFRを発表した後、社会や時代の要請に応えるかたちで、その改訂版ともいえるCEFR-CVを2018年（試行版）と2020年（確定版）に出しました。CEFR-CVの表紙には、「本書はCEFR2001年版を更新したものであるが、2001年版の概念的枠組みは本書の下でも依然として有効である。」との注記が入っています。このことは、大切です。本章では、CEFR2001とCEFR-CV2020の違いの概略と、変わらぬ理念と、新しい点について述べていきます。

133

2. CEFR-CV とは

CEFR は、そもそも「欧州評議会の、質の高い包摂的な教育をすべての市民の権利として保障しようとする施策の一部」（CEFR-CV2020, p.21, 拙訳）です。またCEFR は、「欧州評議会の多くのプロジェクトが教育改革に与えた推進力を引き継ぎ、言語専門家が言語学習と教育の質と効果をさらに向上させることを目的としている」（CEFR-CV2020, p.25）と述べられています。その内容については、CEFR-CV の裏表紙を読むと、最もコンパクトにその主旨が述べられています。

> 「CEFR-CV は、言語教育の視野を広げるものであり、CEFR が 2001 年に出版された後の、学術的・社会的発展を反映しています。これはヨーロッパ内外の多くの言語教育専門家グループの貢献に負うところが大きいです。」（拙訳, 下線は引用者）

ここでいう「言語教育の視野を広げる」とは学習者観、言語教育観に関わる話で、「学術的・社会的な発展」は後述するように欧州評議会に直接・間接に関わる夥しい言語・言語教育研究の裏打ちがあるということです。

CEFR2001 が出版され、ヨーロッパの言語教育界にそれがもたらされた結果、顕著な変化が生じました。例えば、それまで各国、各言語で言語能力の指標や資格等がバラバラでしたが、表 1 に示すような共通参照レベルの「6 レベル（A1、A2、B1、B2、C1、C2）の能力記述表」が目立った特徴だったため、ヨーロッパ言語の新教材が出版される際には表紙に必ず「A2」「B1」などとレベル表示が印刷されるようになりました。また、CEFR は言語資格を承認する根拠にもなり得るため、国境や言語の枠を越えて、教育や就労の流動性を促進することにも役立っていると評価されています。しかしCEFR はレベルの話だけではなく、その背景にある理念や概念が重要です。CEFR2001 の文章は、わかりにくい、読みにくいといった批判もあり、そのせいで十分理解されず、あるいは誤解されてしまったこともありました[注4]。それを踏まえたうえで、時代や社会の変化への対応も考えられて随伴版が作

られたのです。

表1　CEFRの共通参照レベル：全体的な尺度

熟達した言語使用者	C2	聞いたり、読んだりしたほぼ全てのものを容易に理解することができる。いろいろな話し言葉や書き言葉から得た情報をまとめ、根拠も論点も一貫した方法で再構成できる。自然に、流ちょうかつ正確に自己表現ができ、非常に複雑な状況でも細かい意味の違い、区別を表現できる。
	C1	いろいろな種類の高度な内容のかなり長いテクストを理解することができ、含意を把握できる。言葉を探しているという印象を与えずに、流ちょうに、また自然に自己表現ができる。社会的、学問的、職業上の目的に応じた、柔軟な、しかも効果的な言葉遣いができる。複雑な話題について明確で、しっかりとした構成の、詳細なテクストを作ることができる。その際テクストを構成する字句や接続表現、結束表現の用法を使いこなせていることがうかがえる。
自立した言語使用者	B2	自分の専門分野の技術的な議論も含めて、具体的な話題でも抽象的な話題でも複雑なテクストの主要な内容を理解できる。お互いに緊張しないで熟達した日本語話者とやり取りができるくらい流ちょうかつ自然である。かなり広汎な範囲の話題について、明確で詳細なテクストを作ることができ、様々な選択肢について長所や短所を示しながら自己の視点を説明できる。
	B1	仕事、学校、娯楽でふだん出合うような身近な話題について、共通語による話し方であれば、主要点を理解できる。その言葉が話されている地域を旅行しているときに起こりそうな、大抵の事態に対処することができる。身近で個人的にも関心のある話題について、単純な方法で結び付けられた、脈絡のあるテクストを作ることができる。経験、出来事、夢、希望、野心を説明し、意見や計画の理由、説明を短く述べることができる。
基礎段階の言語使用者	A2	ごく基本的な個人情報や家族情報、買い物、近所、仕事など、直接的関係がある領域に関する、よく使われる文や表現が理解できる。簡単で日常的な範囲なら、身近で日常の事柄についての情報交換に応じることができる。自分の背景や身の回りの状況や、直接的な必要性のある領域の事柄を簡単な言葉で説明できる。
	A1	具体的な欲求を満足させるための、よく使われる日常的表現と基本的な言い回しは理解し、用いることもできる。自分や他人を紹介することができ、どこに住んでいるか、誰と知り合いか、持ち物などの個人的情報について、質問をしたり、答えたりできる。もし、相手がゆっくり、はっきりと話して、助け船を出してくれるなら簡単なやり取りをすることができる。

（文化庁, 2021, p. 22）

2.1　CEFR2001から変更したことと追加されたこと

　CEFR-CVは、Piccardo & North（2022）によれば、2014年からの6年プロジェクトの成果として2020年に発表されたものです。

CEFR-CV には、大きく言って、CEFR2001 に加筆修正してわかりやすく読みやすくしたものと、新しく加えられた部分があります。本章の5. で説明を加えますが、CEFR の特徴とも言える重要な概念である「行動中心アプローチ Action-oriented Approach」「能力記述文 Can-do illustrative descriptors」「仲介 Mediation」「複言語主義・複文化主義 Plurilingualism and pluriculturalism」などは、CEFR2001 よりも明確に詳細に扱われています。まず、CEFR-CV2020 の 2 章で、言語教育と学習のための、CEFR の（キーコンセプトと呼ばれる）鍵になる概念を説明しています。「ユーザー・フレンドリー」、つまり、読者にわかりやすいように、説明文が推敲されています。

そして、CEFR2001 の能力記述文（Can do）を、全面的に見直して次の点で更新されました。

① 記述には言語のモードを（口頭言語だけでなく手話言語も含み）包摂的にし、社会的性差（ジェンダー）の中立的な表記にしました
② 聞くことと読むことの能力記述を精緻化しました
③ 6 レベルに新しく Pre-A1 レベル（A1 の前段階）を加え、A1 と C レベルの記述を精緻化しました
④ 音韻論的な能力についてのレベルを入れ替えました
⑤ メディエーション（仲介）のレベル、オンラインでのやり取りのレベル、複言語・複文化能力のレベルを新設しました
⑥ 手話能力のレベルを新設しました

これらの新しい記述のために、欧州評議会（Council of Europe）では、特に「能力記述文」の妥当性確認のため 2015 年以降調査を繰り返しました。筆者も有志のグループで大阪から参加する機会を得ました。世界各地から150 を超える機関の 1,300 人を超える参加者による調査協力があったそうです（CEFR-CV 謝辞; North & Piccardo 2017）。

そのような努力により、21 世紀に対応する言語教育・学習のより良い方法を議論する材料を提供してくれたと受け止めています。教育現場で大きな

インパクトがあるのは「仲介 Mediation」の能力でしょう。CEFR-CV では、「テキスト」を翻訳するような仲介だけでなく、「概念の仲介」や、「コミュニケーションのための仲介」が示され、5 つのスケールの仲介レベルやストラテジーも示され、言語学習活動の幅や方法がより豊かになりました。この数年、ヨーロッパでは教員研修のテーマとして「仲介」活動が頻繁に取り上げられているそうです。

2.2 変わらぬ理念について

この CEFR-CV に対する位置づけについて、欧州評議会では以下のように説明されています。

CEFR-CV は、欧州評議会が 1971 年から目指してきた言語教育への取り組みの新たな一歩を示すものです。その目的は次の 4 つです。

- 現代語の学習や教育を推進し支援すること
- **異文化間対話**を促進し、もって相互理解、社会的一体感、そして民主主義を推進すること
- ヨーロッパ内の**言語的文化的多様性**を保護すること
- すべての人の**質の高い教育を受ける権利**を推進すること

次節では、CEFR のできた経緯と CEFR-CV を貫く理念を確認したうえで、CEFR-CV2020 の具体的内容を説明します。

3. CEFR の背景と理念

さかのぼれば、第二次世界大戦後に作られた欧州評議会では、国々の相互の意思疎通の不十分さや、言葉の誤解や齟齬（そご）が紛争をもたらしたという反省から、「民主主義・人権・法の支配」を基本姿勢として、ヨーロッパ域内で隣人の言語を学びコミュニケーションを促進することが大切であるという指針を打ち出しています（1952 年　欧州文化条約　第 2 条）。そのため欧州域

内でバラバラに実施されていた言語教育に汎言語的な枠組みを作る目的で、1960年代からの30年近い研究の成果を1990年にスイス政府の支援によって加速させ、2001年に欧州評議会から学習・教育・評価のために共通の枠組みとしてCEFRが発表されるに至りました[注5]。それによって欧州域内の人の移動を促進することにしたのです。その後も時代の変化に伴い進化し続けて、CEFR-CVが発表されたのです[注6]。

　詳しい言語教育観の変遷の話の前に、欧州評議会が掲げる理念としては、「ヨーロッパ域内の人的交流の促進」「民主的ヨーロッパ市民のアイデンティティの形成」「生涯学習としての言語学習・教育」「複言語主義・複文化主義」そして「少数言語の尊重」が特徴的です。この理念を背景に、CEFRが作成されました（本書第Ⅰ部を参照）。

　次にCEFRで考える「学習者観」では、「学習者は人生経験のある社会的行為者」で「学習者は他の言語と文化のレパートリーもある複言語話者」であり、「学習者はそれぞれに学習目的を持っているので、目標言語（外国語）でどんな『行動』ができるようになりたいのか意識化することが大切」「みんながネイティブを目指すわけではないので『部分的能力』を認める」「学習者は受け身でなく学習内容や方法に主体的に関わる『自律的学習者』になるよう、生涯学習を意識した学習ストラテジーも学習する」ということが、重要だと思います。

　よく引用されるものに、序章（p. 2）に述べられているCEFRの姿勢があります。「CEFRは言語教育で何をすべきか、どうすべきかを指示しようとは考えていない」「読者（CEFRのユーザー）は自分の置かれた教育現場によってその内容を選択的に使用することが期待されてい」て、CEFRは「言語教育に関する問題を考えるのに、ありうる選択肢を示し、当事者が熟考しやすいように枠組みを示すもの」だという姿勢です。教師にも、自分で考え内省し、自律的かつ建設的に関係者と対話していくことが期待されているといえます。

4. 言語教育観の変遷 （理論的背景の理解のために）

　CEFR2001 が出版されるまでのヨーロッパの（外国語・第二言語の）言語教育の共通のアプローチは、おおむねデカルト的合理主義的な考えの影響で、線状に発達するもの、つまり部分を積み上げれば全体になるという考えだったと言っても過言ではありません。典型的には構造主義言語学者 Lado (1961) が提唱したモデルで、言語使用を解剖して**言語の四技能**と**三要素（文法、語彙、発音）**が、**（静的な）文化的な知識**の中に埋め込まれていると考えたモデルです。このモデルでは、**学習者は話し手／聞き手**として、**コード (code 言語)** を産出し受け取ります。産出されるコードはできる限り正確で、標準的で理想的な「**母語話者**」と可能な限り同様であることが求められます。学習の進度は「母語話者」に近づいているかどうかで見られ、（教育現場における）学習者の評価は間違いの数を数えることでなされる傾向がありました。

　このように「**正確さ**」を中心としていた言語教育観に対して、1980 年代には「**流暢さ**」を加えてバランスをとることが主張され（Brumfit, 1984）、「**コミュニカティブ・アプローチ**」は当初できるだけ文法シラバスから離れ、実際の生活のニーズの分析に基づこうとしました。**ノーション（概念）**と「何かすること」（Austin, 1962）に必要なさまざまな**ファンクション（機能）**（van Ek, 1975; Wilkins, 1976 他）に基づくシラバス（Notional-Functional Syllabus 概念・機能シラバス）が考えられました。加えて、1961 年当時には革新的だった言語の四技能という分け方ですが、1980 年代のコミュニカティブ・アプローチの論者からは、自然な言語使用が反映されておらず、抽象的で人工的だと批判されました（Alderson and Urquhart (1984)、Breen and Candlin (1980)、Brumfit (1984)、Stern (1983) など）。さらにインタラクティブで反復的なプロセスという話し言葉の特徴と、書き言葉の差異が無視されている（Halliday, 1989）との指摘もなされました。

　CEFR2001 では、全体的で、統合主義的で、社会的な言語学習のモデルを導入して、「**記述的な枠組み descriptive scheme**」（CoE, 2001, Chapters 2, 4, 5）を使い、「**複言語主義 plurilingualism**」（CoE、2001、sections 1.3,

6.3, 8.1, 8.2.2）という新しい概念を導入しました。この考え方は最近の概念、例えば「**言語レパートリー**」（Blommaert, 2008; Busch, 2017）や、「複雑系 Complex systems」（Larsen-Freeman, 2011, 2017; Larsen-Freeman and Cameron, 2008; Larsen-Freeman and Todeva, 2021 他）と親和性が高く、伝統的な 1960 年代の構造主義言語学が主張した、言語習得を一本線上に見る（リニアの）見方には抗しています。

　CEFR で示されている、コミュニケーションのためのモードは、**受容、産出**（これらは話し言葉と書き言葉に分けて 4 つの技能に分けられます）と、**インターアクション**と**メディエーション（仲介）**です。また、これら 4 つのモードは、それぞれが独立して孤立しているのではないと指摘されています（CoE, 2001, p. 157）。（p.155 の図 4 を参照ください。）

　インターアクションは、単に**受容**と**産出**を合わせたものではなく、意味交渉を通して談話を構築していく（編んでいく）過程です。**メディエーション（仲介）**は、通常**受容**と**インターアクション**と**産出**を含み、ものの見方に新しい意味を構築するという変化（シフト）を加えることが多いものです。それは他の人（相手）と一緒に他の人（相手）のために行うことが多く、産出の自己表現とは異なっています。

　CEFR のこれらのビジョンはよく理解されないことが多く、インターアクションは「四技能に加える 5 つ目の技能」だと誤解されたり、単言語的言語教育観に基づいて「CEFR の枠組みでは 1 つの言語に関して、5 つの技能を区別して、その熟達度を 6 段階でレベル分けしている」（Backus et al. 2013, p. 191 拙訳）と書かれたりすることがあります。しかしヨーロッパでは、インターアクションの教材や試験が増えてくるにつれ、言語は単なるコードではなく言語の社会的な使用に焦点が当てられ、学習者はメッセージの単なる発信者や受信者というよりも、コミュニケーションの参加者だと理解されることが増えてきています。

　CEFR-CV では、このような言語学習と言語使用は、統合性がある複雑なものだと捉えていて、言語の使用者／学習者を（個々の言語行動の目的を持った）**社会的存在 social agent** として焦点を当てています。言語は社会的な使用と個人的な使用があることと、外的文脈と内的文脈があることに目を向

けています。社会的な存在である学習者は、言語を使った**課題**を遂行しよう
とするときには、**(複) 言語的な知識**と**一般的な（個人的な、非言語的）能**
力に加え、その能力がうまく働くように適切な**ストラテジー（方略）**を使用
します。このような見方は、コード（言語）を教えて、間違いの数を減点し
ていくような言語教育／言語教育観からは距離を置くことになります。そし
て「言語を機動させる／言語化（**languaging ランゲージング**）」を通して
考えを明確にし、意味を（共同で）構築する行為として言語を捉える方向に
向かいます。これが**メディエーション（仲介）**につながります。

　Piccardo（2012）が指摘するように、社会的存在という概念は、社会文
化理論やエコロジカル・アプローチと複雑性理論（complexity theories）
ともつながっており、メディエーション（仲介）が、重要な役割を果たしま
す（Piccardo et al. 2019, p. 20）。

5. CEFR-CV2020 の特徴

5.1 CEFR-CV2020 の変更点

　CEFR2001 は発表直後から、さまざまな反響があったようですが、現場
の教育関係者から、非常に複雑で読みにくいというコメントがあり、加えて
時代の要請（オンライン言語使用の増加や手話教育など）もあり、専門家グ
ループでは、わかりやすく加筆する部分と修正する部分、新たに加える部分
を次のように決定しました。

(1) CEFR2001 には能力記述がなかった分野、特に**仲介 Mediation** と
複言語・複文化能力について能力記述文を追加する。

(2) 共通参照レベルの細分化・精緻化として「プラスレベル」を追加し、
「Pre-A1」レベルを新設する。

(3)「聞く」「読む」の能力記述の精緻化を求める声に応え、さらにオン

ライン上のやり取りや、文学を含む創造的テキスト（楽しみのための読書）への反応を表現する能力記述文を追加する。

(4) A1 レベルと C レベル、特に C2 の能力記述を精緻化する。

(5) 能力記述文を社会的性差のない（ジェンダーフリーの）表現にすると共に、「言葉のモダリティ（モード）を包摂した」（つまり口頭言語だけでなく手話にも適応できる）記述にするため、動詞を（「話す」から「(手話で) 示す」に）変えたり、「話者／手話者（サイナー）」という選択肢を提供するなどする。

　最後の点については、国際手話の能力記述文を提供する計画があり、欧州現代言語センター（The European Centre for Modern Languages; ECML）の PRO-Sign プロジェクトと呼ぶ手話の普及の促進を目指したプロジェクトで、CEFR2001 の能力記述文の多くを目で見られるように、国際的な手話（現状では、チェコ語、英語、エストニア語、ドイツ語、アイスランド語、スロベニア語）の動画を提供しています。

　また、若い学習者（7-10 歳と 11-15 歳）のための能力記述文を検討し、CEFR-CV の本体には入っていませんが、別冊として能力記述の例文資料（Goodier & Szabo（2018a）ならびに Goodier & Szabo（2018b））が提供されています[注7]。
　CEFR2001 と CEFR-CV2020 の能力記述の体系、能力記述尺度の違いは以下の表 2 のようにまとめられます。

表 2 更新・追加された言語能力記述文（Can do）

	CEFR2001における言語能力記述文の枠組みの有無	CEFR2001における言語能力記述文の有無	CEFR/CV2020で更新した言語能力記述文の有無	CEFR/CV2020で更新した言語能力記述文の有無
コミュニケーション言語活動				
受容				
聞くこと	✔	✔	✔	
読むこと	✔	✔	✔	
産出				
話すこと（発表）	✔	✔	✔	
書くこと	✔	✔	✔	
やり取り				
話すこと（やり取り）	✔	✔	✔	
書かれた言葉によるやり取り	✔	✔	✔	
オンラインによるやり取り				✔
仲介				
テクストの仲介	✔			✔
概念の仲介	✔			✔
コミュニケーションの仲介	✔			✔
コミュニケーション言語方略				
受容	✔	✔	✔	
産出	✔	✔	✔	
やり取り	✔	✔	✔	
仲介				✔
複言語・複文化能力				
複文化的なレパートリーの構築	✔			✔
複言語の理解	✔			✔
複言語的なレパートリーの構築	✔			✔
コミュニケーション言語能力				
言語能力	✔	✔	✔	✔（音韻論）
社会言語能力	✔	✔	✔	
言語運用能力	✔	✔	✔	
手話能力				
言語能力				✔
社会言語能力				✔
言語運用能力				✔

＊日本語訳については、本ワーキンググループにおける検討のための仮訳である。

（文化庁, 2024, p. 15, 表 2; 原典はCEFR-CV2020 p.25）

　次ページの表 3 は CEFR2001 の言語能力記述文に対して CEFR-CV2020 で行った変更の内容と理由がまとめられたものです[注8]。

表3　言語能力記述文（Can do）の更新・追加のまとめ

CEFR2020で 取り扱われている内容	コメント
Pre-A1	CEFR2001、第3章5節の冒頭で述べられた、A1レベルへの途上にあるこの習熟度帯の言語能力記述文が、オンラインでのやり取りを含む多くの尺度（カテゴリー）に提供されている。
CEFR2001で公開されている言語能力記述文の変更	CEFR2001の第4章4節「コミュニケーション言語活動と方略」、第5章2節「コミュニケーション言語能力」における言語能力記述文の実質的な変更のリストは付録7にある。言語能力記述文がジェンダー的に中立であり、モダリティを包含することを確実にするために、その他の様々な小さな変更がなされた。
C2レベルの言語能力記述文の変更	付録7のリストで提案されている変更の多くは、CEFR2001に含まれるC2レベルの言語能力記述文に関するものである。非常に絶対的な記述のいくつかの例は、C2レベルの使用者／学習者の能力をよりよく反映するように調整された。
A1～C2レベルの言語能力記述文の変更	その他の言語能力記述文についても、いくつかの変更が提案されている。単なる技術の変化（例：はがきや公衆電話への言及）を理由とした言語能力記述文の変更は行わないこととした。CEFR2001「音素の把握」の尺度（カテゴリー）は置き換えられた（下記参照）。主な変更は、言語能力記述文を手話に等しく適用できるように、モダリティを包含するようにしたことである。また、「母語話者」による言語的適応を行うこと（行わないこと）に言及する特定の言語能力記述文についても変更が提案されている。というのも、この用語はCEFR2001が発表されて以来、論争の的になっているからである。
プラス(+)レベル	プラスレベル（例：B1+、B1.2）の記述が強化された。プラス・レベルについては、付録1およびCEFR2001セクション第3章5節及び第3章6節を参照のこと。
音韻論	「音素の把握」の尺度（カテゴリー）は、「調音」と「音韻的特徴」に焦点を当て、再開発された。
仲介	仲介に対するアプローチは、CEFR2001で提示されたものよりも幅広い。テクストを仲介する活動に焦点を当てることに加え、概念を媒介する、コミュニケーションを媒介するための尺度（カテゴリー）が用意されており、合計19の尺度（カテゴリー）が媒介活動に関するものである。仲介方略（5つの尺度（カテゴリー））は、仲介の準備ではなく、その過程で用いられる方略に関するものである。
複文化	「複文化レパートリーの構築」という尺度（カテゴリー）は、コミュニケーションにおける複文化能力の使用を描写するものである。従って、焦点となるのは知識や態度ではなく技能である。この尺度（カテゴリー）は独自に開発されたものだが、既存のCEFR2001の尺度（カテゴリー）「社会言語的な適切さ」と高い一貫性を示している。

複言語	「複言語レパートリーの構築」の尺度（カテゴリー）における各言語能力記述文のレベルは、その組み合わせにおける弱い言語の機能レベルである。　言語の使用者は、どの言語が関係しているかを明示的に示したほうがよいだろう。
関連する言語の明示	特定の文脈における実用的な使用のために言語能力記述文を最適化させる方法の一つとして、以下の尺度（カテゴリー）については、関連する言語を明示することを推奨する。 - 仲介：言語間の仲介（特にテクストの仲介） - 複言語能力：複言語の理解 - 複言語能力：複言語レパートリーの構築
文学	創造的な文章や文学に関連する３つの新しい尺度がある。 - 読むこと：余暇活動としての読書（純粋に受容的なプロセス。CEFR に基づく言語能力記述文の他のセットから抜粋。） - 仲介：創造的なテクストに対して個人的な感想を表現すること（あまり知的でない低いレベル） - 仲介：創造的なテクストの分析と批評（より知的で高いレベル）。
オンライン	新たに以下の二つの尺度（カテゴリー）が設けられた： - やり取り：オンラインでの会話と議論 - やり取り：目標達成のためのオンライン上の業務処理と共同作業 この二つの尺度（カテゴリー）は、ネット利用において典型的、マルチモーダルな（様々な形式や手段を含んだ）活動に関するもので、返答の確認やフィードバックの交換、ライブ通信での口頭でのやり取りや長めの発話、チャット（話し言葉、書き言葉）の利用、ブログやディスカッションへの長い文章での投稿、他のメディアの埋め込みなどが含まれる。
その他の言語能力記述文の尺度（カテゴリー）	CEFR2001年は欠落していた、新しい尺度（カテゴリー）の提供。言語能力記述文は CEFR に基づく他のセットから引用した。 - やり取り：通信機器の利用 - 発表：情報を与える
新しい言語能力記述文とCEFRレベルとの調整	新しい言語能力記述文のレベルは、CEFR のレベルの基礎となっている数学的尺度に関する先行研究に基づいて正式に検証されている。
手話	言語能力記述文はモダリティが含まれている。さらに、手話能力に特化した 14 の尺度（カテゴリー）が含まれている。これらはスイスで行われた研究プロジェクトで開発された。
並行するプロジェクト	
年少の学習者	ヨーロッパ言語ポートフォリオ (ELPs) の、それぞれ７〜10歳、11〜15歳の２種類の年齢層向けの言語能力記述文をまとめた。現時点では、CEFR2020 で示した新しい言語能力記述文と関連づけられた年少の学習者のための言語能力記述文はないが、年少の学習者との関連性が示されている。

（CEFR-CV2020 (pp. 24-25)・文化庁（2024, p. 16, 表 3）をもとに作表）

5.2 CEFR-CV2020 の「革新的」な特徴

CEFR ではすぐに受け入れられなかった概念が、20 年近く経って CEFR-CV で進展を見せました。本節では以下に重要な概念の説明を加えます。

5.2.1 言語使用者／学習者を社会的存在 social agent と捉える

CEFR では、受容的活動、産出的活動、対話的活動、仲介的活動を区別しています。これは、言語使用者は社会における独立した責任ある参加者であるという考えに基づいています。彼らは「社会的存在」であり、現実世界でのコミュニケーションのために言語を使用し、さまざまな文脈で、さまざまな目標を追求する存在です。

言語は、情報を入手し交換するための道具であるだけでなく、世界を解釈し、相互作用や対話を通じて個人的・集団的知識を構築するための道具でもあります。ということは、言語学習は認知的かつ社会的な活動ですから、実世界での言語使用の相互作用的、コミュニケーション的な現実、目的、文脈を考慮に入れることが望ましいです。

したがって、言語教育は、学習者が社会的存在として、自律的で責任ある言語使用者として成長することを促すような学習状況を作り出すべきです。そのような状況において、社会的存在としての学習者は、自分の学習プロセスに責任を持ち、生涯学習者として力を発揮することができるのです。

5.2.2 学習者のプロファイルについて

学習者のニーズを把握して、学習目標、カリキュラム、教育内容・方法、アセスメントの方法を考えるという一連の CEFR、CEFR-CV のアプローチは、「学習者中心主義」と呼ぶことができます。そのために有益な学習者観として、「プロファイル（横顔）」という概念が用いられています。

「プロファイル」というのは、言語の使用者／学習者が複雑で部分的に発達した凸凹の言語能力像を横顔（プロファイル）に喩えたもので、特定の言語使用者あるいはグループの習熟度やニーズを分析したりするために有益です。

CEFR で使われている「共通参照レベル」というものは、熟達度を確認す

るために言語能力を単純化したものです[注9]。そのため、同じレベルだとされている2人の言語の使用者／学習者の間のプロファイルが完全に同じものとなることはまずありません。それは、プロファイルには、それまでの人生経験や、CEFRでは一般的能力と説明されている個人のさまざまな固有の能力が反映されているからです。

　プロファイルは、言語の使用者／学習者の複言語能力を表すものを作成することもできます。個々のプロファイルは、その人が置かれている状況や職業的な経験などの影響を受けて常に不均等で部分的に発達したものです。

　「日本語教育の参照枠」では、日本語教育の学習者を目的によって「留学」「就労」「生活」の3分野に分けて解説を進めています。それぞれの分野の学習者の到達目標を（架空の）事例として以下の図1〜図3で示してプロファイルのイメージを提供しています。

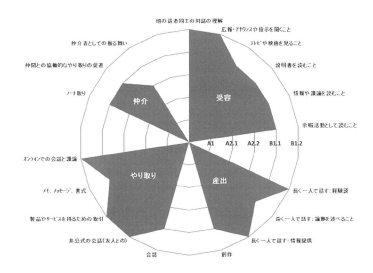

図1　事例1：来日間もない生活者の場合（例）
（文化庁, 2024, p. 31, 図5）

図1（「生活」分野）の事例では、受容、産出、やり取り、仲介の4つのモード（形態）に分けて、言語能力記述文 Can do のカテゴリーに含まれる尺度（スケール）ごとに B1 レベルまでの到達目標を示しています。この例では、「他の話者同士の対話の理解」「長く一人で話す：経験談」などについて高めの目標設定がなされている一方で「長く一人で話す：論拠を述べること」においては、相対的に低めの目標設定が行われています。
　次の図2（「留学」分野）の事例は、大学院進学を目指す日本語学校の学生の一例です。

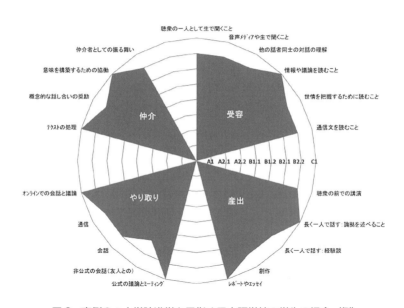

図2　事例2：大学院進学を目指す日本語学校の学生の場合（例）
（文化庁, 2024, p. 32, 図6）

　この例では、学術研究に必要であろうと思われる「情報や議論を読むこと」「長く一人で話す：論拠を述べること」「レポートやエッセイ」「公式の議論とミーティング」「オンラインでの会話と議論」「テクストの処理」「意味を構築するための協働」が B2.2 から C1 の設定で、「非公式の会話（友人との）」

は低めの設定がなされています。

　実際の学習者は一人ひとり異なりますが、このようなレーダーチャートで記してみると、プロファイルのイメージがわかりやすいかもしれません。

　最後に、「就労」分野の事例として、特定技能（介護）で来日予定の介護士の日本語能力を考えています（図3）。この事例では、在留資格「特定技能1号」取得のために必要なA2.1レベルを最低として、受容、産出、やり取り、仲介の4つのモードの各カテゴリーについて、必要性が想定されるレベルを到達目標として示しています。

　この事例では、介護業務を想定して、「広報・アナウンスや指示を聞くこと」「総合的な書く活動」「会話」「目標達成のための共同作業」などがA2.2レベルで示されています。一方で「長く話す：論拠を述べること」などについては低めに示してあります。

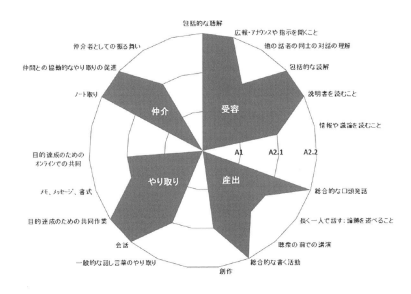

図3　事例3：特定技能（介護）で来日予定の介護士の場合（例）
（文化庁, 2024, p. 33, 図7）

5.2.3 行動中心アプローチ Action-oriented Approach

　行動中心アプローチは、構成主義のパラダイムに根ざしており、タスクベースの学習を、クラスと外の世界が統合された真のコミュニケーション実践のレベルまで引き上げようとするものです。また、このアプローチは学習者の主体性を重視し強調します。

　行動中心アプローチは、現実的で統一的なシナリオを通して学習を構成するようにし、いくつかの授業にまたがり、最終的な共同作業やプロジェクトへと導こうとします。

　行動中心主義のシナリオは、通常、CEFR の能力記述文にヒントを得て、受容、産出、インターアクション、メディエーション（仲介）、あるいはコミュニケーション活動を含むステップを通して展開されます。シナリオの最終段階は、成果物やパフォーマンスの共同制作です。学習者はタスクやプロジェクトを達成する方法を決定し、教師は必要に応じてクラス、グループ、学習者個人に言語インプット、リソース、サポートを提供します。

　教材、トピック、実践は、自律性と真正性に重点を置きます。学習者はさまざまな言語の情報を使用し、複言語で学習することができます。自分で選択しておいた参照枠の能力記述文で自己評価するということは、ヨーロッパではごく一般的なやり方になってきているようです。

5.2.4 仲介 Mediation の概念

　仲介は、CEFR モデルがコミュニケーションを組織化する 4 つのモードの一つです。社会的存在である学習者は、受容的、産出的、対話的、または仲介的な活動を行います。インターアクションが言語の社会的使用を強調するのに対して、メディエーション（仲介）は意味構築に焦点を当てること、言語的または文化的障壁を越えたコミュニケーションを促進することによって、インターアクションを包含し、超えていくのです。意味構築も、言語的・文化的障壁を越える活動も、いずれも協働的なプロセスに依存しています。

　社会的存在である学習者がメディエーション活動に従事するとき、彼らはコミュニケーションや学習のための空間や条件を作り出し、新しい意味を（共同）構築し、テキストの意味を理解するために協力し、アイデアや情報を他

者に伝えようとします。メディエーション（仲介）は言語や方言（地域方言や社会方言）を越えて（言語横断的仲介）、あるいは同じ言語や方言内でも起こります。

　メディエーション（仲介）は方略的なプロセスであり、あらゆる段階で社会的存在である学習者の主体性を必要とし、言語的・文化的な認識を深め、言語レパートリーの発達的な特徴を浮き彫りにするものです。その結果、メディエーション（仲介）は、複言語・複文化的な出会いや遠隔コミュニケーションにおいて重要な役割を果たします。

5.2.5　複言語主義 Plurilingualism

　外国語の成人学習者は、それまでに身につけた言語や文化を持っています。CoE では欧州域内の多くの言語を、すべて優劣のない価値のある言語として尊重する方針を堅持しています。個人の中に複数の言語レパートリーを持つ「複言語 plurilingual」の能力の育成を進めようとする欧州評議会 CoE は、社会に異なる言語（を話すグループ）がたくさんあることを指す「多言語 multilingual」とは別概念だとしています。また、言語と文化は切り離せないことから、個人の中で複数の文化的なレパートリーを持つことを「複文化 pluricultural」と呼び、複言語と合わせて「複言語・複文化主義 plurilingualism and pluriculturalism」として、CEFR の重要な概念の一つであると紹介されていました。

　「複言語・複文化主義 plurilingual/pluriculturalism」と「多言語・多文化主義 multilingualism/multiculturalism」の区別は、言語的・文化的多様性に対する 2 つの大きく異なる見方を理解しやすくすることを目的としています。多言語主義・多文化主義では、言語と文化は別個のものであり、社会や個人の中に共存する、ある意味で静的な存在であると考えています。

　一方、複言語・複文化主義は、個々の言語使用者・学習者の言語的・文化的レパートリーの全体的・包括的な性質を捉えることを目的としているのです。学習者／ユーザーは、その言語的・文化的レパートリーの中にあるあらゆる種類の資源を活用し、その軌跡の中でこれらの資源をさらに発展させていく社会的存在と見なされます。複言語主義・複文化主義は、社会的状況に

おいて複数の言語／方言、文化的知識、意識（気づき）、経験をダイナミックに使用するということを強調しているのです。

　複言語主義も複文化主義も、異なる言語や文化の違いよりもむしろ相互のつながりに焦点を当て、言語や文化に関するごく部分的な能力や認識をも大切にするプロファイル（人の能力や姿勢に現れた横顔）を発展させることの重要性を強調しているのです。

　このことは、学習者の持つ言語や文化を尊重し、学習者が「社会的存在」であることとも呼応していますし、人間の横顔（プロファイル）がさまざまであるように、一人ひとりの言語の「プロファイル」（何ができて何ができないのか）も異なることを、教える側もよく理解し尊重すべきだということともつながっているでしょう。

「複言語・複文化主義」の最近の動き：「複言語・異文化理解能力」について

　CEFR2001 では「複言語・複文化主義」を重要概念の一つとして取り上げてきました。しかし、欧州評議会 CoE の現代的課題として中等教育レベルでの外国語教育の推進や「学校の言語 Language of schooling」がテーマとなる 2015 年ごろからは、「複言語・**異文化理解能力** Plurilingual and intercultural competence」という言い方が主流となっています（Coste & Cavalli, 2015; Byram et al., 2023）。

　2023 年 12 月に欧州評議会 CoE の一翼を担う欧州現代語センター（ECML）（在グラーツ）で行われた国際会議では「複文化 Pluricultural」という用語は、どこにも使われていませんでした。担当者の説明では、「もう Pluriculturalism という言葉は CoE の公式文書では使用しない、けれど以前のものを変更や修正はしないし、他の人が使用するのは自由だ」とのことでした。とはいえ、2022 年の CEFR-CV を推進するフォーラムの報告や CEFR-CV の公式サイトでは今も「複文化主義 Pluriculturalism」も使われています[注10]。

　「複文化主義」あるいは「異文化理解教育」を推進する欧州評議会 CoE では、学習者が持っている言語と文化を尊重し、新しい外国語を学ぶときにはすでに持っている言語レパートリーや文化的な知識や能力を活用して学ぶものだという理解です。

その異文化理解能力についても能力記述文（Can do）リストを作成し、特に（中等）学校教育での使用のために提供されています（そのために「言語と文化への多元的アプローチのための参照枠」（フランス語版 CARAP と英語版 FREPA）が作成されています）。

5.2.6　オンラインのインターアクション

CEFR-CV では、言語使用者がデジタル環境で効果的に交流するために必要なさまざまな手段について、明確な特徴を認識しています。デジタル空間は 2020 年代の現在、個人的・職業的なコミュニケーションやネットワーキングに日常的に使用されており、そこで使用されるツールは言語学習において価値があると認識されるようになってきています。オンライン上の相互作用は、言語の変化と音声、映像などのマルチモダリティの増加を特徴とし、メッセージをサポートするためにメディアやテキストを柔軟にリミックスする複数の遠隔社会的アクター（道具）が関与しています。これは、同期と非同期の両方のモードで起こり、多くの場合、書き言葉と話し言葉が混在しています。

オンライン・インターアクションの能力記述文（Can do）は、応答のチェック、ライブ・リンクアップでの話し言葉によるインターアクションや長文作成、チャットの使用、ディスカッションへのブログや文章による参加、他のメディアの埋め込みなど、ウェブ利用に典型的なマルチモーダルな活動をカバーしています。この能力記述文は、デジタルで強化された行動指向の学習シナリオにおいて、学習者のニーズに応えるために、現実世界で学習者が何をし、何を必要としているかを分析するための基礎となるものです。

5.2.7　音韻論的能力

ヨーロッパの言語教育の現場では、音韻論はいまだに明確に十分に教えられているとは言えず、多くの教師は「正しい」モデルを提供していないと思われることを恐れ、また、特別なトレーニングをほとんど、あるいはまったく受けていないために自信をもって教えることができないようだと指摘されています。CEFR2001 では、CEFR の主要なテキストに音韻論に関する詳細

な記述が追加されたことで、この問題への取り組みが始まりました。しかし、2001 年の CEFR の音韻尺度は、習熟度の向上と言ったときに、それはよりネイティブ・スピーカーに近くなることを意味するような印象を与えてしまいました。実際は、調査によれば、コミュニケーションには「アクセント」よりも「わかりやすさ（明瞭さ）」のほうがずっと重要だということがわかっています。

　新しい CEFR 音韻尺度は 3 つの下位尺度から構成されています。つまり、総合的な音韻制御（2001 年の全体的な尺度をシンプルに更新したい人向け）、音韻調音（Sound articulation）、韻律（Prosody）です。この尺度は、2001 年の尺度に比べて音韻能力の範囲を広げ、ネイティブ・スピーカー主義を排除し、教師のために明確なサポートを提供することを全体的な目的としています。

　以上は、CEFR-CV2020 で改訂または追加された項目と、重要な概念についての概略でした。最後に、CEFR でも表面的に触れられながら、CEFR-CV 2020 では能力記述文が提示されたメディエーション（仲介）について、重要な概念で、複言語・複文化主義にも関連するので、説明を加えたいと思います。

6.　メディエーション(仲介)を理解する

　CEFR2001（第 2 章 1.3）でもメディエーション（仲介）という概念は提示されていましたが、主に通訳や翻訳といった複数の言語の架橋という意味以上に深められてはいませんでした。CEFR-CV（3.4）では、メディエーション（仲介）について、「仲介活動」と「仲介方略」に分けて、詳しい説明と尺度（スケール）も示されています。

　CEFR-CV では、コミュニケーションは 4 つのモード「受容」「産出」「やり取り」「仲介」で考えるという大きな提案があったわけですが、それらの関係は次の図のように表すことができます。従来の四技能「聞く、読む、話す、書く」は、2 つのモード（受容、産出）しか射程に入れていませんが、実際のコミュニケーションの複雑さを捉えるにはそれでは不十分だと認識されています。

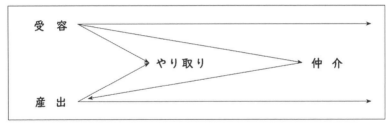

図4 受容、産出、やり取り、仲介の関係
(CEFR-CV2020 p. 34; 文化庁, 2024, p. 19, 図3)

　図4はCEFR-CVで引用されていますが、カナダのLenoir（1996）によって説明された図です（North & Piccardo, 2017）。
　次のページの図5に示すように、メディエーション（仲介）は「仲介**活動**」と「仲介**方略**」についての言語能力記述文（Can do）があります。仲介活動は、3つのカテゴリーに分けられており、さらに個別の尺度（スケール）が設定されています。このような言語活動によって、学習者の「できること」を増やしていくことが重要です。
　「仲介活動」の3つのカテゴリーとは以下のような内容です。

- 「**テクストの仲介**」：
　　異なる複数の言語の間に通訳、翻訳のほか、同一言語内の変種、言語使用域の間の橋渡しを行うこと
- 「**概念（コンセプト）の仲介**」：
　　新しい知識や考え方を理解するために、その内容をめぐる意見を整理したり、やり取りを調整したり、手助けしたりすること
- 「**コミュニケーションの仲介**」：
　　立場が異なる両者の間に立ち、それぞれの立場の意見について理解を示したり、説明したりしながら、合意形成の手助けをすること

　一方「仲介方略」については、新しい概念を説明するための方略と、テク

ストを簡素化するための方略の2つが考えられています。

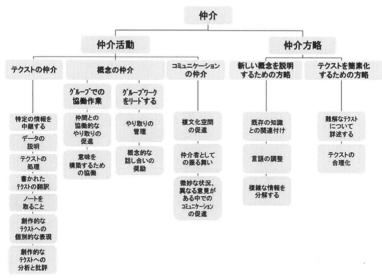

図5　仲介活動と仲介方略
(CEFR-CV2020, p. 90; 文化庁, 2024, p. 46, 図9)

　最後に、表4として「仲介活動」全体の言語能力記述文（Can do）を引用しておきます。ここでは詳細を論じませんが、CEFR-CVにはこの全体的仲介活動の下に、異文化間能力の育成を考えるために関連が高く有用だと考えられる尺度（スケール）が複数示されています。

　「概念（コンセプト）の仲介」の中の「グループでの協働作業：仲間との協働的なやり取りの促進」（文化庁, 2024, p.49; CEFR-CV, pp.110-111)、「グループでの協働作業：意味を構築するための協働」（文化庁, 2024, p.50; CEFR-CV, pp.110-111）や、「コミュニケーションの仲介」の中の「複文化空間の促進」（文化庁, 2024, p.50; CEFR-CV, pp.114-115）の尺度（スケール）などは、外国語教育・日本語教育の関係者が参照することで、これから言語的・文化的多様性を認識し尊重していくための言語教育のあり方を検討するのに役に立つと考えられます。

表 4　総合的な仲介

C2	効果的かつ自然に仲介することができ、関係者のニーズや状況に応じて様々な役割を引き受け、微妙な意味やその根底にあるものを明確化し、微妙で繊細な議論を進めることができる。 明確で流暢でよく構造化された言語で事実と議論の提示方法について説明し、評価の側面とほとんどの微妙な意味を正確に伝え、社会文化的な意味合い（例：状況に合わせた言語使用域、控えめな表現、皮肉、嫌み）を指摘することができる。
C1	様々な視点を解釈し、曖昧さを管理し、誤解を予測し、会話の方向を変えるために如才なく振る舞い、仲介者として効果的に行動することで、前向きなやり取りを続けることを助けることができる。 様々な意見を基に、一連の質問を通してある想定についての議論を活性化させることができる。 自分の興味のある分野かに関係なく、評価的な側面やほとんどのニュアンスを含め、長く複雑な文章内の重要な考えについて、よく構造化された言語で明確かつ流暢に伝えることができる。
B2	アイデアを共有するための協力的な環境を整え、機微な問題についての議論することを手助けし、様々な視点を尊重し、問題を探求するよう人々を励まし、その事について表現する方法を繊細に調整することができる。 他の人のアイデアを基にして、議論を前に進めるための提案を行うことができる。 専門的、学術的、個人的に関心のある分野のよく構成されているが、長く複雑なテーマの文章の主な内容について、講演者/手話使用者の意見と目的を明確にしたうえで伝えることができる。 サポートすることで前向きな雰囲気を作り出し、様々な背景を持つ人々と協力して働き、共通の目標を定めるために質問したり、目標を達成するための選択肢を比較したり、次に何をすべきかについての提案を説明できる。 他の人のアイデアをさらに発展させ、様々な視点からの反応を促す質問を投げかけ、解決策や次の作業についての提案をすることができる。 例えば、専門的、学術的、個人的に関心のある分野について、複雑だがよく構成されたテキストに含まれる重要な点について、詳細な情報と議論を確実に伝えることができる。
B1	簡単な質問をしたり、答えたり、提案をまとめたり、返答したり、人々が同意できるかを尋ねたり、別の方法を提案したりすることで、背景の異なる人々と協力し、関心と共感を示すことができる。 特定の表現の意味を確認できれば、個人的に興味のある話題について、平易な言葉で表現された長いテキストの要点を伝えることができる。 様々な背景を持つ人々を紹介し、質問の一部について、異なる意図に受け止められる可能性があることを認識し、他の人々に専門知識や経験、意見の提供を促すことができる。 語彙上の制限により、表現について困難を感じる場合があるが、馴染みのある、個人的、現在興味のある主題に関する明確で、よく構成されたテキストに関する情報を伝えることができる。
A2	他の参加者がゆっくり話したり、手話で伝えたり、1人以上の参加者が協力したり、提案を表現したりするのを手伝ってくれれば、対話において補助的な役割を果たすことができる。 具体的で馴染みのある主題に関するもので、簡単な日常的な言語で表現されていれば、明確に構造化された短くて単純な情報テキストに含まれる関連情報を伝えることができる。 簡単な言葉や手話を使って、誰かに何かを説明してもらうことを依頼することができる。 問題が発生したことを認識し、その問題の明示的な性質を簡単な言葉で表すことができる。 簡単な言葉で明確に表現されていれば、日常の身近な話題に関する短い簡単な会話やテキストに含まれる主要な点を伝えることができる。
A1	簡単な言葉や手話、非言語的な合図でアイデアへの関心を示すことができる。 短くて単純な掲示や通知、ポスターやプログラムの中の、身近で興味が持てる単純で予測可能な情報を伝えることができる。
Pre-A1	参照できる言語能力記述文（Can do）はない。

(CEFR-CV2020 pp. 91-92; 文化庁, 2024, p. 48, 表 9)

7. おわりに

　本章では、欧州評議会の CEFR2001 と CEFR-CV2020 の違い、つまり「随伴版　CV」には何が加えられたのかを概略しました。CEFR2001 から約 20 年の間に、社会にも大きな変化がありました。ヨーロッパだけに注目しても、1990 年以降のソ連崩壊後の旧東側の国々の動向、アフガニスタン、旧ユーゴスラビア、イラク、シリア、そしてウクライナ、……と、移民や避難民、難民がヨーロッパを目指してそれを（反対する声もありながら）受け入れてきました。欧州評議会 CoE はそもそも欧州域内の人々の移動を促進して「民主的ヨーロッパ市民のアイデンティティを形成すること」を一つの目的として、コミュニケーションのための言語教育に力を入れてきましたが、世情の変化に伴い、（ヨーロッパ域外からも多くの）移民・難民の受入れが増えてくると、当初の言語教育の目的や施策だけでは間に合わなくなります[注11]。

　2007 年の政府間言語教育フォーラムの意見も大きかった[注12] でしょうが、CEFR の「複言語・複文化（異文化理解）教育」を普及させる学習者として、学校教育の子どもたちが大きな対象グループとなってきました。現地語を母語とするマジョリティの子どもたちの外国語教育に加えて、社会のマイノリティである移民背景の子どもたちへの複言語教育にも、ようやく光が当てられて成功事例が取り上げられてきています（2023 年 12 月に開催された欧州現代語センター（ECML）の国際会議で、地元グラーツ市の重要な実践成果として発表されていました）。

　もとはといえば、CEFR は「成人の外国語学習・教授・アセスメント（評価）」をテーマにした欧州評議会 CoE のプロジェクトでしたが、時代や地域の要請に応じてさまざまなツールやプロジェクトが実施され[注13]、CEFR-CV も発表されました。その後もこれからも「進化する CEFR」として CoE 本部（在ストラスブール）と ECML（在グラーツ）の連携により、加盟国の言語教育政策において重要な情報源となり、提案を継続して発信していくはずです。

　ヨーロッパから遠く離れた日本でも、海外での日本語教育を推進する国際交流基金は CEFR の動きを敏感に捉え、研究開発を経て「JF 日本語教育ス

タンダード」（2010）を発表しました。最近は、国内在留外国人数が記録的に増加していく中で、「日本語教育の参照枠　報告」（文化庁, 2021）が発表され、「『日本語教育の参照枠』の活用のための手引き」（文化庁, 2022）も作成され、文化庁（2024）では、今後 CEFR-CV をどのように日本語教育に参照していけるのか、その検討がなされました。

　CEFR の魅力であり重要だと筆者が個人的に思うところは、「透明性」「一貫性」「共通性」「強制しない姿勢」という方針なのですが、CEFR-CV では革新的な概念、特に行動中心アプローチや仲介が、学習者を社会的存在として捉えることと共に、これまでよりも強く押し出されています。もちろん CEFR-CV になっても元の CEFR の内容はすべて活きているとされていますが、今後の変化に対応していく際も、常に学習者に寄り添い、学習者の生涯学習をも考慮した「学習者中心」の考え方は変わらないと思います。

　本章では、「日本語教育」に特化して書くことができませんでしたが、それは本書の他の章や筆者の別稿に譲ることにします[注14]。

＊謝辞：本稿は、科学研究費助成事業基盤研究（C）課題番号 T19K007360 ならびに T23K006080 の助成を受けたものである。

注

1　CEFR-CV 2020の日本語版（2024年3月）が東京ゲーテ・インスティトゥートより公開されましたが、本章で引用する際は、基本的に英語版からの拙訳と文化庁（2024）の仮訳に依っています。また、CVは「補遺版」と呼んでいましたが、今回の日本語版に倣って本章では「随伴版」と呼ぶことにします。
　　https://www.goethe.de/ins/jp/ja/spr/unt/ger.html
　　（2024年4月30日最終閲覧）

2　「日本語教育の推進に関する法律」（2019）に基づき、政府が本格的に日本語教育機関と教員資格を制度化したと考えられる年です。「日本語教育機関認定法」が施行され、日本語教育機関等の認定制度や、「登録日本語教員」の制度が始まります。文化庁国語課のサイトに全般的な制度に関する資料があります。なお、日本語教育の所管は、2024年度より文化庁から文部科学省に移管しました。

https://www.bunka.go.jp/seisaku/kokugo_nihongo/kyoiku/index.htm 　（2024年5月1日最終閲覧）

3　日本でもCEFRを参照して「JF日本語教育スタンダード」（国際交流基金, 2010）が作られ、国内外の日本語教育の現場で参照されてきました。

4　誤解は、「（CEFRは）言語教育の画一性をもたらす」といった「マクドナルド化」（Schwerdtfeger, 2003）を招くというものや、教育現場によっては突然の変化を強要されるというもので、反発の動きがありました。実証研究に基づいていないという批判（Alderson, 2007）などについては、その後多くの研究や報告（North（2014）、O'Dwyer（2017）、泉水編（2018）、Nagai et al.（2020）、西山・大木編（2021）他）がなされ、指摘された問題を解決する形でCEFR-CVが発表されました（真嶋, 2023）。

5　最初は「CEF（シー・イー・エフまたはセフ）」と呼ばれていましたが、それを強制的なもの、すべて従うべき規範と捉えられることを避けようと、欧州評議会では、「of Reference 参照するもの」であることを強調するためアクロニム（頭字語）にも「R」をつけて「CEFR（シー・イー・エフ・アールまたはセフ・アール）」と呼ぶようになりました。

6　欧州評議会の公式サイトで6言語で閲覧できます。
　　https://www.coe.int/en/web/common-european-framework-reference-languages/documents 　（2024年1月3日最終閲覧）

7　これらは、ヨーロッパ言語ポートフォリオ（ELP）や、ケンブリッジ英語アセスメントの資料も活用して作成されたそうです。実際は7～10歳と11～15歳に分けて「外国語学習」のために作成されたものですが、詳しく見ると一部の能力記述文には妥当性に問題があるとしています（子どもには考えにくい場面が想定されているようです）。CEFRはもともと年齢を限定しない成人対象の能力記述文を作成しているため、言語形成期の年少者については非常に大切な認知力の発達段階の側面が、当然ながら考慮されていません。年少者への言語教育については「日本語教育の参照枠」（p. 16）でも触れましたが、学習目的が社会的多数派の現地語を母語とする子どもの外国語学習のためであるのか、複数言語環境で育つ子どもが現地語を学ぶためであるのかによっても異なるため、留意と配慮が必要です。

8　このプロジェクトの詳細については、B. North & E. Piccardoによる "Developing illustrative descriptors of aspects of mediation for the CEFR" で読むことができます。
　　https://rm.coe.int/168073ff31　（2024年1月3日最終閲覧）

9　喩えとして「虹の色は七色だ」と（文化的な慣習による違いや科学的な分析は横に置いて）単純化するようなものだと説明されています。したがって学習者の言語能力を、丁寧にプロファイルで示すのでなく共通参照レベルで示すときには、実はどうしても「妥協の産物」になって厳密性が犠牲になってしまうと説明され

ています。

10 ヨーロッパの中等教育（学校）の文脈では「複文化主義」よりも、「異文化理解能力 Intercultural competence」のほうが、教育目標としてなじみやすく現場で受け入れられやすいようです（Byram et al., 2023）。

11 CoEでは2006年に「成人移民の言語的統合 Linguistic Integration of Adult Migrants（LIAM）」プロジェクトが開始され、その後識字力を持たない成人移民への特別の支援をするために「成人移民の識字と第二言語教育LASLLIAM（Literacy and Second Language Learning for LIAM）」プロジェクトによって2021〜2023年にアセスメントツールが開発されました。
https://www.alte.org/resources/Documents/LLAT%20-%20English%20version.pdf （2024年1月3日最終閲覧）

12 CoEの加盟国の大臣会議において、外国語教育のためにCEFRの利用を推奨することが決められました。

13 欧州現代語センター（ECML）の公式サイトには、これまでの取り組みや成果が複数言語で提供されています。
https://www.ecml.at （2024年1月3日最終閲覧）

14 本章執筆中に櫻井・奥村（2024）『CEFR-CVとことばの教育』が刊行されました。CEFR-CVをCEFRとも比較しながら、とても具体的に実践を意識して書かれていて、言語教育関係者には力強い味方になってくれそうです。また、CEFRを参照した「日本語教育の参照枠」を、読者に「仲介」しようとした真嶋（2024）も参考になれば幸甚です。

参考文献

国際交流基金 (2010).「JF 日本語教育スタンダード」https://www.jfstandard.jpf.go.jp/
櫻井直子・奥村三菜子 (2024).『CEFR-CVとことばの教育』くろしお出版.
泉水浩隆編 (2018).『ことばを教える・ことばを学ぶ ―複言語・複文化・ヨーロッパ言語共通参照枠（CEFR）と言語教育』（南山大学地域研究センター共同研究シリーズ10）行路社.
西山教行・大木充編 (2021).『CEFRの理念と現実　現実編　教育現場へのインパクト』くろしお出版.
文化庁 (2021).「日本語教育の参照枠　報告」(令和3年10月12日; 文化審議会国語分科会)
https://www.bunka.go.jp/seisaku/bunkashingikai/kokugo/hokoku/pdf/93736901_01.pdf
文化庁 (2022).「『日本語教育の参照枠』の活用のための手引」(令和4年2月18日; 文化審議会国語分科会日本語教育小委員会「日本語教育の参照枠」の活用に関する

ワーキンググループ)

https://www.bunka.go.jp/seisaku/bunkashingikai/kokugo/hokoku/pdf/
93705001_01.pdf

文化庁 (2024). 「『日本語教育の参照枠』の見直しのために検討すべき課題について ―
ヨーロッパ言語共通参照枠 補遺版を踏まえて―」(令和6年2月22日; 文化審議
会国語分科会日本語教育小委員会「日本語教育の参照枠」補遺版の検討に関する
ワーキンググループ)

https://www.bunka.go.jp/seisaku/bunkashingikai/kokugo/nihongo/nihongo
_124/pdf/94009301_01.pdf

真嶋潤子 (2018). 「CEFRの国内外の日本語教育へのインパクト」泉水浩隆 (編著)『南山
大学地域研究センター共同研究シリーズ ことばを教える・ことばを学ぶ ―複言
語・複文化・ヨーロッパ言語共通参照枠 (CEFR) と言語教育―』pp. 251-276. 行路社.

真嶋潤子 (2019). 「外国語教育における到達度評価制度について ―CEFR初版2001か
ら2018補遺版CEFR-CVまで―」『外国語教育のフロンティア』2, 1-14. 大阪大
学大学院言語文化研究科.

真嶋潤子 (2021). 「日本語教育におけるCEFRとCEFR-CVの受容について」西山教行・
大木充 (編)『CEFRの理念と現実 現実編 ―教育現場へのインパクト―』くろ
しお出版.

真嶋潤子 (2023). 「日本の外国語教育への『CEFR-CV (CEFR 補遺版)』のインパクト」
『ドイツ語教育』27, 4-24. 日本独文学会ドイツ語教育部会.

真嶋潤子 (2024). 「CEFRを参照した『日本語教育の参照枠』を巡って」『AJALT』
47, 20-24. 国際日本語普及協会.

Alderson, J. C. A. (2007). The CEFR and the need for more research. *Modern Language Journal, 91*(4), 659-662.

Alderson, J. C. A., & Urquhart, S. (1984). *Reading in a foreign language.* Longman.

Austin J. L. (1962). *How to do things with words.* Clarendon Press.

Backus A., Gorter D., Knapp K., Schjerve-Rindler R., Swanenberg J., ten Thije J. D., & Vetter E. (2013). Inclusive multilingualism: concept, modes and implications. *European Journal of Applied Linguistics, 1*(2), 179-215.

Beacco, J.-C., Byram, M., Cavalli, M., Coste, D., Cuenat, M. E., Coullier, F., & Panthier, J. (2016). *Guide for the development and implementation of curricula for Plurilingual and intercultural education.* Council of Europe.

Blommaert, J. (2008). Language, asylum, and the national order. *Urban Language and Literacies, 50*, 2-21.

Breen, M. P., & Candlin, C. N. (1980). The essentials of a communicative curriculum in language teaching. *Applied Linguistics, 1*(2), 89-112.

Brumfit, C. (1984). *Communicative methodology in language teaching: The roles of fluency and accuracy.* Cambridge University Press.

Busch, B. (2017). Expanding the notion of the linguistic repertoire: on the concept of Spracherleben: The lived experience of language. *Applied Linguistics, 38*(3), 340-358.

Byram, M., Fleming, M., & Sheilds, J. (Eds.). (2023). *Quality and equity in education: A practical guide to the Council of Europe vision of education for plurilingual, intercultural and democratic citizenship.* Multilingual Matters.

Conseil de l'Europe. (2012). *Un Cadre de Référence pour les Approches Plurielles des Langues et des Cultures Compétences et ressources (CARAP).* https://www.ecml.at/Portals/1/documents/ECMl-resources/CARAP-FR.pdf

Coste, D., & Cavalli, M. (2015). *Education, mobility, otherness: The mediation functions of schools.* Council of Europe. https://rm.coe.int/education-mobility-otherness-the-mediation-functions-of-schools/16807367ee

Council of Europe. (2001). *Common European Framework of Reference for Languages: Learning, teaching, assessment.* Cambridge University Press. (吉島茂・大橋理枝他 (訳・編). (2014).『外国語教育Ⅱ —外国語の学習、教授、評価のためのヨーロッパ共通参照枠— 追補版』朝日出版社.)

Council of Europe. (2012). *A Framework of Reference for Pluralistic Approaches to Language and Cultures Competences and resources (FREPA).* https://www.ecml.at/Portals/1/documents/ECMl-resources/CARAP-EN.pdf

Council of Europe. (2016). *Competences for democratic culture: living together as equals in culturally diverse democratic societies.* https://rm.coe.int/16806ccc07

Council of Europe. (2020). *Common European Framework of Reference for Languages: Learning, teaching, assessment - Companion volume.* Council of Europe Publishing.

Goodier, T. & Szabo, T. (2018a). Collated representative samples of descriptors for young learners (Ages 7-10), Bank of supplementary descriptors,Council of Europe.

Goodier, T. & Szabo, T. (2018b). Collated representative samples of descriptors for young learners (Ages 11-15), Bank of supplementary descriptors. Council of Europe.

Goullier, F. (2007). Impact of the Common European framework of reference for languages and the Council of Europe's work on the new European educational area. In Council of Europe, *The Common European Framework of Reference for languages (CEFR) and the development of language policies: Challenges and responsibilities.* Intergovernmental Language Policy Forum, Strasbourg, 6-8 February 2007, Report (pp. 29-37). Council of Europe Publishing. www.coe.int/en/web/common-european-framework-reference-languages/documents

Halliday, M. A. K. (1989). *Spoken and written language.* Oxford University Press.

Lado, R. (1961). *Language testing: The construction and use of foreign language tests: A teacher's book.* Bristol, Inglaterra: Longmans.

Larsen-Freeman, D. (2011). A complexity theory approach to second language development/acquisition. In Atkinson, D. (Ed.), *Alternative approaches to second language acquisition* (pp. 48-72). Routledge.

Larsen-Freeman, D. (2017). Complexity theory: The lessons continue. In Ortega, L., & Han, Z. H. (Eds.), *Complexity theory and language development: In celebration of Diane Larsen-Freeman* (pp. 11-50). John Benjamins.

Larsen-Freeman, D., & Cameron, L. (2008). *Complex systems and applied linguistics.* Oxford University Press.

Larsen-Freeman, D., & Todeva, E. (2021). A sociocognitive theory for plurilingualism: Complex dynamic systems theory. In Piccardo, E., Lawrence, G., & Germain-Rutherford, A. (Eds.), *Routledge handbook of plurilingual language education* (pp. 209-224). Routledge.

Lenoir, Y. (1996). Médiation cognitive et médiation didactique. In Raisky, C., & Caillot, M. (Eds.), *Le didactique au-delà des didactiques. Débats autour de concepts fédérateurs* (pp.223-251). De Boeck Université.

Nagai, N., Birch, G.C., Bower, J.V., & Schmidt, M. G. (2020). *CEFR-informed Learning, Teaching and Assessment: Apractical Guide.* Springer Texts in Education.

North, B. (2014). *The CEFR in practice.* Cambridge University Press.

North, B., Angelova, M., Jarosz, E., & Rossner, R. (2018). *Language course planning.* Oxford University Press.

North, B., & Piccardo, E. (2016). *Developing illustrative descriptors of aspects of mediation for the CEFR.* Education Policy Division, Council of Europe.

North, B., & Piccardo, E. (2017). Mediation and Exploiting One's Plurilingual Repertoire: Exploring Classroom Potential with Proposed New CEFR Descriptors. Conference Proceedings of ALTE 6th International Symposium in Bologna, Italy.

O'Dwyer, F. (Ed.) (2017). *Critical, Constructive Assessment of CEFR-informed Language Teaching in Japan andBeyond, (English Profile Studies 6).* Cambridge University Press.

Piccardo, E. (2012). Médiation et apprentissage des langues: Pourquoi est-il temps de réfléchir à cette notion? [Mediation and learning languages: Why is it time to reflect on this notion?]. *ELA : Études de Linguistique Appliquée, 167*, 285-297.

Piccardo, E., & North, B. (2019). *The action-oriented approach: a dynamic vision of language education.* Multilingual Matters.

Piccardo, E., & North, B. (2022). Enriching the scope of language education: The CEFR-Companion volume, Chapter 1. In North, B., Piccardo, E., Goodier, T., Fasoglio, D., Margonis, R., & Rüschoff, B. (Eds.), *Enriching 21st century language education: The CEFR companion volume, examples from practice* (pp. 27-56). Council of Europe Publishing.

Piccardo, E., & North, B. (2023). Plurilingualism and assessment: Some issues and options. In Melo-Pfeifer, S., & Ollivier, C. (Eds.), *Assessment of plurilingual competence and plurilingual learners in educational settings: Educative issues and empirical approaches* (pp. 178-193). Routledge.

Richer, J.-J. (2014). Conditions d'une mise en œuvre de la perspective actionnelle en didactique des langues [Conditions for an implementation of the action-oriented approach in language didactics]. *Recherche et pratiques pédagogiques en langues de spécialité, 33*(1), 33-49. http://apliut.revues.org/4162

Schwerdtfeger, I. (2003). Der europäische Referenzrahmen – oder: Das Ende der Erforschung des Sprachenlernens? In Bausch, K.-R., Christ, H., Königs, F. G., & Krumm, H.-J. (Hg.), *Der Gemeinsame europäische Referenzrahmen für Sprachen in der Diskussion* (pp. 173-179). Gunter Narr Verlag.

Stern, H. H. (1983). *Fundamental concepts of language teaching.* Oxford University Press.

Trim, J. L. M. (2007). The CEFR in relation to the policy aim of the Council of Europe. In Council of Europe, *The Common European Framework of Reference for languages (CEFR) and the development of language policies: Challenges and responsibilities.* Intergovernmental Language Policy Forum, Strasbourg, 6-8 February 2007, Report (pp. 48-49). Council of Europe. www.coe.int/en/web/common-european-framework-reference-languages/documents

van Ek J. A. (1975). *The threshold level in a European unit/credit system for modern language learning by adults.* Council of Europe, Strasbourg.

Wilkins D. A. (1976). *Notional syllabuses.* Oxford University Press.

確認チェック

❶. CEFR を開発した CoE では、学習者をどのように捉えていますか？

❷. CEFR で提唱されている言語教育観はどのようなものですか？　以前はどうだったのでしょうか？

❸. CEFR と CEFR-CV の違いをいくつか挙げてください。

❹. 複言語主義と多言語主義はどう違いますか？

❺. CEFR、CEFR-CV が教育現場に「強制力を持たない」というのは、どういうことですか？　なぜそのような姿勢なのですか？

❻. CEFR-CV でいうメディエーション（仲介）の３つの種類とは何ですか？

【 発展 】

❼. この本を手に取ってくださった方は、日本国内で「外国語としての〇〇語教育」に関心のある方でしょうか？　それとも「第二言語としての日本語教育」に関心をお持ちでしょうか？　もし海外で言語教育に携わっておられるなら、その場合は「現地語／外国語／第二言語としての〇〇語」あるいは「外国語としての日本語」を教えておられる方が多いかもしれません。ご自身の関係する教育現場では、目標言語は、学習者にとって外国語ですか？　第二言語ですか？　それ以外ですか？　その学習目的や到達目標はどのように把握していますか？

7章 「複言語・複文化能力」の文脈化の可能性

「メディエーション」が架橋するもの[注1]

福島 青史 (ふくしま せいじ)

1. はじめに

　日本では在留外国人数が増加するなか、日本語教育の体制づくりが急速に進められています。その際、CEFRをはじめとする欧州評議会が作成したツールが参照されることが多く、2021年に文化審議会国語分科会より発表された「日本語教育の参照枠」も、CEFRに依るところが大きいです。さらに、2020年にCEFR Companion Volume（以下、CEFR-CV）が公開されたのに伴い、CEFR-CVの内容を日本語教育の参照枠に取り込む検討も、2022年度から2023年度にかけて文化庁のワーキンググループにより行われました。このように、日本における日本語教育政策は欧州評議会の言語政策に大きな影響を受けており、今後の日本の社会のあり方を検討するためには、そのもととなっている欧州評議会の諸概念を理解し、日本の文脈に落とし込む必要があります。

　一方で、なぜ日本の言語教育政策を考えるのに、政治的・文化的環境が異なる欧州の参照枠を利用するのか訝(いぶか)る向きもあります。そこで、本章では、欧州評議会の中心的な概念である「複言語・複文化能力」を、日本社会にどのように文脈化するかを考えたいと思います。「複言語・複文化能力」という用語は、近年、日本でも使われることが多いですが、本稿では、一般的な用語としてではなく、欧州評議会の政策を実現するための用語として捉え、言語政策研究の観点から、欧州評議会が、この用語に託した政策的な意図を考察したうえで、現在の日本社会の文脈に導入できることについて考えたいと思います。

　まず、言語政策の観点から「複言語・複文化能力」の基盤となる「複言語主義」を分析し、政策イデオロギー、意図を明らかにします。そのうえで、「複言語・複文化能力」の文脈化の可能性を、CEFR-CVで本格的に導入さ

167

れた概念である「メディエーション」も含めて考えたいと思います。

2. 言語政策の観点とは？

まずは分析のフレームワークとなる言語政策の観点について説明します。

Cooper（1989, p. 183, 下線強調は本章の著者）は、Language Planning について、「言語計画とは言語の習得、構造、機能において、他者の行為に影響を与える計画的な行為のことである」と述べています。そして、「言語計画は、通常、物質的または非物質的、あるいはその両方の**利益**を確保または維持するための努力によって動機づけられている」といいます。

この観点は言語政策を、**利害**（interest）を巡る人間たちの、言語や言語制度に対する働きかけとして捉えているところが特徴的です。言い換えれば、社会にある言語の制度を、自分たちの利益に適うものにするよう、自分の得になるよう、他者に働きかけるという見方です。

このため Cooper は言語政策の現場を、「だれが」「だれのために」「何を」「どのように」行うのか？というフレームで記述・分析することを提案しました。本章では欧州評議会の言語政策をこのフレームに従って分析し、さらに「なぜ」、ヨーロッパにおいて、複言語主義という考えを導入しなければならなかったのかという点について考えたいと思います。

3. 欧州評議会とはどのような機関か？

3.1 欧州評議会はどんな利害を追求しているか？

まず、「だれが？」ですが、複言語主義を提唱したのは欧州評議会です。欧州評議会は、1949 年に設立されたヨーロッパ地域 46 カ国で構成された国際機関です。「人権、民主主義、法の支配」という**共通価値**（common values）を守るために日々闘っており（齋藤・小島, 2022）、このような活動を通して「ヨーロッパの文化的アイデンティティと多様性」を促進し、「多様性の中の統合」を目指すという政策理念を掲げているのも注目すべき

点だと思います。では、欧州評議会はこの共通価値を何から守り、何と闘っているのでしょうか。利害関心の対立点を探ります。

　遠藤（2008, pp. 6-8）は、欧州評議会（ここでは CE と書いてあります）を、EU、NATO という行為主体と対比することで、その特徴を述べています。遠藤は、欧州統合について考えるにあたり、「EU-NATO-CE 体制」という視座を提案しました。「この体制は政治・経済、軍事・安全保障、規範・社会イメージの三面にまたがって成立しており、ECSC・EEC・EC・EU と制度発展してきた狭義のヨーロッパ統合は、この体制のもとで進行していた」とします。そして、欧州評議会の役割は、「『規範・社会イメージ』を性格づけており、『人権の保護を主任務とし、社会権や地方自治などのあり方においてヨーロッパの独自性を担保』」、「社会により近い領域で『ヨーロッパらしさ』を確保しようとし続けた欧州評議会にも射程を広げなければ、戦後のヨーロッパ統合の全体像には迫れない」と言います。つまり、欧州評議会は、政治経済や安全保障という利害に対して、規範、つまり「**価値**」という極めて倫理的な利害関心をもっているということがわかります。

　政治経済（EU）、安全保障（NATO）、社会規範（CE）という 3 つの利害は往々にして対立します。例えば、19 世紀から 20 世紀の帝国主義時代において、世界的な経済圏拡大から生じた利害対立により戦争が何度も起きました。その際、政治経済や安全保障といった利害の立場から、「人権、民主主義、法の支配」といった価値はないがしろにされることがしばしばありました。そして、そのような戦争は過去の野蛮な時代の出来事ではなく、現在、ウクライナやパレスチナで人間が行っていることを考えれば、進行中の課題であることがわかります。

　もちろん、政治経済や安全保障は重要ですし否定はしません。人間が自由を求める限り利害対立は必至で、これまでも戦争など力による解決はしばしば用いられてきました。しかし、この対立の歴史、戦争の反省から生まれたのが欧州評議会であり、「人間とは何か、その尊厳は何か」を考え、「人権、民主主義、法の支配」といった価値を守ることにより、ヨーロッパのアイデンティティを形成した機関であることは重要だと思います。

　哲学者の竹田青嗣は、「戦争は、人間社会における全ての人間的価値を無

化する。ひとたび戦争が生じると国家も個人も己の意に反して自己維持と弱肉強食の論理に従うほかなく、人間は『戦争』の渦に巻き込まれずにいる間だけ、人間としての生を維持することができる」（竹田, 2017, pp. 9-10）と言います。そして、「『戦争』の現実論理に対抗させられねばならないのは、（中略）いかに戦争を抑制し共生のシステムを構築するかという**言葉の営み**としての政治の思想ではないだろうか」（竹田, 2017, p. 12, 下線強調は本稿の筆者）と問います。欧州評議会の試みも、政治経済や安全保障といった緊張感のある利害関心に対して、暴力を制御する共通価値のあり方を模索する「言葉の営み」であったといえるでしょう。

　幸い日本では外国人問題を巡って戦争は起きていませんが、外国人との共存において、規範よりも経済、治安が優先されることがあります。外国人材を景気の調整弁のように扱ったり、根拠のないゼノフォビアにより共生を拒んだり、差別したりすることは、マジョリティが行う暴力の現れです。ただ、わたしたちが目指すのは、暴力原則で成り立つ社会ではなく、ことばを尽くして合意を得て成り立つ社会だと筆者は考えます。経済、治安を考慮しつつも守るべき価値をいかに実現するのか。日本も欧州評議会の課題を共有しているといえます。そして、言語政策は、そのような社会を保障する言語の制度を創造する手段であるのです。

3.2 「人権、民主主義、法の支配」のために必要な言語政策とは？

　「人権、民主主義、法の支配」といった共通価値を実現するために、社会において言語はどうあるべきか、どのように実現するかということが欧州評議会の言語政策の課題であると述べました。では、欧州評議会の言語政策の内容、つまり「何を？　どのように？」を見ていきましょう。

　欧州評議会の言語政策は、「言語多様性」「複言語主義」「民主的シティズンシップ」「社会的一体性」「相互理解」という 5 つの鍵概念で構成されています。単純に言葉をつなぐと、欧州の「言語多様性を尊重」したうえで、「相互理解」を保障し、「社会的一体性」を形成する。そして、その社会形成のルールは「民主的」なルールに従う、といった意味でしょうか。これは、

言語的・文化的に多様な個人それぞれの尊厳を守る社会の言語制度の形成に
つながると思います。逆の状況を考えると、わかりやすいかもしれません。
つまり、「自分のことばが無視され、マジョリティの言語の使用を強いられ、
十分に世界が理解できないなかで、既成の社会ルールを押しつけられるよう
な社会」。このような環境では、人は自らを表現する方法を失い、自尊感情
も損なわれ、そのような社会に対しては帰属意識も持てないでしょう。これ
では、個の尊厳が守られているとはいえません。

　そして、ここで登場する言語制度が「複言語主義」です。ただ、疑問はど
うして「複言語主義」という新しい概念が必要なのかという点です。欧州評
議会は、「だれのために？」、何と闘っているのでしょう。

4. 「複言語主義」はどのようなシステムか？

4.1 複言語主義とは

　「複言語主義」は、だれの利益を代表しているのでしょうか。欧州評議会
の政策文書を見ながら考えたいと思います。

　欧州評議会は、複言語主義は、多言語主義とは異なるものだと主張します。
多言語主義（multilingualism）は、「複数の言語の知識であり、あるいは特
定の社会の中で異種の言語が共存していること」（CEFR 日本語版, p. 4）だ
とします。一方で、複言語主義について、以下のような説明があります。

> 複言語能力（plurilingual competence）や複文化能力（pluricultural
> competence）とは、コミュニケーションのために**複数の言語を用い
> て**異文化間の交流に参加できる能力のことをいい、一人一人が**社会的存
> 在**として複数の言語に、全て同じようにとは言わないまでも、習熟し、
> 複数の文化での経験を有する状態のことをいう。この能力は、別々の能
> 力を重ね合わせたり、横に並べたりしたものではなく、**複雑で複合的**で
> さえあると考えられる。

（CEFR 日本版, p. 191, 下線強調は本稿の筆者）

多言語主義が、社会において実体としての言語が存在すると見なすのに対し、複言語主義は、社会的存在である個人の中にある複雑で複合的なものだとします。これは、言語に対する見方を、実体から個人的で動態的なものへと還元していると考えます（福島, 2010）。しかし、何のためにそんなことをするのでしょうか。欧州評議会の文書である Beacco & Byram（2007）の「ガイド」を参照しつつ、考えます。

4.2　国民国家vs ヨーロッパ

　複言語主義の必要性が生じる対立が、「ガイド」Part I の「言語教育政策」に表れています。表1は、Part I の1章と2章の見出しを対比したものです。

表1　Part I：言語教育政策

1. 欧州における言語政策と言語教育政策：一般的アプローチ	2. 欧州評議会と言語教育政策：基本原理としての複言語主義
1.1 ヨーロッパにおける**国家言語**政策の傾向：国家モノリンガリズムから寛容的多言語主義へ？ 1.2 「**国民国家**」における言語教育政策：**国家語**VS外国語 1.3 言語イデオロギー 1.4 経済学の言語イデオロギー 1.5 結論	2.1 **ヨーロッパ**の言語政策の原理とは何か？ 2.2 **ヨーロッパ**における言語教育政策の原理としての複言語主義 2.3 複言語主義：解釈 2.4 結論

（Beacco & Byram, 2007, pp. 15-42, 下線強調は本稿の筆者）

　Part I には、表1左にある欧州における言語政策と言語教育政策（一般的アプローチ）と、右にある複言語主義を基本原理とした欧州評議会の言語教育政策の対比が書かれています。強調で示したように欧州における言語

政策は「国民国家」におけるものであり、一方、欧州評議会の言語政策は、「ヨーロッパ」におけるものであるという対立が読みとれると思います。

　以下、内容を「ガイド」からまとめます（下線強調は本稿の筆者）。

　一般的アプローチ、つまり欧州の言語政策は、「**国民国家の文脈**において作られ、**国民国家の成立は国民言語の『創造』**と関係して」（p. 19）います。このため「国家的・地域的言語が**国家／地域アイデンティティ**の感情を構成するために教育言語となって」（p. 6）いるのです。このように、国民国家体制における言語政策は、「人－ことば－社会」の関係を「国民－国家語－国家」として管理する制度（福島, 2011）といえます。

　一方で、**ヨーロッパ**は一つの国家ではありませんので、言語と国家、言語と民族のつながりは、「ヨーロッパプロジェクトには適当ではない」（p. 27）でしょう。そこでヨーロッパの「ことば」として導入されたのが、複言語主義という**言語に関する原理**です。では、この複言語主義は「なぜ」必要なのでしょう？

　先程述べたように、「ヨーロッパは国民国家と違って、政治的実体ではないので、ユニティやアイデンティティを引き出すために、いくつかの公用語を選ぶことでは十分では」（p. 31）ありません。さまざまな国民、民族、言語が共存する「ヨーロッパ」という領域において、その空間を象徴することばを、ある特定の国家の言語を公用語にしても、すべての人が、帰属意識、つまりアイデンティティは持てません。「ヨーロッパの言語は英語です」と言われて心から納得するフランス人やチェコ人がいるかを考えるとわかりやすいでしょう。このため、「ヨーロッパは共通言語よりも共通の言語原理が必要」（p. 31）となるのです。「複言語主義」は、言語的・文化的に多様なすべての人々が「自分のことば」を包摂することのできる原理なのです。

4.3　包摂のシステムとしての複言語主義

　このことを「人－ことば－社会」という言語政策フレームに当てはめると、欧州評議会は「人」の部分に、国民、外国人、移民を問わない、共に生きる「**すべての人**」を置き、その「すべての人」を「**ヨーロッパ**」という「社会」

に包摂するために、「**複言語主義**」という「ことば」を置きました。個別言語ではなく個人の複数言語の混在状態を「ヨーロッパ」の「ことば」とすることで、どんな言語背景を持つ人でも**包摂可能**となるのです。

　筆者は、複言語主義の中身も重要だと思いますが、欧州評議会が、「人－ことば－社会」という言語政策のフレームを基に、「ことば」の部分に、共通語のような個別言語ではなく、原理という「関数」を立て、差異を持つすべての人、つまり変数を包摂できる言語のシステムを作ったということがより重要だと思います。

　欧州において、実際に大きな力を持つのは国家です。「包摂」の反対は「排除」ですが、国民国家の制度では、「外国人」は、「国民」が享受できる恩恵から、制度的に「排除」されます。この制度的不平等に抵抗し、個の尊厳を守るための言語のあり方を考えたとき、国民国家の言語観、言語制度に対抗できる言語思想として「複言語主義」が要請されたのだと考えます。「ガイド」でも、「複言語主義と複言語教育の目的」を「共に生きるための方法」として、明示的に宣言しています。

> 複言語主義と複言語教育の目的は一連の言語を同時に教えることでも、異なった言語同士を比較することを通して教えることでも、できるだけたくさんの言語を教えることでもない。その目的は、**共に生きるための方法**として、複言語能力と異文化間教育の開発をすることである。
>
> 　　　　　　　　　　　　　　　　　　（Beacco & Byram, 2007, p. 18）

4.4　欧州評議会の利害記述

　ここまでの話を、欧州評議会が現在取り組んでいることを含め、その政策的意図や価値観を明らかにするために、国民国家との対立を単純化し、図式的に整理したのが表 2 です。

　欧州には、EU、各国家、一方で、欧州評議会などの行為主体がいます。この他、州、教育委員会、地域、学校、職場、家庭、個人など、よりミクロの行為主体がいますが、ここでは割愛します。

表2 言語政策記述

だれが？	
EU、各国家	欧州評議会
だれのために？	**だれに対して？**
EU市民、国民（権利、資格を持つもの）	共に生きる人、ヨーロッパで生きるすべての人（外国人、移民を含む）
なぜ？	
より強い経済領域 国民、EU市民としてのアイデンティティ	領域内での言語的格差への懸念、言語権・学習権の保障のため（弱者への支援） 帰属意識の醸成
何をするか？	
国家語、外国語教育、バイリンガル教育 国民教育	複言語・複文化教育（FREPA[注2]など） 民主的シティズンシップ教育（RFCDC[注3]など） 移民、難民への言語支援（LIAM[注4]など）
どのように？	
ナショナル・カリキュラムなど	CEFRやガイドなどの開発 教育言語への関与（Platform[注5]など）

　「EU、各国家」は、国民国家制を基盤とし、「EU市民、国民」など、権利、資格を持つものに対して、「より強い経済領域」や「国民、EU市民としてのアイデンティティ」を作るために、「国家語、外国語教育、バイリンガル教育」や「国民教育」などを行っています。方法はさまざまでしょうが、「ナショナル・カリキュラムなど」国家的規模での教育も一つの例です。

　一方で、「欧州評議会」は、「共に生きる人」「ヨーロッパで生きるすべて

の人」、つまり、各国の権利を有する国民だけでなく、外国人、移民を包摂する原理を作りました。そのうえで、現在、欧州評議会が行っているプロジェクトを考えますと、国民国家体制の下で、**権利資格の面で弱い立場の人たちの利害**に、より多くの配慮がされているように思えます。このため「領域内での言語的格差への懸念、言語権・学習権の保障」や「帰属意識の醸成」を目的に、「複言語・複文化教育」「民主的シティズンシップ教育」「移民、難民への言語支援」を行っています。方法は、「CEFR やガイドなどの開発」「教育言語への関与」などがその例です。

　もちろん、言語政策により、経済的により強くなるという動機は悪いわけではありません。ただ、欧州の統合や、他者の包摂を考えた際、強者よりも弱者に、より多くの配慮が必要なのは言うまでもありません。社会的弱者を支援するためには、国民国家制度をはじめとする制度が持つ権力性を明らかにし、それを批判することで、脆弱な個人の利害を守るシステムとしての言語政策が求められます。国家語ができない外国人は職場や学校において不利な立場に置かれます。この「国家語」が依拠する国民国家制度自体を批判し、複言語主義を唱えることで、国家内の外国人の言語に対する配慮の義務も生まれ、また、外国人は自身の言語に対する尊厳を守ることができます。

4.5　複言語主義が闘い、守るもの

　この図式から、欧州評議会の言語教育政策の意図は以下のように分析できるのではないかと思います。

　欧州評議会は、ヨーロッパという場所において制度的に巨大な力を持つ国民国家体制に基づく権力性を暴露し、制度的に生まれる不平等、不公正を是正しようとしています。つまり、国民国家制の下で不利な立場にある外国人、移民の利害を代表し、社会に十全に参加でき、かつ帰属意識が持てる言語制度を志向しました。このため、事実上の（de facto）国家言語中心主義、モノリンガリズム、ネイティブ優位、経済的効率性に対抗し、国家語の優位性を保証してきた国民国家イデオロギーを批判します。その際、「複言語主義」という、言語を動態的に捉える概念を導入することにより、国民国家制

度により保証される、境界を持つ実体的な個別言語のあり方を相対化します。これらの手法は、批判理論（Tollefson, 2006）、ポスト構造主義（García, Flores, & Spotti, 2016）などが、1990年代から盛んに取り入れ、社会の制度が生む不平等、不公正の是正を訴えてきました。欧州評議会の手法も、これらのイデオロギーに立脚していると思われます。

　このように、欧州評議会は、「人権、民主主義、法の支配」という「共通価値」を体現する機関として、個の利害の観点から「人 - ことば - 社会」のあり方を問うているのだと考えます。そして、「複言語・複文化能力」は、その実現に必要な能力であり、CEFR-CVで強化された「メディエーション」には、この価値を実現するための具体的な言語活動が書かれています。

5. 「複言語・複文化能力」と「メディエーション」：共通価値の実現のために

　ここからは、「人権、民主主義、法の支配」という「共通価値」を実現する能力や活動として、CEFR-CVで強化された「複言語・複文化能力」と「メディエーション」について述べたいと思います。

5.1 共通価値（「人権、民主主義、法の支配」）と言語活動との関係

　「メディエーション」の話をする前に共通価値とことばの関係について述べたいと思います。

　まず確認したいのは、「人権、民主主義、法の支配」という「共通価値」は、かけがえのない「個」の利害を基盤としたものであるということです。人類の歴史において、個の利害は、その他の単位（集団）、例えば国家、民族、共同体（ムラ）、家族（イエ）などの利害によって侵害されてきました。近代的な戦争は国家や民族の利害が個に先立たなければ成り立ちませんし、宗教や家族のために多くの個人の利害は犠牲にされてきました。「人権、民主主義、法の支配」という価値は、個を尊重するために人類が創造した歴史的遺産であるといえるでしょう。

個の利害を社会の中核に置くとき、その社会は**自由**を基盤とする社会といえます。なぜなら、自由とは個の利害が妨げられない状況をいうからです。そして、社会の役割は、それぞれの個人の利害が充実した状態である「幸福」の実現や、幸福を最大化することともいえるかもしれません。ただ、より多くの人が、より多くの「幸福」（利害）を実現できるのが理想的ですが、個人の幸福の最大化の原理は、構造的にメンバー間の利害対立を引き起こします。この原理を追求すると、希少な資源を独占しようとしたり、隣の人の持っているものも欲しがったりすることにつながるからです。対立は個人の幸福の最大化の自然な帰結ともいえます。以上から、個の利害を尊重するためには、**利害対立の管理の方法**を考える必要があります。

　利害対立の管理の方法には、「**力による管理**」と「**ことばによる管理**」の2つがあります。

　「力のよる管理」とは、「**暴力**」や「政策、イデオロギー、ルールの**強制**」「慣習、習慣（文化）の**強制**」など、物理的な力や、歴史的、制度的な権力や権威を頼りに、相手に行動を強いることです。当然、これは民主的な方法とはいえません。

　これに対して、民主主義の原理ともなる「ことばによる管理」は、「政策、イデオロギー、ルール」「慣習、習慣（文化）」といった社会のルールを、強制ではなく、「**了解・合意・創造**」といった言語活動により決めていく方法です。利害が対立した際に、互いの状況や考えを十分に説明・理解（**了解**）し、そのうえで、共に生きるルールを**合意**する。この際、合意はどちらか一方の考えに従ってもいいですし、新しいルールを**創造**していてもいいと思います。このように、個の尊重を基盤とする共通価値の実現には、「了解・合意・創造」といった具体的な言語活動が不可欠です。そして、CEFR-CV で新たに強化された「複言語・複文化能力」「メディエーション」には、これらの言語活動に関連する記述が見られます。この文脈において、日本の文脈における CEFR-CV の導入の手がかりがあると思います。

5.2 複言語・複文化能力

「複言語・複文化能力」については、CEFR-CVでは、以下のように書かれています（下線強調は本稿の筆者）。

> 「**社会的存在（social agent）**」としての学習者が、社会的・教育的文脈に完全に**参加**し、**相互理解**を達成し、**知識**にアクセスし、ひいては**言語的・文化的レパートリー**をさらに発展させるために、あらゆる言語的・文化的資源と経験を活用する必要性を促す。
>
> (CEFR-CV, p. 123)

「複言語・複文化能力」は、本章4.で述べた「複言語主義」に基づくものです。複言語主義では、多言語・多文化状況を、国家語やナショナル・アイデンティティのような統一的な概念で管理せず、多様な他者と共に生きる意思を持ったすべての個人の能力によって解決しようとします。

「複言語・複文化能力」は、「個人レベルでの文化的・言語的多様性を重視」したものであり、「社会的存在」「参加」「相互理解」といったキーワードが示すとおり、多言語・多文化社会への参加のための個人の能力であると同時に、ホスト社会が持つべき包摂の能力だといえます。この「複言語・複文化能力」が、どのように発現するのかについて、「メディエーション」では、言語活動という形で記述されています。

5.3 メディエーション

「メディエーション」の概念は、CEFR-CVで、本格的に導入されました。図1（次ページ）は、「メディエーション」の概念を項目別に整理したものです。

「メディエーション」は、「テキストのメディエーション」「概念のメディエーション」「コミュニケーションのメディエーション」の3つに分類されます。このうち「テキストのメディエーション」はCEFRでも取り上げられていました。参加や包摂の観点から重要だと思われるのは、「概念のメディ

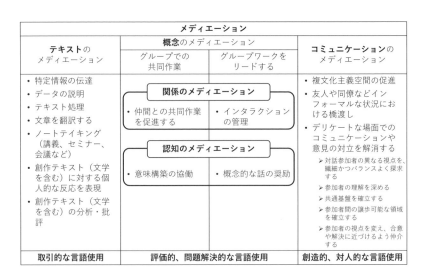

図1 「メディエーション」の概念（CEFR-CV より本稿の筆者が作成）

エーション」と「コミュニケーションのメディエーション」の記述です。

「**概念のメディエーション**」は、言葉だけを見るとわかりにくいのですが、「グループでの共同作業」「グループワークをリードする」という2つの項目から構成されていることからわかるように、共同作業に参加したり、さらにはファシリテーターやリーダーとして役割を担ったりする言語活動です。このような協働のチームにおける言語活動には、「関係性」の側面とアイデアを展開していくような「認知」の側面があります。

「関係のメディエーション」には、「仲間との共同作業を促進」したり、「インタラクションの管理」を行い協働できるチームを作ったりするのに必要な言語活動が挙げられています。「認知のメディエーション」には、「意味構築の協働」を行い、「概念的な話の奨励」をすることにより、新たなアイデアを生むような言語活動があります。このような言語活動は、参加する集団において、単に一緒に働くだけでなく、創造的なアイデアを産出し、かつ、帰属意識が持てるようなチームの形成を想定しています。これこそ「共に生きる」社会だと思います。

「**コミュニケーションのメディエーション**」も、抽象的で内容がわかりにくいですが、中身を見ると、コミュニケーションにおける他者性を前提に、自分と他者、両方の視点を意識しながら、異なる言語・文化間の翻訳をしたり、対立を乗り越えるために、第三の立場を提案したりする言語活動が書かれています。ここでも利害対立を前提に、「共に生きる」空間の創出の言語活動が提案されていると思います。

より詳しく見ると、「複文化主義空間の促進」では、「異なる世界観を持つ他者」に配慮し、コミュニケーションの場を作り上げることを可能にする媒介者の行動について触れられています。また、目を引くのは、「友人や同僚」だけでなく、「デリケートな場面でのコミュニケーションや意見の対立を解消する」という項目があることです。ここでは、不和や、誤解、意見の相違を解決する場面が想定されています。この解決の手順として、「対話参加者の異なる視点を、繊細かつバランスよく探求する」「参加者の理解を深める」「共通基盤を確立する」「参加者間の譲歩可能な領域を確立する」「参加者の視点を変え、合意や解決に近づけるよう仲介する」といったような、紛争解決のための言語活動が挙げられています。

このように「メディエーション」に書かれた言語活動は、個を尊重した自由な社会創造に必要な「了解・合意・創造」につながるものです。これらの言語活動は、対立（多様性）を前提とし、新しく社会空間を創造するのに必要な言語活動といえるでしょう。

5.4 「メディエーション」がつなぎ、作るもの

ここまで見ると、「メディエーション」が、想定し、つなぎ、作ろうとしているものが何かわかってきます。

「メディエーション」は、「価値観の差異・対立がある人・集団」を想定し、両者をつなぎます。この際、言語的・文化的違い（多様性）は、克服されるべき障害ではなく、価値あるものとして評価され、言語によって表明されるように促されます。また、「メディエーション」は、作業的な行動のみならず、意見を述べ、対立を調整し、他者に配慮し、解決策を提案できる場所、新た

な価値、意味を共同で構築できる場所を作ろうとしています。

　これらの民主主義的なプロセスにおいて、「メディエーション」は、対立を想定した人のうち、特に制度的に脆弱な人に配慮し、包摂していけるような言語活動を提案しています。これらの「メディエーション」の記述には、欧州評議会の理念を実現するための具体的なビジョンと言語活動が表現されていると思います。そして、これらには、現在日本社会が直面する言語問題解決のために参照できるものが多く含まれています。「複言語・複文化能力」は、これらの行動を支える重要な能力として文脈化が可能だと考えます。

6.　「複言語・複文化能力」の文脈化の可能性

　以上をまとめると、「複言語・複文化能力」の日本への文脈化の可能性は以下のようなものがあると思います。

　まず、**言語的弱者エンパワメント**の概念として、導入が可能だと考えます。それは日本社会に参加するための実践的な言語・文化能力は言うまでもなく、国民国家制度の下での制度的不平等、不公正の批判のよりどころとしても機能します。ただ、複言語主義が、国民国家を相対化するイデオロギーが持つ以上、国家レベルではなく、個を中心とした家族、学校、職場、地域などミクロレベルにおいて、それらの集団に参加できる個人の能力、および他者を包摂する集団の能力として導入できるでしょう。この際、「複言語・複文化能力」は参入する外国人のみが持つ能力ではなく、集団のメンバーすべてが持つ、いわば集団の包摂の能力として考える必要があると思います。

　また、「複言語・複文化能力」は、**共通価値に基づく共に生きる社会の実現**のため導入できると思います。「人権、民主主義、法の支配」という共通価値は、西洋出自の価値観ですが、この価値観は、民主主義体制にある日本にも導入可能な政策イデオロギーだと思います。この際、「メディエーション」における言語活動は、理念実現のための具体的な記述として検討に値するものだと考えます。

　補足として付け加えますが、「了解・合意・創造」を可能とする言語活動は、日本語のみで遂行する必要はありません。通訳・翻訳など多言語化に

よっても遂行が可能です。昨今の ICT や AI の発展に伴い、今後、言語的な障害は減少していくでしょう。ただ、慣習や行動など、文化的な違いによる摩擦は、今後も残るでしょう。これに対しては、外国人が日本語、日本文化を知るのみならず、日本人が外国語を学び、異文化を知る必要があります。日本語教育を含め外国語教育は、言語・文化・価値観が異なるものをつなぎ、包摂的な社会を作るための**媒介者（メディエーター）を社会に増やす行為**といえるでしょう。海外から日本に来ている多くの外国人は、すでに外国語（日本語）を学び、多文化経験をもっています。課題はマジョリティである日本国民のほうが多いのかもしれません。

注

1 本稿は、2023年3月25・26日、京都大学で行われた国際研究集会 2023「複言語主義の多元性をめぐって」での発表をもとにしています。また、本稿で筆者が参照する英語文献の日本語訳は日本語訳があるものを除いて、すべて筆者によるものです。

2 The Framework of Reference for Pluralistic Approaches to Languages and Cultures (FREPA)「言語と文化への多元的アプローチのための参照枠」は、言語アウェアネス、異文化間アプローチなど、複数の言語、文化を扱う諸活動を促進しています。

3 Reference Framework of Competences for Democratic Culture (RFCDC)「民主的な文化への能力のための参照枠」は人権、民主主義、法の支配を擁護・推進するための行動を起こし、積極的な市民として行動し、民主主義の文化に効果的に参加し、文化的に多様な社会で他の人々と平和に共存するために必要な能力を育成する諸活動を推進しています。

4 Linguistic Integration of Adult Migrants (LIAM)「成人移民の言語統合」は、移民の言語統合に資する諸活動を推進しています。

5 Platform of resources and references for plurilingual and intercultural education「複言語主義と異文化間教育のための資源と参照のプラットフォーム」は、学校教育におけるすべて科目（言語科目を含む）を対象にし、教育へのアクセスと成功を促進する諸活動を促進しています。

参考文献

遠藤乾 (編) (2008).『ヨーロッパ統合史』名古屋大学出版会.

齋藤千紘・小島秀亮 (2022).『〈人権の守護者〉欧州評議会入門』信山社.

竹田青嗣 (2017).『欲望論　第1巻　「意味」の原理論』講談社.

福島青史 (2010).「複言語主義理念の受容とその実態 ―ハンガリーを例として―」細川英雄・西山教行 (編)『複言語・複文化主義とは何か ―ヨーロッパの理念・状況から日本における受容・文脈化へ―』pp. 35-49. くろしお出版.

福島青史 (2011).「『共に生きる』社会のための言語教育 ―欧州評議会の活動を例として―」『リテラシーズ』8, 1-9. くろしお出版.

福島青史 (2022).「日本語教育と政治のことば ―日本語教育が保証するもの―」『日本語学』2022年12月号冬号, 148-157. 明治書院.

文化庁 (2021).「日本語教育の参照枠　報告」(令和3年10月12日; 文化審議会国語分科会)

https://www.bunka.go.jp/seisaku/bunkashingikai/kokugo/hokoku/pdf/93736901_01.pdf

Beacco, J. C., & Byram, M. (2007). *From linguistic diversity to plurilingual education: Guide for the development of language education policies in Europe: Main version (Revised edition)*. Council of Europe.

Cooper, R. (1989). *Language planning and social change*. Cambridge University Press.

Council of Europe. (2001). *Common European Framework of Reference for Languages: Learning, teaching, assessment*. Cambridge University Press. (吉島茂・大橋理枝他 (訳・編). (2014).『外国語教育Ⅱ —外国語の学習、教授、評価のためのヨーロッパ共通参照枠— 追補版』朝日出版社.)

Council of Europe. (2020). *Common European Framework of Reference for Languages: Learning, teaching, assessment - Companion volume*. Council of Europe Publishing.

García, O., Flores, N., & Spotti, M. (2016). Introduction: Language and society: A critical poststructuralist perspective. In García,O., Flores, N., & Spotti, M. (Eds), *The Oxford handbook of language and society* (pp. 1-16). Oxford University Press.

Tollefson, J. W. (2006). Critical theory in language policy. In Ricento, T. (Ed.), *An introduction to language policy: Theory and method* (pp. 42-59). Blackwell Publishing.

確認チェック

❶. 筆者が言う言語政策の観点とは、言語や言語の制度をどのように見ることでしょうか？

❷. 欧州評議会は、EU と NATO と対比して、どのような役割を果たしている機関でしょうか？

❸. 複言語主義は、国民国家の言語政策とどのような違いがありますか？

❹. 対立（多様性）を前提とした社会を作る際に、どのような言語活動が必要だと言っていますか？

【答え】

❶. 「利害（interest）」の観点から見ることです。例えば、日本語教育とは、誰の利害に適っているのでしょうか？　日本語を学習する学習者でしょうか？　それとも、自分たちの母語を学んでもらう日本語母語話者でしょうか？　観点を変えると、同じ日本語教育の現場も違ったように見えます。

❷. ヨーロッパの社会規範、ここでは「人権、民主主義、法の支配」といった価値観を体現する役割があります。「人権、民主主義、法の支配」という価値観は、日本に導入可能だと筆者は述べましたが、みなさんはどう考えますか？

❸. 複言語主義は、各国家ではなくヨーロッパの言語政策です。ヨーロッパの言語とは何かと考えた場合、共通語を探すのでなく、各個人に存在する複数言語を指定することで、コミュニケーションとアイデンティティを保証しようとしています。日本の地域で、このような思想は導入できるでしょうか？

❹. 筆者は「了解・合意・創造」が必要だと言っています。そして、より具体的な Can do がメディエーションに書いてあるとも指摘しました。意見が対立する状況で議論するのは、CEFR のレベルでは B2 のタスクになるでしょう。議論をするには、言語だけでなく、議論のためのスキルも必要です。みなさんは、日本語でも外国語でも、問題解決のための議論をしたり、ファシリテートすることができますか？

8章 CEFR-CVの複言語・複文化能力
CARAP、Coste & Cavalli（2015）との比較

大木 充（おおき みつる）

1. はじめに

　2001年版CEFR（以下、CEFR2001）では複言語主義の概念に関する十分な記述はありませんが、CEFR2001の複言語能力について、2020年のCEFRの補遺版（以下、CEFR-CV）は次のようにまとめています。

- 1つの言語あるいは方言（あるいはその変種）から他の言語などにスイッチ（切り替え）する
- 自分の言いたいことを1つの言語（あるいは方言、あるいはその変種)で表現し、他の人が他の言語などで話すのを理解する
- テクストの意味を理解するためにいくつもの言語（あるいは方言、あるいはその変種）に頼る
- 共通の国際語に属する単語なら見かけは新しくても見てわかる
- 自分にわずかな知識しかなくても共通の言語（あるいは方言、あるいはその変種）を持たない人たち同士の仲介をする
- 自分が持っている言語資材をすべて動員し、代替表現を試みる
- パラ言語（ミミック、ジェスチャー、顔の表情など）を動員する

(CEFR-CV, p. 30)

　CEFR-CVの複言語主義や複言語能力に対する考えは、CEFR2001のそれを継承していますが、CEFR-CVでスケール（CEFR2001では「共通参照レベル」と呼ばれていた、レベルと能力記述文を含む表のこと）が追加されました。それには2つの理由があります。一つめの理由は、Pre-A1からC2までの参照レベルがあれば、CEFRの他の領域の参照レベルと関連づけるこ

とができて、カリキュラム開発者、教員、学習者それぞれにより利用しや
すくなると考えたからです。もう一つの理由は、Can-do 型（「…できる」）
能力記述文で複言語、複文化に関する教育、学習目的を明確にすればより選
択が容易になると考えたからです。たしかに、CEFR-CV で追加された、例
えば「自文化と他文化に特有のコミュニケーションの仕方や、それが引き起
こすかもしれない誤解の恐れについてよく考え、説明できる。」（CEFR-CV,
p. 125）のような能力記述文を見れば、具体的に何をすればよいのかがよく
わかります。では、共通参照レベルにはこのような利点があるのに、なぜ
CEFR2001 では、複言語・複文化や仲介には参照レベル（CEFR-CV の「ス
ケール」）がなかったのでしょうか。しかるべき理由があったのかもしれま
せん。

　CEFR-CV で CEFR2001 にはなかった複言語・複文化能力のスケールを追
加したことに関しては、論争があり、評価が分かれています。この章では、
CEFR-CV と同じような複言語・複文化能力を扱っている『言語と文化の多元
的アプローチのための参照枠』（以下、CARAP）と Coste & Cavalli（2015）を
紹介します。この 2 つには、CEFR-CV と同じようなスケールはありません。
なぜでしょうか。2 つの内容と CEFR-CV を比べれば、CEFR-CV の複言語・
複文化能力に対する理解が深まるだけでなく、追加されたスケールの問題点
とスケールを実際にはどのように使えばよいのかが明確になります。

　CEFR-CV の複言語・複文化能力について見る前に、CEFR-CV が推奨して
いる Beacco et al.（2016）を取り上げて複言語・複文化能力とは一般的に
どんな能力と考えられているのか、基本的なことを確認しておきましょう。

2.　複言語・複文化能力と異文化間能力

2.1　複言語・複文化能力と異文化間能力

　複言語・複文化能力、異文化間能力[注1] とはどのような能力なのか見てお
きましょう。

複言語・複文化能力

コミュニケーションのニーズを満たすため、あるいは他者性に対処するために、言語的・文化的資源の複数のレパートリーを動員する能力およびこのレパートリーを発展させる能力のこと

(Beacco et al., 2016, p. 10)

　上の文で使われている「**他者性**」は、複言語・複文化の問題を理解するのに必要なキーワードの一つです。簡単に言うと、接したこと、見たことのない人やモノ、経験したことのないコトを指します。複言語・複文化能力を理解するうえで重要な概念ですから、しっかり覚えておきましょう。「レパートリー」とは、「カラオケのレパートリー」などと言うときに使う「レパートリー」と同じで、例えば日本語と英語だけでなくフランス語も使うことができれば、日本語、英語、フランス語がその人の言語レパートリーということになります。「レパートリー」という用語は、CEFR-CV でも「**複文化レパートリーの構築**」「**複言語レパートリーの構築**」のように使われています。「複数のレパートリーを動員」するというのは、英語とフランス語ができる人なら、外国の人とコミュニケーションするときに、例えばフランス語だけでは十分に自分の言いたいことが相手に伝わらないときに英語も使ってみるということです。
　Beacco et al.（2016）は、複言語・複文化能力の文化面だけを「異文化間能力」としても取り上げています。

異文化間能力

他者性や文化的多様性を経験し、その経験を分析し、それを利用する能力のことである。このように養成される異文化間能力があれば、他者性をよりよく理解すること、既知のことと他者性の新たな経験から得られるものとの間に認知的、感情的なつながりを確立すること、異なる社会集団間の仲介を可能にすること、そして自分自身の文化集団や環境の中で一般的に当然と思われている側面に疑問を持つことが可能になる。

(Beacco et al., 2016, p. 10)

この引用で明確になっていることは、異文化間能力と言うためには文化レパートリーが広いだけでは不十分で、文化間を横断し、比較し、関連づけたり、当然視されていることを疑ったりすることが重要であるということです。

2.2 複言語・異文化間教育と「横断」

　複言語・複文化的能力は、経験だけでは十分に身につきません。教育機関で次のような複言語・複文化（異文化間）注2教育をする必要があります。

> 複言語・異文化間教育の中心は、学校教育で使用される言語（主言語、地域言語、少数言語、またはバイリンガル教育の場合は外国語）といわゆる教科としての外国語との間で、および言語的な側面を軽視してはならない他の教科との間で横断的なつながりを確立することにある。
>
> (Beacco et al., 2016, p. 10)

　引用文中で使われている「**横断**」は、複言語・異文化間教育を理解し、実施するうえで重要な概念です。「横断」に焦点を当てると、複言語主義や複言語・異文化間教育がわかりやすくなります。現代では「横断」が求められているのは複言語・異文化間教育に限らないのですが、複言語・異文化間教育は、他の教育とは根本的に異なっています。複言語・異文化間教育は横断を内包していますが、他の教育はそうではありません。横断をともなわない複言語・異文化間教育は存在しませんが、他の教育はそうではありません。例えば、数学は、横断をしなくてもそれだけで教育として成り立ちます。

2.3 「横断」と隔壁除去

　「横断」は各言語・文化の「隔壁除去」によってはじめて可能になります。複言語・異文化間教育を実施するためには、複数の言語、文化間で「転移」が必要になりますが、隔壁除去によって横断可能になれば、複数の言語、文化間で転移が可能になります。

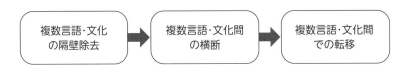

図1　複言語・異文化間教育の実施

「隔壁除去」の考え方は、CEFR2001で、多言語主義と複言語主義の違いを説明するために用いられています。

> 一方、複言語主義がそれ以上に強調しているのは、次のような事実である。つまり個々人の言語体験は、その文化的背景の中で広がる。家庭内の言語から社会全般での言語、それから（学校や大学で学ぶ場合でも、直接的習得にしろ）他の民族の言語へと広がって行くのである。しかしその際、その言語や文化を完全に切り離し、心の中の別々の部屋にしまっておくわけではない。むしろそこでは新しいコミュニケーション能力が作り上げられるのであるが、その成立には全ての言語知識と経験が寄与するし、そこでは言語同士が相互の関係を築き、また相互に作用し合っているのである。
>
> （CEFR2001 日本語版, p. 4）

「その言語や文化を完全に切り離し、心の中の別々の部屋にしまっておく」のでなければ、言語間、文化間の隔壁が除去され、たえず出入り可能な状態になり、横断すれば、例えば2つの言語や文化の共通点、相違点を意識化でき、個人の言語や文化を相対化できます。その結果、言語に固有の文化に気づき、他者の文化的アイデンティティと多様性に寛容になったり尊重できるようになったりすることも可能になります。

われわれといっしょに生活する外国人が増えて、異文化が身近になってきました。複言語・異文化間教育は、かつてなく重要になってきたといえます。2019年に文化庁が公布した「日本語教育の推進に関する法律（令和元年法律第48号）」には、日本語教育は「多様な文化を尊重した活力ある共生社

会の実現に資するとともに、諸外国との交流の促進並びに友好関係の維持及び発展に寄与することを目的とする」とあります。

2.4 転移

複言語・異文化間教育では、「横断」と「転移」はセットで用いられますが、2つは異なる概念なので、明確に区別して理解する必要があります[注3]。

「横断」とは、複数言語（科目、分野、領域）にまたがらせることであり、「転移」とは、横断しているものを用いて何かをすることです。同じ言語内で、すでに学習したことをこれから学習するのに用いるのは転移ですが、横断とは言いません。複言語・異文化間教育で、あえて横断と言う必要があるのは、異なる言語・文化への移動であるからです。しかし、ある言語・文化を別の言語・文化へ横断させただけでは何も起こりません。Beacco & Byram（2007, p. 92）で述べられているように「複言語教育では、ある言語の能力や知識を別の言語に転移させる」必要があります。「比較」は転移の一種ですが、他にもさまざまな転移があります。転移は、必要に応じて「理解」「適用」「分析」「評価」「創造」という認知プロセスを実行することによって実現します（Anderson & Krathwohl, 2001, p. 91）[注4]。具体的には次のCARAPについての節で見てみましょう。

3. CARAPの複言語・複文化能力

CEFR-CVは、複言語・複文化能力を深く理解するために『言語と文化の多元的アプローチのための参照枠』（以下、CARAP[注5]）を参照することを推奨しています（CEFR-CV, p. 124）。CARAPの複言語・複文化能力をあらかじめ理解しておくと、CEFR-CVの複言語・複文化能力が理解しやすくなります。

CARAPは、ミシェル・カンドリエ（Michel Candelier）というフランスの研究者が中心になって推進しているプロジェクトの名前で、その目的は、複言語・複文化能力養成に役立つ手段を教育関係者に提供することで

す。CARAP は、「多元的アプローチ」と「能力とリソースの参照枠」という
2 つの大きな柱で構築されています。どのような複言語・異文化間教育をす
るのかは 4 種類の「多元的アプローチ」、具体的には「言語への目覚め活動」
「同族言語間相互理解教育」「言語統合教授法」「異文化間教育」[注6] で構成さ
れています。同時に異なった複数の言語と文化を含む教授・学習活動を実施
する教授法なので、「多元的アプローチ」と呼ばれています。「能力とリソー
スの参照枠」は、多元的アプローチによって養成される能力とそのリソース
の能力記述文の一覧表で構成されています。例えば、下の例では、最初の
「第 1 節　観察や分析をすることができる」が能力を示していて、S-1.1.3
と S-1.1.4 に続く後の文はリソースの能力記述文です。

	第1節　観察や分析をすることができる
S-1.1.3	他の言語や文化を分析する手順に入る際に、既知の言語や文化を用いることができる。
S-1.1.4	特定の言語や文化の現象を分析するための仮説を立てる目的で、異なる諸言語・諸文化を同時に観察することができる。

(CARAP, 大山万容訳[注7])

　能力は、リソースを活性化することによって達成されます。特定のシチュ
エーションやタスク遂行で能力が動員する（内的）リソースは、「知識」
(savoirs)、「態度」(savoir-être)、「技能」(savoir-faire) で構成されてい
ます。

3.1 CARAP の「能力とリソースの参照枠」

　CARAP の「技能」「態度」「知識」の分類は、アメリカの教育心理学者ブルー
ムらによって開発されたブルーム・タキソノミーと呼ばれる教育目標の分類
法（Bloom et al., 1956）に間接的に依拠しています。この分類法は、さま
ざまな教育分野で広く用いられていて、異文化間教育の分野でも数多くの研
究者が用いています。

3.1.1 「技能」

　言語・文化の多様性の扱い方を示す「技能」は7つの節に分かれていて、それぞれに「私は○○ができる」という形式で書かれている能力とリソースの能力記述文が複数ありますが、以下にその節の名前だけを示します（Candelier et al., 2012, pp. 49-57, 大山訳）。第2節で説明した「転移」と深く関係しています。どんな転移をするのか具体的によくわかるように転移の認知プロセスを太字にしました。

第1節　**観察や分析をする**ことができる
第2節　**特定／識別をする**ことができる
第3節　**比較する**ことができる
第4節　言語や文化**について話す**ことができる
第5節　別の言語を**理解したり産出したりする**ために、ある言語について**の知識を用いる**ことができる
第6節　**やりとりをおこなう**ことができる
第7節　**学習する**ことができる

3.1.2 「態度」

　「態度」の能力とリソースの能力記述文（Candelier et al., 2012, pp. 36-48, 大山訳）は、言語・文化の多様性に対してどのように対処するかを示していますが、ここではその節の名前だけを示します。

第1節　**言語／文化と言語／文化／人間の多様性一般に対する注意、気付き、好奇心（興味）、肯定的な受容、寛容さ、尊重、価値づけ**
第2節　**諸言語／諸文化および言語的／文化的多様性に関わる活動に携わろうとするレディネス、意欲、意志、願望**
第3節　**疑問を持つ、距離をとる、脱中心化する、相対化する、態度／姿勢**
第4節　**適応することへのレディネス、自信、親近感**

3.1.3 「知識」

　「知識」は、言語と文化に対する知識で、大部分の能力記述文は、「私は○○を知っている」となっています（Candelier et al., 2012, pp. 25-37, 大山訳）。ここでは、各節の名前だけを示します。

一節．記号体系としての言語
二節．言語と社会
三節．言語・非言語コミュニケーション
四節．言語の進化
五節．多元性、多様性、多言語主義、複言語主義
六節．言語間の類似性と差異
七節．言語と習得／学習
八節．文化：一般的特徴

九節．文化的・社会的多様性
十節．文化と異文化関係
十一節．文化の進化
十二節．文化の多様性
十三節．文化間の類似と差異
十四節．文化、言語、アイデンティティ
十五節．文化と文化的習得／学習

3.2　CARAP の参照枠と CEFR-CV の参照枠

　CARAP の参照枠にあるリソースの能力記述文と CEFR-CV で新たに加えられた複言語・複文化能力のスケールのところにある能力記述文は評価付きで示されていますが、その役割は同じではありません。CARAP の能力記述文の評価は、多元的アプローチのリソース活性化への貢献度を示していて、「必要」「重要」「有用」の 3 段階に分かれています。したがって、これは多元的アプローチで複言語・異文化間教育をする教師が目安にする評価です。一方、CEFR-CV の複言語・複文化能力スケールにある評価（レベル）は、コミュニケーション言語活動の共通参照レベルに準拠したもので、6 段階ないし 7 段階に分けて熟達度を示しています。この CEFR-CV スケールに関しては、次の 4. と 5. でもう一度取り上げます。

4. CEFR-CV の複言語・複文化能力

4.1 CEFR-CV の複言語・複文化能力の構成

複言語・複文化能力に関するスケールは、次の3つで構成されています。

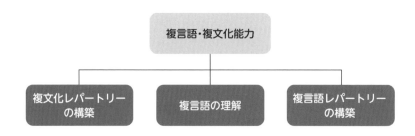

図2　複言語・複文化能力の構成
(CEFR-CV, p. 123; 図は、文化庁（2024, p. 40）より作図して引用)

　3種類のスケールの開発は、「1. はじめに」で見たように CEFR2001 の複言語能力についてのリストの中に「自分にわずかな知識しかなくても共通の言語（あるいは方言、あるいはその変種）を持たない人たち同士の仲介をする」という文がありましたが、この「仲介」と関係しています。CEFR-CV では、言語活動の一つである「仲介」の概念が広くなり、かつ能力記述文が加わりました。その仲介のスケールの一つとして「複文化的空間の構築の促進」に関するスケールがあります。複言語・複文化能力に関する3種類のスケールは、「複文化的空間の構築の促進」のスケールを十分に活用できるようにするためでもあるのです。

複文化レパートリーの構築

　ここの「できる（Can）」で始まる能力記述文（CEFR-CV, p. 125）は、合計23ありますが、次の3つのキー・コンセプト（中心になる概念；鍵概念）のどれかに関係しています。3つの文について、文頭に「複数の文化（複文

化レパートリー）について」を付け、文末にある「する」を「することができる」とすると能力記述文を具体的にイメージしやすくなります。

▶ 文化的、語用論的、社会言語学的な慣習や手がかりを認識し、それに従って行動する
▶ ものの見方、実践、出来事の類似性と差異を認識し、解釈する
▶ 中立的かつ批判的に評価する

(CEFR-CV, p. 124)

　この「複文化レパートリー構築」のスケールは、CEFR2001 にある「社会言語的な適切さ」の共通参照レベルと整合しています（CEFR-CV, p. 24）。CEFR2001 では、「社会言語能力は、言語使用の社会的次元に対処するために必要な知識と技能である」（p. 134）と定義されていますが、「複文化レパートリー構築」のスケールの能力記述文では、「評価する」「関係づける」「認識する」などの表現も使われていて、技能の種類が豊富でより具体的になっています。例えば、次のような能力記述文があります。

C1	社会言語学的／語用論的慣習の違いに気づき、それを批判的に熟考し、自分のコミュニケーションを調整できる。

(CEFR-CV, p. 125)

　全体として、CARAP の「技能」に相当しているといえますが、CARAP では、技能の種類別に能力記述文がまとめられているので、場合によっては CARAP のほうが使いやすいでしょう。

複言語の理解
　このスケールは、コミュニケーションをするのに 1 つあるいは複数の言語の知識を利用することについてのものであり、「できる（Can）」で始まる能力記述文（CEFR-CV, pp. 126-127）は、合計 11 あります。その能力記述文のキー・コンセプトを表している次の 5 つの文についても、文頭に「複数の

（言語（複言語レパートリー）について）」を付け、文末に「ことができる」を付けると能力記述文を具体的にイメージしやすくなります。

> ▶ さまざまな言語のいろいろな要素を開かれた態度でかつ柔軟に扱う
> ▶ （理解するのに役立つ）手がかりを利用する
> ▶ 類似しているところは利用し、フォザミ（空似語）は見てわかる（B1 以上）
> ▶ さまざまな言語の類似の情報源を利用する（B1 以上）
> ▶ （さまざまな言語の）入手可能なすべての情報源から情報を集めて分析する

（CEFR-CV, p. 126）

この「複数言語の理解」のスケールは、CARAP の「知識」とは違っています。CARAP は、能力記述文がほぼすべて「〜を知っている」という形で終わっていますが、CEFR-CV のほうは知識を実際にどのように使うかがわかるようになっています。例えば、次のような能力記述文があります。

B1	理解を補助するために自分の複言語レパートリーの中にある言語の文法構造や機能表現についての対照的な知識を利用できる。

（CEFR-CV, p. 126）

複言語・複文化に関する知識を実際のコミュニケーションでどのように用いるかを知りたい場合には、この「**複言語の理解**」のスケールのほうが便利でしょう。

複言語レパートリーの構築

ここの能力記述文は、コミュニケーションをより効果的にするために自分の使える複数の言語そのものを必要に応じて利用することについてです。「できる（Can）」で始まる能力記述文（CEFR-CV, p. 128）は、合計 18 あります。その能力記述文のキー・コンセプトを表している次 6 つの文の文頭に

「自分の使える複数の言語を用いて（について）」を付け、文末に「ことができる」を付けると能力記述文を具体的にイメージしやすくなります。

- ▶ 状況に柔軟に対応をする
- ▶ 複数の言語をいつ、どの程度、用いることが役立ちかつ適切なのかを予測する
- ▶ 相手の言語力に応じて言語を調整する
- ▶ 必要ならば、複数の言語を混ぜたり別の言語に切り替えたりする
- ▶ いろいろな言語を用いて説明したり明確にしたりする
- ▶ 例を挙げて人々がいろいろな言語を使うことを勧める

(CEFR-CV, p. 127)

例えば、次のような能力記述文があります。

| A2 | 問題を説明したり、助けや明確化を求めたりするために、限られてはいるが、いろいろな言語が含まれている自分のレパートリーを動員することができる。 |

(CEFR-CV, p. 126)

　この「複言語レパートリーの構築」のスケールにある能力記述文とよく似た能力記述文が、CARAP の「技能」の第5節「別の言語を理解したり産出したりするために、ある言語についての知識を用いることができる」と第6節「やりとりをおこなうことができる」にあります。

　複言語・複文化能力に関する3種類のスケールで用いられている能力記述文の中心になっている概念をあらためて見てみると、言語間および文化間における「横断」と「転移」が関係していることがわかります。横断と転移という2つの観点から複言語・複文化能力に関する3種類のスケールで用いられている能力記述文を見てみると、複言語・複文化能力とは何かがより理解しやすくなります。

4.2 CEFR-CV の複言語・複文化能力の特徴

　CEFR-CV の複言語・複文化能力の特徴の一つは、上で見たように複文化レパートリー、複言語理解、複言語レパートリーの 3 つのスケールに分かれていることですが、この 3 つのスケールには CARAP の「技能」「知識」と完全にではありませんが共通点があります。CARAP の「態度」に相当するスケールがありませんが、仲介のところにあるスケール「複文化的空間の構築の促進」には、「態度」に関連している能力記述文があります。もう一つの特徴は、CEFR-CV の複言語・複文化能力の能力記述文が言語使用者・学習者の言語レベルにそって配列されている（CEFR-CV, p. 124）ことです。3 種類の複言語・複文化能力のレベルは、6 段階ないし 7 段階に分けて配列されていますが、これはコミュニケーション言語活動のレベルに準拠したものです。

4.3 「複文化的空間の構築の促進」のスケール

　すぐ上で見たように、CEFR-CV では複言語・複文化能力のカテゴリーのところには、CARAP の「態度」に相当するものがありません。また、CEFR-CV で複言語・複文化能力にここで取り上げた 3 つのスケールが加えられたのは、「仲介」のところにある「複文化的空間の構築の促進」のスケールを十分に活用できるようにするためであることも述べました。このように「複文化的空間の構築の促進」のスケールは、非常に重要なものとして位置づけられているのですが、「態度」に関係する能力記述文が含まれているので、ここで見ておくことにします。

　このスケールは、言語と文化の異なる対話者間でコミュニケーションと協働作業ができるような共用空間の創出についてのものです（CEFR-CV, p. 114）。「できる（Can）」で始まる能力記述文（CEFR-CV, pp. 114-115) は、合計 16 あります。その能力記述文のキー・コンセプトを表している次の 3 つの文の文末に「ことができる」を付けると能力記述文を具体的にイメージしやすくなります。

200

- ▶ 文化的規範とものの見方に対する理解を促進するために当事者間で質問し、関心を示す
- ▶ さまざまな社会文化的、社会言語的観点と規範に対して思いやりと敬意を示す
- ▶ 社会文化的、社会言語的差異から生じる誤解を予測し、それらに対応し、必要なら誤解を解く

(CEFR-CV, p. 114)

例えば、次のような能力記述文があります。

B2	会話を始めたり、簡単な質問や答えで関心やエンパシーを示したり、また同意や理解を表したりして、異文化間コミュニケーションに貢献できる。

(CEFR-CV, p. 115)

このスケールのキー・コンセプトやすべての能力記述文を見ると、CARAPの「知識」「技能」「態度」のうちの、「態度」と深く関係していることがわかります。

5. CEFR-CVの複言語・複文化能力のスケール

5.1 「複文化的空間の構築の促進」のスケールと「態度」

CEFR-CV が、2017年（準備版）と2018年に公表されたときには、この章の「1. はじめに」で述べたように新たに追加された複言語・複文化能力、仲介のスケールに対して、例えばフランスの3つの学会がこれらの能力は評価になじまないとして批判しています。大木（2019, pp. 48-50）ですでに指摘したように彼らの批判は、大きく2つに分けることができます。

(1) 評価のできないものを評価しようとしている。
(2) 優劣をつけるべきでないものに優劣をつけようとしている。

ただ、複言語・複文化能力については、彼らの批判が妥当であるかどうか
よく考えてみる必要があります[注8]。すでに取り上げた4つのスケールの能力
記述文を比べてみましょう。

① 複文化レパートリーの構築

C1	社会言語学的／語用論的慣習の違いに気づき、それを批判的に熟考し、自分のコミュニケーションを調整できる。

(CEFR-CV, p. 125)

② 複言語の理解

B1	理解を補助するために自分の複言語レパートリーの中にある言語の文法構造や機能表現についての対照的な知識を利用できる。

(CEFR-CV, p. 126)

③ 複言語レパートリーの構築

A2	問題を説明したり、助けや明確化を求めたりするために、限られてはいるが、いろいろな言語が含まれている自分のレパートリーを動員することができる。

(CEFR-CV, p. 126)

④ 複文化的空間の構築の促進

B2	会話を始めたり、簡単な質問や答えで関心やエンパシーを示したり、また同意や理解を表したりして、異文化間コミュニケーションに貢献できる。

(CEFR-CV, p. 115)

　4つのスケールの能力記述文を比べると、①〜③の能力記述文と④の能力
記述文が明らかに異なっていることに気づきます。最初の3つの能力記述文
に含まれている、「気づき」「熟考」「説明」などの「認知プロセス」は、で
きるか、できないかを評価し、その程度に応じてランクづけすることが可能
です。最後の④のスケールは、どうでしょうか。その能力記述文に含まれて

いる「関心やエンパシーを示す」の「認知プロセス」は評価可能で優劣をつけることが可能かもしれません。相手の言語や文化に関心を持ち、相手の立場に立って考えてみる（エンパシー）ことは複言語・異文化間教育として重要なことですが、第三者が評価するべきかどうかは、疑問の余地があります。さらに、同じ能力記述文の後半にある「同意や理解を表（す）」の認知プロセスには、選択の余地がない価値観で色づけられています。このような「態度」をとることを当事者に強いていることになるので、評価の対象にすることも優劣をつけるのも適当ではないと思われます。場合によっては人権侵害になります。CEFR2001 を策定し、公表したのは欧州評議会です。欧州評議会の創設の目的は、「人権、法の支配、民主主義」の実現です。CEFR-CV は、CEFR2001 を継承しているのですから、「複文化的空間の構築の促進」のスケールの運用に関しては注意が必要です。例えば、ポートフォリオで学習者が自己評価することは問題ありませんが、第三者が評価するべきではないと思います。ちなみに、すでに述べたように CARAP の「知識」「技能」「態度」には能力記述文はあっても、CEFR-CV のように当事者の能力を評価するためのものでありません。また、次の節で紹介する Coste & Cavalli（2015）にも能力記述文はありますが、CEFR-CV と同じようなレベル分けはされていません。

5.2 複言語・複文化能力のスケールの位置づけと CARAP

　この節の冒頭で述べたように、複言語・複文化能力に関する 3 種類のスケールは、仲介活動に属している「複文化的空間の構築の促進」のスケールを十分に活用できるようにするためのものでもあります。図示すると次の図 3 ようになります。

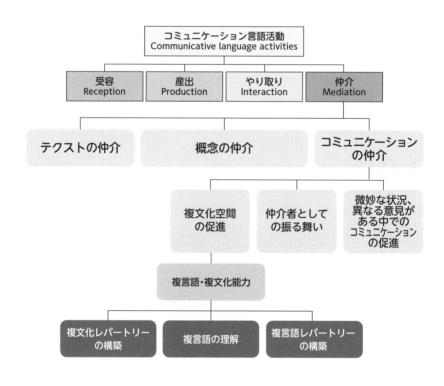

図3　複言語・複文化能力の位置づけ

＊文化庁（2024, p. 18, 40, 41）にある3つの図を複言語・複文化能力の位置づけがよくわかるように本章筆者が再構成したものです

　図3を下から上にさかのぼって見てみましょう。「複言語・複文化能力」の3つのスケールは、その上にある「複文化空間の促進」のスケールと関係していて、「複文化空間の促進」はその上にある「コミュニケーションの仲介」の一つであり、「コミュニケーションの仲介」はその上にある「仲介」の一つであり、「仲介」は「コミュニケーション言語活動」の一つであることがわかります。「複言語・複文化能力」のスケールは、「コミュニケーション言語活動」に収斂されています。結局、CEFR-CV では「複言語・複文化能力」のスケールは、ある意味「コミュニケーション言語活動」に属しているス

ケールなのです。したがって、**「複言語・複文化能力」の3つのスケールと「複文化空間の促進」のスケールは、「コミュニケーション言語活動」の一つである「仲介」に関係しているスケールであることになります。**こう考えると、CEFR-CVが、なぜCARAPを参照することを推奨していた（CEFR-CV, p. 124）のかが納得できます。つまり、CEFR-CVでは、「複言語・複文化能力」と仲介活動とを結びつけたために、CEFR2001の延長線上にある「複言語・複文化能力」とは異なったものになってしまったのです。本来の「複言語・複文化能力」を十分にカバーしていないので、CARAPを参照することを推奨しているのです。

　さらに、複言語・複文化能力の追加された3つのスケール、そしておそらく「複文化的空間の構築の促進」のスケールには、別の問題もあります。それは、CEFR-CVでスケールが追加された理由と密接に関係しています。スケールが追加されたのには、2つの理由がありました。一つめの理由は、Pre-A1からC2までの参照レベルがあれば、CEFRの他の領域のスケールと関連づけることができて、カリキュラム開発者、教員、学習者それぞれにより利用しやすくなると考えたからでした。もう一つの理由は、能力記述文で複言語、複文化に関する教育、学習目的を明確にすれば、より選択が容易になると考えたからでした。問題になるのは、一つめの理由です。つまり、CEFRの他の領域のスケールと関連づけることが妥当かどうかです。次に紹介するCoste & Cavalli（2015）は、妥当ではないと考えています。なぜでしょうか。

6.　CEFR-CV と Coste & Cavalli（2015）

　CEFR2001では、複言語・複文化能力はかならずしも明確にされていませんでしたが、Coste & Cavalli（2015）によるとCEFR2001は次のような考えに基づいて策定されていて、コストとカヴァリはこの考えを引き継いでいます。

コミュニケーションする能力は、変化し続け、不均等に習得される複数の言語的文化的リソースを動員するので、潜在的に**複言語的**であり、**複文化的**である。その能力は、特定の行為者の固有の経験によりもたらされ、また多種多様なことやさまざまな言語に関係している。

(Coste & Cavalli, 2015, p. 10；太字は本章筆者による)

コミュニケーション、行動、学習とは、社会的行為者が特に言語活動（産出、受容、やり取り、少し違っているけれど仲介）を必要とする課題を遂行するために知識、技能を動員し、態度と心構えを活性化するのに適した力と能力を戦略的に用いることである。**複言語・複文化能力**は、社会的行為者の言語バイオグラフィーや、その軌跡がもたらした文化的出会いに応じて、こうしたリソースや活動を管理するものであり、複合的かつ異質で、発展的なものとして提示される。

(Coste & Cavalli, 2015, p. 65；太字は本章筆者による)

　つまり、彼らによれば**複言語・複文化能力とは、社会的行為者がコミュニケーションをするときに経験する言語的、文化的出会いにうまく対処する能力**です。したがって、潜在的にはコミュニケーション能力そのものが複言語的であり、複文化的であると彼らは考えているのです。
　コストとカヴァリの教育モデルのなかで複言語・複文化能力がどのように位置づけられ、どのように記述されているかについて見る前に、彼らの教育モデルは、CEFR-CV の「仲介」とも密接に関係しているので、ここで少し詳しく紹介しておきます。また、彼らの教育モデルと CEFR-CV で複言語・複文化と仲介のスケールが加えられた背景を比べると、CEFR-CV の複言語・複文化と仲介のスケールの特徴だけでなく、CEFR-CV 全体の特徴もより明確になります。

6.1　Coste & Cavalli（2015）の教育モデル

　コストとカヴァリは、教育・学習の過程を「移動」「他者性」「共同体」と

いう3つの概念で捉えます。そして、それぞれは「仲介」によって関係づけられます。

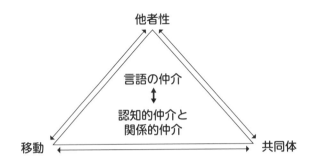

図4 移動、他者性、共同体と仲介の形態
(Coste & Cavalli, 2015, p. 39)

　学校は、原則として、生徒に内部での**移動**および将来への**移動**を手ほどきし、移動を加速させる機関として機能し、生徒に**他者性**を知覚させ、生徒がそれを受け入れるのを助ける。学校は、生徒を新しい**共同体(集団)**に導き、生徒が社会に受け入れられ、市民として参加できるようにする。(中略) それゆえ、われわれの考えでは、学校は**仲介**の主な機関であり、その**仲介**はさまざまな機能や形の言葉によって行われる。

(Coste & Cavalli, 2015, p. 14；太字は本章筆者による)

　コストとカヴァリの考えでは、教育・学習の過程で仲介が大きな働きをしていることになります。「他者性」とは、すでに述べたように「他のもの、新しいもの、見なれないのもの、馴染みのないもの、違ったもの」(Coste & Cavalli, 2015, p. 18) のことです。そして、あらゆる学習は、移動のプロセスであり、他者性と出会い、他者性を減らし、自分のものにする作業であると彼らは考えるのです (Coste & Cavalli, 2015, p. 20)。この一連の作業をする手段として仲介が実行されます。別の言い方をすると、**仲介を提供するのが学校の役割**ということになります。

この教育モデルのなかでは、複言語・複文化能力はどのように位置づけられているのでしょうか。

> この2種類の能力（複文化と複言語）が発展、拡大するかどうかは、社会的行為者がかかわるさまざまな形の**移動**によって決められる。**移動**は流動的で障害をともなうので、移行するには**仲介**の作業が必要になる可能性がある。新しい**集団**にうまく入るための前提になる言語上の調整は、多かれ少なかれ複雑な大仕事で、すでに利用している文化的次元と前に作り上げた言語リソースのポテンシャルを結集させることになる。場合により、既存の文化的なもの、言語的なものは、新しい**集団**への包摂に程度の差はあるがふさわしいものとしてみなされたりみなされなかったり、貢献したりしなかったりする。
>
> （Coste & Cavalli, 2015, pp. 32-33；太字は本章筆者による）

　コストとカヴァリは、複言語・複文化能力を、社会的行為者（学習者も含まれる）が移動し、首尾よく新しい集団に入るために仲介をするときに必要な能力として捉えています。そして、上で見たように、彼らには、コミュニケーション能力そのものが潜在的には複言語的であり、複文化的であるので、彼らの論文では、複言語・複文化能力は独立して扱われていません。

6.2　Coste & Cavalli（2015）の特徴

　複言語・複文化能力は独立して扱われていないだけでなく、Coste & Cavalli（2015）によると複言語・複文化能力には他の特徴もあります。
　CEFR2001になかった複言語・複文化と仲介の共通参照レベルがCEFR-CVでは加えられましたが、CEFR-CVの仲介の概念は、CEFR-CVの策定者によればCoste & Cavalli（2015）で示された彼らの「仲介」の概念に基づいています。ところが、コストとカヴァリはCEFR-CVのようなスケールは策定しないで、レベル分けされていない別の能力記述文だけを策定しています。この事実に関しては、次のように述べています。

基本的に、われわれは能力記述文が言語学習や言語政策の分野において、他の手段と比べて特定の条件下で有用な役割を果たすと常に考えているが、（中略）**コミュニケーションの複言語・複文化的次元や仲介活動を（CEFR のように）レベル分けし、配列する可能性については、根本的に意見が異なる。**

(Coste & Cavalli, 2018, p. 15；太字は本章筆者による)

　コストは、CEFR2001 の中心的な著者の一人ではありましたが、CEFR-CV の策定には直接には関わっていません。引用文中の「根本的に意見が異なる」としている対象は CEFR-CV の主要な策定者の一人ブライアン・ノース（Brian North）のプロジェクトのことです。一方、コストとカヴァリは、彼らの論文 Coste & Cavalli（2015）について、この論文は、「とくに仲介の概念と言葉による仲介活動を検討するために、2013 年に開始され、CEFR の概念と提案に関する成果の延長線上にあるプロジェクトの一つの帰着である」（Coste & Cavalli, 2015, p. 6）としています。

　次の引用文を読むと、CEFR-CV で新たに加えられた共通参照レベル（スケール）に関して彼らが問題にしている点がさらに明確になります。

このねらいは、CEFR の能力レベル尺度の定義が基づいているねらいとは異なる。**CEFR の能力レベルの尺度は、**学習の軌跡[注9]も考慮に入れているが、それはもっぱら**コミュニケーション能力の観点からであり、その連続性を前提にした均質なものの分類であり、直線的かつ段階的に変化する**（中略）。多くの点で、ここで概説されている多次元的な視点は、CEFR では目に見えにくい次元や、ヨーロッパ言語ポートフォリオで使用されているいくつかの次元と、より一致している。

(Coste & Cavalli, 2015, p. 66；太字は本章筆者による)

　引用文中にある CEFR とは CEFR2001 のことですが、CEFR-CV も CEFR2001 と同じように能力レベルの尺度は「コミュニケーション能力の観点からであり、その連続性を前提にした均質なものの分類であり、直線的かつ段階的に

変化する」ものとして捉えています。しかし、コストとカヴァリはそのように考えません。この引用文全体を理解するには、引用文中の「このねらい」と「多次元的な視点」とは何かを理解することが必要ですが、「能力」に関する次の文を読めば理解できます。

> 移動、他者性、コミュニティという観点から行為者の経歴（学習・教育の行程や成長の道筋；道程）を考えるということは、異なる相補的な角度から、彼らが身につけるべき能力を考えることになる。その能力は、個人の社会化、集団的環境での教育、新しい社会・文化的空間への適応と包摂といった多様なヒストリーのダイナミクスと関連している。
>
> (Coste & Cavalli, 2015, p. 66)

　1つ前の引用文中にあった「このねらい」は、教育、学習を「移動、他者性、コミュニティという観点から行為者の経歴を考える」ことであり、「多次元的な視点」とは、その個人が身につけるべき能力を「個人の社会化、集団的環境での教育、新しい社会・文化的空間への適応と包摂といった多様なヒストリーのダイナミクス」と関連づけることです。したがって、コストとカヴァリにとっては能力レベルの尺度を「コミュニケーション能力の観点から」のみで、しかも「その連続性を前提にした均質なものの分類であり、直線的かつ段階的に変化する」ものとして捉えることはできないのです。
　複言語・複文化能力については、彼らは次のように考えています。

> 複言語・複文化能力は、社会的行為者の言語バイオグラフィーや、その軌跡がもたらした文化的出会いに応じて、こうしたリソースや活動を管理するものであり、複合的かつ異質で、発展的なものとして提示される。
>
> (Coste & Cavalli, 2015, p. 65)

　要するに、**受容、産出、やり取りなどの言語活動を社会的行為者の経験に応じて管理するのが複言語・複文化能力の役割**で、コミュニケーション能力という一つの観点からのみ評価できる言語活動とは異なっています。した

がって、受容、産出、やり取りなどの言語活動と同じような共通参照レベルを複言語・複文化能力について策定することはできないのです。他の活動と異なっていて、共通参照レベルに向いていないと考えるからです。

6.3 Coste & Cavalli（2015）の能力記述文の階層化

　コストとカヴァリの能力記述文の階層化について具体的に見てみましょう。CEFR-CV の複言語・複文化能力のスケールでは、能力記述文は、言語使用者、学習者の言語レベルにそって配列されています（CEFR-CV, p. 124）が、Coste & Cavalli（2015）の能力記述文の階層化はそうではありません。ユネスコの教育の国際標準分類にしたがって、レベル 0（早幼児教育）、レベル 1（小学校）、レベル 2（前期中等教育）、レベル 3（後期中等教育）の 4 つのレベルに分類されています。成長にともなう認知能力の発達レベルにしたがって段階的になっているのです。そして、それぞれのレベルでは、移動、他者性、グループ・共同体の 3 つに分けて教育・学習するべきことが説明されていますが、その目標はレベルによって異なっています。各レベルの学習者にふさわしい内容になっています。例えば、他者性を例にすると、レベル 0 では「新しい環境、出会い、知識、態度」、レベル 1 は「基礎知識と新しい規律」、レベル 2 は「複数の知識と言語」、レベル 3 は「将来のために身につけるべき知識」となっています。

　上で述べたように、コストとカヴァリはコミュニケーション能力そのものが複言語的であり、複文化的であると考えるので、CEFR-CV のように複言語・複文化能力や仲介としてまとめられた能力記述文はありません。また、コストとカヴァリは、彼らの取り組みは、ブライアン・ノースたちの 6 段階の共通参照レベルを用いるプロジェクトとは最終目的やアプローチは異なっていますが、両者は補完関係にあり、両立しえると考えています（Coste & Cavalli, 2015, p. 14）。実際に、彼らはノースたちのプロジェクトの能力記述文の一部を借用しています。例えば、レベル 2 の他者性のところには、次のような能力記述文があります。

- 言語的、文化的要素を観察、分析して、識別、特定することによって言語間、文化間の類似性や相違を関係づけることができる（CARAP S3.1.1.）
- 少なくとも1つの他の社会集団や他の文化で行われているさまざまコミュニケーション上の慣習を識別することができる（CDD‑2015）[注10]

(Coste & Cavalli, 2015, p. 55)

このように能力記述文を使うことはあっても、Coste & Cavalli（2015）には、CEFR-CV のように複言語・複文化能力や仲介としてまとめられた能力記述文はなく、また、コミュニケーション活動の基準を用いて階層化された能力記述文もないのです。

7. 「態度」をめぐって

複言語・複文化能力を「知識」「技能」「態度」の3つに分けた場合、これまで見てきたように、評価するときにいちばん問題になるのは、「態度」です。CEFR-CV は、「態度」も含めて本来の「複言語・複文化能力」を十分にカバーしていないので、CARAP を参照することを推奨していました。また、Coste & Cavalli（2015）も CARAP のように「態度」に関して網羅的な記述はありません。結局、「態度」を本格的に扱って明確な能力記述文があるのは、CARAP だけということになります。しかし、CARAP には能力記述文はあっても、実際に多元的アプローチでどう取り組むかは示されていません。すでに述べたように「態度」は評価の対象にするべきではないだけでなく、教育をするときにも人権侵害にならないように注意する必要があります。「態度」は、次に示すように5段階で進展します[注11]。

図5 「態度」進展の5ステップ

「気づき」から「尊重・敬意」まで、段階が進むほど個人の自由裁量が許されるべき領域になります。言い換えれば、他人が強制できない領域になります。ただ大部分の学習者は、複言語・複文化を学ぶ必要性や重要性を自覚していません。そこで、彼らに実際に教えるときには、逆にまず「尊重・敬意」または「寛容」の必要性・重要性から説明を始め、図6のように順をおって「気づき」までを説明します。

図6　「態度」必要性・重要性説明の5ステップ

この手順で一度説明してから、授業では「気づき」、例えば「言語への目覚め活動」を最初にします。

8. まとめ

複言語・複文化能力と仲介に関して、CEFR2001にはなかったスケールがCEFR-CVでは追加されましたが、この追加には2つの問題があることが明らかになりました。

一つは、仲介のところにある「複文化的空間の構築の促進」のスケールに関してです。このスケールは、「態度」が関係しているのですが、「態度」を第三者が評価の対象にし、そしてそれをスケールを用いてランクづけすることは、望ましくないと思われることです。ただ、複言語・複文化能力として「態度」は重要なので、学習者が自己評価するのであれば問題はありません。その場合にはスケールにある能力記述文だけを用いて、ランクづけは無視すればよいと思います。ほかにも、ポートフォリオを用いる方法もあります。

もう一つの問題は、複言語・複文化能力の3つのスケールのすべてのスケールが、コミュニケーション言語活動のスケールにあるPre-A1からC2までの参照レベルに基づいてランクづけされていることです。すでに見たように、Coste & Cavalli（2015）にしたがって受容、産出、やり取りなどの

言語活動を社会的行為者の経験に応じて管理するのが複言語・複文化能力の役割であると考えるならば、コミュニケーション能力という一つの観点からのみ評価できる言語活動ではないことになります。したがって、CEFR-CVのように複言語・複文化能力をコミュニケーション言語活動のスケールにある Pre-A1 から C2 までの参照レベルに基づいてランクづけするのは適当ではないことになります。では、どうすればよいか。Coste & Cavalli(2015)は、ユネスコの教育の国際標準分類にしたがって、レベル 0（早幼児教育）からレベル 3（後期中等教育）までの 4 つのレベル分けを採用しています。これは、成長にともなう認知能力の発達レベルにしたがった分類です。したがって、コストとカヴァリの考えからすると、CEFR-CV は本来認知能力の発達レベルにしたがって階層化するべきものを、コミュニケーション能力の熟達度レベルで階層化していることになります。あてるべき物差しが間違っていることになります。

　最後に、これまで見てきたことを複言語・異文化間教育のために実際にどのように使うか、筆者が提案する使用方法をまとめて箇条書きにしました。

使用方法 1

CEFR-CV の複言語・複文化能力に関する 3 つのスケール「複文化レパートリーの構築」「複言語の理解」「複言語レパートリーの構築」は、本来の意味での複言語・複文化能力そのものの評価としてではなく、むしろ仲介のスケールとして使う。

使用方法 2

「複文化的空間の構築の促進」のスケールは、自己評価をするのに使い、第三者が評価するのには用いない。

使用方法 3

CEFR-CV では複言語・複文化能力の教育・学習目的が明確でないので、明確にするためには CARAP を使うが、学習者を評価するのには用いない。

注

1. Beacco et al.（2016）では、compétence plurilingue & pluriculturelle「複言語・複文化能力」という表現のときのみpluriculturelleという単語を用い、compétence pluriculturelle「複文化能力」という言い方はしていません。その代わりにcompétence interculturelle「異文化間能力」という言い方をしています。Candelier et al.（2012）では、複言語・異文化間能力「compétence plurilingue & interculturelle」に加えて複言語・複文化能力「compétence plurilingue & pluriculturelle」も用いています。Candelier et al.（2012, p. 8）の注9を参照してください。CEFR-CVでは、compétence plurilingue & pluriculturelle、compétence plurilingue & interculturelle、compétence pluriculturelleもcompétence interculturelleも用いています。

2. Beacco & Byram（2003）では、éducation plurilingue「複言語教育」という表現が用いられていましたが、Beacco et al.（2016）では、複言語・異文化間教育「éducation plurilingue & interculturelle」という表現が用いられています。

3. 「転移」は、Cuq（2003, p. 239）では、「ある状況でのある活動の実行が別のよく似た、すでに経験したことのある活動によって容易になるすべての心理的過程」と定義されています。このキュックの定義と後述する転移は、部分的に同じですが、まったく同じというわけではありません。

4. Anderson & Krathwohl（2001）で他にどのような転移が挙げられているかは、大木（2023b, pp. 69-73）を参照してください。

5. CARAPは、Un cadre de référence pour les approches plurielles des langues & des culturesのことで、英語ではFREPAと呼ばれています。次のサイトにアクセスすれば、詳しく知ることができます。大山（2016, pp. 50-53）、大木（2023b, pp. 59-80）も参照してください。
https://carap.ecml.at/Accueil/tabid/3577/language/fr-FR/Default.aspx（2024年5月24日閲覧）

6. 4種類の「多元的アプローチ」については、大山（2016, pp. 48-50）を参照してください。「言語への目覚め活動」に関してもっと詳しく知りたい場合は、大木・ムチドゥ（2015, pp. 76-101）、大山（2015, pp. 226-247）を参照してください。

7. この章のCARAPの参照枠の訳は、CARAPのサイトにある大山万容訳の参照枠を用いました。次のサイトでダウンロードです。
https://carap.ecml.at/Translations/tabid/6528/language/fr-FR/Default.aspx（2024年8月8日閲覧）

8 CEFR-CV全体に対する批判に関しては、文化庁の2023年7月に開催された第2回「日本語教育の参照枠」補遺版の検討に関するワーキンググループの会議で筆者が発表した「CEFR、CEFR-CVとフランスの研究者CEFR、CEFR-CV批判から学ぶ」をPDF化した資料を下記のサイトからダウンロードできます。
https://www.bunka.go.jp/seisaku/bunkashingikai/kokugo/nihongo_sansyo_hoi/wg_02/pdf/93733601_01.pdf（2024年5月24日閲覧）

9 「学習の軌跡」とは、一般的に「学習成果を学生の学習の進捗にそって（時間軸を入れて）把握するという考え方のこと」（松下, 2021, p. 23）です。

10 CCDは、欧州評議会が公表した**C**ompétence pour une **c**ulture de la **d**émocratie「民主主義文化のための能力」の略です。

11 さらに詳しくは大木（2023a, pp. 42-43）を参照してください。

参考文献

大木充 (2019).「異文化間教育とグローバル教育」西山教行・大木充（編）『グローバル化のなかの異文化間教育』pp. 29-54. 明石書店.

大木充 (2023a).「日本における複言語・異文化間教育の社会的ニーズ」『RENRONTRES』37, 39-44. 関西フランス語研究会.

大木充 (2023b).「複言語・異文化間教育の新しい展開 ―『多様性の創造性』とCARAP―」西山教行・大山万容（編）『複言語教育の探求と実践』pp. 59-80. くろしお出版.

大木充・ムチドゥ (2015).「ギリシャにおける早期言語教育と『言語への目覚め活動』」西山教行・大木充（編）『世界と日本の小学校の英語教育』pp. 76-101.明石書店.

大山万容 (2015).「言語への目覚め活動と小学校英語教育」西山教行・大木充（編）『世界と日本の小学校の英語教育』pp. 226-247. 明石書店.

大山万容 (2016).『言語への目覚め活動』くろしお出版.

文化庁 (2024).「『日本語教育の参照枠』の見直しのために検討すべき課題について ―ヨーロッパ言語共通参照枠 補遺版を踏まえて―」（令和6年2月22日; 文化審議会国語分科会日本語教育小委員会「日本語教育の参照枠」補遺版の検討に関するワーキンググループ）

松下佳代 (2021).「プログラムレベルの学習成果の評価 ―総和と軌跡―」『大学評価研究』20, 23-31. 大学基準協会.

Anderson, L. W., & Krathwohl, D. R. (Eds.), Airasian, P. W., Cruikshank, K. A., Mayer, R. E., Pintrich, P. R., Raths, J., & Wittrock, M. C. (2001). *A taxonomy for learning, teaching, and assessing: A revision of Bloom's taxonomy of educational objectives.* Addison Wesley Longman.

Beacco, J.-C., & Byram, M. (2003). *Guide pour l'élaboration des politiques linguistiques éducatives en Europe : De la diversité linguistique à l'éducation plurilingue, version intégrale, projet 1 (r.v.).* Conseil de l'Europe.

Beacco, J.-C., & Byram, M. (2007). *De la diversité linguistique à l'éducation plurilingue : Guide pour l'élaboration des politiques linguistiques éducatives en Europe. Version intégrale.* Conseil de l'Europe.

Beacco, J.-C., Byram, M., Cavalli, M., Coste, D., Egli Cuenat, M., Goullier, F., & Panthier, J. (2016). *Guide pour le développement et la mise en œuvre de curriculums pour une éducation plurilingue et interculturelle.* Conseil de l'Europe.

Bloom, B. S. (Ed.), Engelhart, M. D., Furst, E. J., Hill, W. H., & Krathwohl, D. R. (1956). T*axonomy of educational objectives: Handbook I: Cognitive domain.* David McKay.

Candelier, M., Camilleri-Grima, A., Castellotti, V., de Pietro, J.-F., Lőrincz, I., Meißner, F.-J., Noguerol, A., & Schröder-Sura, A. (2012). *Le CARAP: Un cadre de référence pour les approches plurielles des langues et des cultures: Compétences et ressources.* Conseil de l'Europe.

Conseil de l'Europe. (2001). *Cadre européen commun de référence pour les langues : Apprendre, enseigner, évaluer.* Paris: Didier.

Conseil de l'Europe. (2018). *Cadre européen commun de référence pour les langues : Apprendre, enseigner, évaluer. Volume complémentaire avec de nouveaux descripteurs.*

Conseil de l'Europe. (2021). *Cadre européen commun de référence pour les langues : Apprendre, enseigner, évaluer. Volume complémentaire.*

Coste, D., & Cavalli, M. (2015). *Éducation, mobilité, altérité: Les fonctions de médiation de l'école.* Conseil de l'Europe.

Coste, D., & Cavalli, M. (2018). Retour sur un parcours autour de la médiation. *Recherches en didactique des langues et des cultures, 15*(2).

Council of Europe. (2001). *Common European Framework of Reference for Languages: Learning, teaching, assessment.* Cambridge University Press. (吉島茂・大橋理枝他 (訳・編). (2014).『外国語教育Ⅱ —外国語の学習、教授、評価のためのヨーロッパ共通参照枠— 追補版』朝日出版社.)

Council of Europe. (2017). *Common European Framework of Reference for Languages: Learning, teaching, assessment: Companion volume with new descriptors*

(Provisional ed.).

Council of Europe. (2018). *Common European Framework of Reference for Languages: Learning, teaching, assessment: Companion volume with new descriptors.*

Council of Europe. (2020). *Common European Framework of Reference for Languages: Learning, teaching, assessment - Companion volume.* Council of Europe Publishing.

Cuq, J.-P. (2003). *Dictionnaire de didactique du français langue étrangère et seconde.* CLE International.

確認チェック

❶. Beacco et al. (2016) は、複言語・複文化能力を定義するときに、複言語・複文化能力を言語的・文化的資源の複数のレパートリーを動員したり発展させたりするのは何かに対処するためと述べていましたが、その「何か」とは何でしょうか？

❷. 複言語・異文化間教育を理解し、実施するうえで重要な概念は、「横断」とあと一つは何でしょうか？

❸. CEFR-CV の複言語・複文化能力は、3 つのスケールで構成されています。3 つのスケールの名前を挙げてください。

❹. 複言語・複文化能力の 3 つのスケールは、仲介に属するあるスケールを十分に活用するために CEFR-CV で新たに加えられたものです。「あるスケール」とは何でしょうか？

❺. CEFR-CV は、複言語・複文化能力についてより深く知るために何を参照することを勧めているでしょうか？

❻. CARAP は、「多元的アプローチ」と「能力とリソースの参照枠」という 2 つの大きな柱で構築されていますが、能力が動員するリソースは、「知識」「技能」と、あと一つ何で構成されていますか？

❼. 複言語・複文化能力の 3 つのスケールにある、能力記述文は 6 段階ないし 7 段階のレベルに分けて配列されていますが、これは何のレベルに準拠したものでしょうか？

❽. Coste & Cavalli（2015）では、能力記述文は CEFR-CV とは異なるある基準にしたがって階層化されています。その基準とは何でしょうか？

【答え】

❶. 「他者性」（➡ 2.1 複言語・複文化能力と異文化間能力）

❷. 「転移」（➡ 2.3「横断」と隔壁除去／ 2.4 転移）

❸. 「複文化レパートリーの構築」「複言語の理解」「複言語レパートリーの構築」
（➡ 4.1 CEFR-CV の複言語・複文化能力の構成）

❹. 「複文化的空間の構築の促進」（➡ 4.3「複文化的空間の構築の促進」のスケール）

❺. 「CARAP」（➡ 3. CARAP の複言語・複文化能力）

❻. 「態度」（➡ 3.1 CARAP の「能力とリソースの参照枠」）

❼. 「コミュニケーション言語活動のレベル」
（➡ 4.2 CEFR-CV の複言語・複文化能力の特徴）

❽. 「ユネスコの教育の国際標準分類」
（➡ 6.3 Coste & Cavalli（2015）の能力記述文の階層化）

【発展】

次のテーマについてみなさんの考えを書いてみましょう。

（テーマ 1）日本における複言語・異文化間教育の必要性について

（テーマ 2）CEFR-CV では「複言語・複文化能力」のスケールは独立しているのではなく、「コミュニケーション言語活動」の一つである「仲介」に関係づけられていることについて

9章 CEFR-CVはCEFR2001を継承しているか

媒介の取り扱いをめぐって

西山 教行 (にしやま のりゆき)

1. はじめに

　2001年に発表されたCEFR（以下、CEFR2001）は、40言語に翻訳されるほど、世界各国の外国語教育に大きな影響を与えています。

　しかし、2001年の公開当初から、複言語・複文化的能力やC2レベルの例示的能力記述文を欠くことなどが指摘されてきました。CEFR2001に対する批判は、2002年3月にドイツのギーヤン大学の開催した国際研究集会で早くも繰り広げられました（Delouis, 2008）。ドイツ語圏の研究者はCEFR2001の例示的能力記述文による複数言語に共通の評価法の意義を認めながらも、複言語主義のあり方に対する疑問、英語に関する言及がないこと、CEFR2001の言語教育の教育学的根拠が不明で、機能的コミュニケーションに傾斜しすぎていること、言語の美的価値や創造性が十分に考慮されていないこと、さらに言語教育を経済的・道具主義的観点から捉えすぎていることなどに批判のまなざしを向けています。

　その後も欧州評議会が2007年に開催した政府間フォーラム「CEFRと言語政策の策定：課題と責任」では、CEFR2001が文脈化されることなく、各国の教育現場では規範として受け止められていることへの反省と批判が繰り広げられました（Goullier, 2007）。そこでは今後の展望として、移民の子どもなどへの言語教育に向けた能力記述文、異文化間能力や媒介能力などCEFR2001ではあまり展開していなかった分野での能力記述文、さらに6段階の共通参照レベルの中間段階の作成なども示唆されています。また、CEFR2001そのものを増補することに加えて、CEFR2001に関する教員研修、啓蒙書の刊行、共通参照レベルを多様な教育現場に対応させるための教材開発、カリキュラム開発などさまざまな取り組みが提唱されました。この中に

はこれまで実現されたものもあれば、依然として計画の途上にあるものもあります。

このような批判や提言を受けて、2014年からCEFR2001の著者の一人ノース（North）とピカルド（Piccardo）のもとでCEFR2001の増補版プロジェクトが開始され、複言語・複文化能力や「媒介（mediation）」注1について例示的記述文が作成されました。これと同時期にCEFR2001の著者の一人であるコスト（Coste）とカヴァリ（Cavalli）もまた媒介について異なる角度から研究を進め、CEFR2001の提唱した媒介に新たな次元をひらきました（Coste & Cavalli, 2015）。

CEFR2001は媒介について能力記述文を作成しませんでしたが、CEFR-CVは媒介の能力記述文を提供するだけではなく、旧ソ連の心理学者ヴィゴツキー（Vygotski, 1896-1934）の心理学や北米で展開した社会文化理論を援用し、媒介論を発展させました。しかしながらこのような展開の手法は、CEFR2001の方針を継承しているのでしょうか。

本章では、CEFR-CVがCEFR2001の方針を継承しているのかについて、媒介を中心に批判的に考察します。日本では、西洋に由来する文物をともすれば無批判的に賞賛しがちで、このような態度は学問についても例外ではありません。言語教育学は一種の輸入学問で、重要な知見は国外から移入され、日本人は外国の知を輸入し、それに追いつくことを求めてきました。CEFR2001はヨーロッパ人が作成したもので、これなくして日本語教育のJFスタンダードや英語教育のCEFR-Jは作成されませんでした。このことは、CEFR2001がすぐれた学術的成果であり、その移入には価値があると評価したことを意味するものです。また、CEFR-CVの翻訳計画も同様の前提のもとに進められていると思います。

このような問題意識のもとに、本章はまずCEFR2001のなかでの媒介の取り扱いを検討し、媒介の多様性を確認し、そのなかで重視されている翻訳と通訳の意義を言語教育学史に位置づけます。これを受けてCEFR2001が、媒介活動の一つに挙げている「足場かけ（scaffolding）」とヴィゴツキーの言語学習観を振り返ります。そのうえで、CEFR2001における媒介とヴィゴツキーとの関係を検討し、最後にCEFR-CVが媒介を発展させた根拠を考

察し、CEFR-CV で拡張された媒介能力が必ずしも CEFR2001 の方針から導き出されたものではないことを主張します。

　本章は言語教育における媒介の重要性を否定するものではなく、媒介活動それ自体の意義を認めるものです。とはいえ、ヴィゴツキーや社会文化理論を援用する媒介活動は必ずしも CEFR2001 の方針ではなく、CEFR とは別個に主張すべき言語教育論であることを訴えるものです。

2.　CEFR2001 のなかでの媒介

　CEFR2001 は媒介を翻訳と通訳の観点から取り上げるにとどまり、それ以上の展開に乏しいと語られることがしばしばあります。実際、第 2 章「CEFR の理論的背景」は媒介を以下のように位置づけます。

> 媒介活動は、受容的活動、産出的活動のどちらの場合でも、書き言葉でも口頭でも、何らかの理由で直接の対話能力を持たないもの同士の間のコミュニケーションを可能にするものである。第三者が直接入手できない原資料が表現するものを、翻訳、通訳、書き換え、要約または記録の形で与えるのである。媒介の言語活動は既存のテクストの再構成であり、現代社会における通常の言語機能の中でも重要な位置を占める。
>
> (CEFR2001, p. 15)

　この説明は、媒介能力をもっぱら話者間のコミュニケーションを可能にする方策であり、媒介とは広義のテクストの再構成と位置づけられています。しかし、そこでの使用言語は限定されておらず、外国語と外国語のあいだなのか、外国語と第一言語（母語）のあいだなのか、第一言語のあいだであるかには触れていません。また、媒介という言語活動は機能的なコミュニケーション活動に限定されるものではなく、「言語の創作的かつ芸術的な使用」(CEFR2001, p. 59)、つまり文芸作品など、コミュニケーション機能に制限されないテクストの翻訳においても実現すると補足します。これらの言語活動に加えて、媒介は教室の言語学習においても一定の役割を果たしている

と CEFR2001 は分析します。

> 多くの状況下では、いつもというわけではないが、活動のタイプがほとんど交ざってくる。例えば、学校で言葉を学習する場合、学習者は教師の説明を聞くこと、声に出して、あるいは黙って教科書を読むこと、グループや課題学習で仲間の生徒たちと対話をすること、練習問題やエッセイを書くこと、そしてさらに、教育的な活動、または他の生徒を援助するための媒介行為までもが求められるのである。

(CEFR2001, p. 60)

　この一節は第 4 章「言語使用と言語使用者・学習者」のコミュニケーション言語活動と方略に関する箇所で、教室内での教育・学習活動を分析するものです。学習者は教師の解説を聞き、外国語の音読や黙読を行ったり、書記言語の産出を行います。ここまでは通常の教室活動ですが、「他の生徒を援助するための媒介行為」といった学習活動も実際の教室でしばしば行われます。これは翻訳や通訳とは異なるもので、CEFR2001 のなかではここでのみ言及されています。

　「他の生徒を援助する」とは、ある生徒が、外国語学習での課題の達成に困難を抱えた別の生徒を助ける協働の作業を意味するものです。この活動は、ヴィゴツキーの「発達の最近接領域（Zone of Proximal Development; ZPD)」の理論から着想を得て、アメリカの教育心理学者ブルーナー（Bruner, 1915-2016）などが展開した、「足場かけ」の概念を想起させます。「足場かけ」とは、ブルーナーなどが 1976 年に発表した論文で言及した活動で、子どもは自分一人では解決できない課題や到達できない上位概念を大人や教師といった他者との相互関係のなかでその援助を得ることにより、実現できるようになることを示すものです（Wood, Bruner & Ross, 1976)。では CEFR2001 が論及する媒介の教育活動は「発達の最近接領域」や「足場かけ」から着想を得たものなのでしょうか。CEFR2001 とヴィゴツキーや「足場かけ」の理論の関係については次の節で論じます。

　CEFR2001 は翻訳・通訳の働き以外にも媒介活動の方略として「対立の

媒介」も指摘しています（p. 77）。コミュニケーションは常に予定調和的に
いかなる対立もなく進むわけではなく、緊張関係に置かれることも決して稀
ではありません。しかし、例示的能力記述文のなかに明示的な形で対立に関
わる項目を認めることはできません。類似の項目は B1 レベルの「苦情を言う」
（p. 35）との例示的能力記述文がありますが、これは第三者からの迷惑や
害悪を受けていることに対する対応であり、意見の対立とは異なるもので
す。また、製品やサービスを売るための取引きにおける言語活動のなかには、
「交通違反の不当な呼出状、アパートでの損害に対する金銭的責任、事故に
関する責任のような争いの解決のためにうまく交渉の話し合いができる」
（p. 84）といった B2 レベルの例示的能力記述文があります。これは対話者
との対立を解決する方策と読み取ることができるかもしれませんが、第三者
が複数の話者のあいだを媒介するとは認めにくいかもしれません。つまり対
立の媒介が指摘されているにもかかわらず、明確に対立を媒介する例示的能
力記述文は存在しないのです。

　対立の媒介は異文化間にも展開します^{注2}。CEFR2001 第 5 章「言語使用者・
学習者の能力」は異文化間技能とノウハウについて、「異文化間の誤解や対
立に対して効果的な解決ができること」（p. 111）と言及し、媒介は異文化間
の緊張関係の緩和においても重要であると言及しています。これは言語の異
なる人々のあいだでの異文化間コミュニケーションには誤解や対立が発生す
ることを自明と考えるためでしょう。また、異文化間技能とノウハウは「自
分自身の文化と外国文化との媒介役を務めることができる力量」（p. 111）と
いった媒介能力を含むとも位置づけます。ここでの媒介能力とは必ずしも緊
張関係にある複数の文化間について求められるものではありません。旅行ガ
イドなどもこのような媒介を実践します。このような「文化媒介者」（p. 112）
とは、社会言語的な適切さに関連する C2 の記述文「社会文化的、および社
会言語的な違いを考慮しながら、目標言語の話者と自分自身の生活地域の言
語の話者との間を、効果的に媒介することができる」（p. 135）項目と連動
するもので、この項目は外国語と第一言語のあいだでの媒介であることがわ
かります。

　CEFR2001 の文言を精査すると、翻訳・通訳として媒介を論じている箇

所が中心を占めているものの、これ以外にも教室での学習者間の媒介活動や異文化間の対立を乗り越える媒介、また、異文化間をつなぐ役割にもわずかながら言及していることがわかります。この一方で、媒介の方略のなかで「ここで使うことのできる例示的尺度は現段階では存在しない。」（p. 92）と明記されています。この記述は、媒介の能力記述文はこれから作成されるべきか、あるいはその必要はないのか、さらには別の形態でその能力を評価すべきなのか、いずれかを定めるものではありません。

次の節では、CEFR2001 が登場するまでの外国語教育における翻訳・通訳の位置づけをたどります。このような教授法上の歴史的検討により翻訳と通訳を媒介の中心的機能と定める CEFR2001 の特徴や価値観がいっそう明らかになるでしょう。

3. 翻訳と通訳の位置づけ

この節では、CEFR2001 が作られるまでの教授法の歴史に照らして翻訳・通訳の位置づけを検討してみましょう。

文法翻訳法など 1970 年代以前に考案された教授法は媒介の概念に言及していないようです。言語教育学研究の古典であり、CEFR2001 も参考文献に掲げているマッケイ（1979 [1967]）は媒介に言及しておらず、媒介が何らかの形で言語教育学研究に登場するのは 1970 年代になってのことです。1970 年代はオーディオリンガル法が興隆する時期で、媒介はオーディオリンガル法の認識論的基盤の一つとなった行動主義との関連で検討されていました。1970 年代半ばにフランスで刊行された言語教育学辞典は媒介の項目を掲げ、媒介の理論を行動主義の観点から考察しています（Galisson & Coste, 1976）。そのなかで「媒介とは刺激反応の条件付け様式を補完する理論で、中間過程の概念を通じて行動主義研究者が知らなかった現象を解明する」（pp. 334-335）と規定されています。しかし、ここでの媒介は学習における刺激と反応の中間過程に位置づけられるにとどまり、翻訳や通訳との関連で論じられることはありませんでした。

その後 1970 年代末に考案されたコミュニカティブアプローチは、目標言

語によるコミュニケーションを通じて目標言語を学ぶことを訴えていたことから、翻訳や通訳といった学習者の第一言語を媒介として用いるとの発想に乏しく、むしろネイティブのような言語運用を目指し、学習者の第一言語を取り上げませんでした。そして、オーディオリンガル法やコミュニカティブアプローチは目標言語によるコミュニケーション能力の育成に専念し、誤用を減らすため、学習者の第一言語の参照を言語的干渉として避ける傾向にありました。つまり教室の中では目標言語のみが使用され、目標言語だけを使用するモノリンガル教師が正当化されていたのです。

その後 1980 年代はコミュニカティブアプローチが主流となるなかで、翻訳はしばしば文法翻訳法と混同され、批判の対象となりました。このなかで 1987 年にフランス語教育の専門誌は翻訳への回帰と題する特集号を刊行します（Capelle et al., 1987）。編者の一人は、フランス語教育がこの 20 年のあいだ、翻訳を無視し、学習者の母語との接触を禁じ、品詞分類に基づく文法教育や練習問題、作文や翻訳によって構成された文法翻訳法を翻訳と同一視してきたと批判し、言語学や文化、詩学、言語教授法の観点から改めて翻訳の意義を考察しています。しかし、そこに翻訳を媒介として捉える視座はなく、教室での学習者が行いうる媒介活動への言及もありません。

このようにコミュニカティブアプローチの全盛期において、学習者の第一言語の使用を示唆する翻訳の評価は極めて低いものでした。そして、この時期から CEFR2001 の構想が始められたのです。

とはいえ、CEFR2001 が言及した媒介はただちに学界の注目を集めることはありませんでした。2003 年にフランスで刊行された『外国語ならびに第二言語としてのフランス語教育学事典』は媒介（médiation）の項目を立てているものの、「専門家など第三者の指導を受け入れて、複数の人間のあいだで取り交わされる関係を指す」（Cuq, 2003, p. 163）とあり、媒介は人間相互、あるいは人間と世界の関係に関与すると明言しています。つまりここでも媒介に関連して翻訳や通訳は登場しないのです。

このような教授法の動向から考えると、媒介を取り上げ、翻訳や通訳との関係において、その価値を訴えたことはその時代にあって革新的ではないでしょうか。というのも翻訳や通訳とはつまるところ、学習者の第一言語を認

め、それを積極的に活用することに結びつくからです。そして、それまで言語干渉のもとに排除されていた学習者の第一言語が言語教育に承認されたことは、CEFR2001 の成果とみなすことができます。CEFR2001 は複言語主義を訴えながらも、第一言語の活用を積極的に訴えていないように見えますが、実のところは媒介を翻訳や通訳に位置づけることにより第一言語の意義を間接的に認めているのです。

　このように 1970 年以降の言語教育学の歴史をたどると、媒介が翻訳や通訳との関連で論じられていないことがわかります。CEFR2001 の媒介に関する問題意識は必ずしも平凡なものではなかったのです。次の節では CEFR2001 が提示する媒介活動のなかでも、「足場かけ」に類似した教室活動に焦点を当て、この活動に着想を与えたヴィゴツキーの言語学習観を検討します。これにより CEFR2001 とヴィゴツキーの言語学習観の関係を解明しましょう。

4.　ヴィゴツキーの言語学習観から「足場かけ」へ

　CEFR2001 には「足場かけ」の用語を使用することなく、その理論に類似した媒介活動が現れていますが、これを足場かけ理論の影響と考えることはできるでしょうか。この疑問を解明するために、まず足場かけの理論に着想を与えたヴィゴツキーの言語学習観を概観しましょう。

　ヴィゴツキーは外国語習得や母語と思考の関係についていくつかの考察を進めていますが、ヴィゴツキー自身はどのような言語能力を持っていたのでしょうか。ヴィゴツキー自身の言語能力は外国語学習観と無関係ではありません。なぜならば自己の言語生活は外国語学習観を構築するうえでの暗黙の前提となるからです。しかしながら、ヴィゴツキーは自らの言語能力について明示的に語っていないため、評伝などをもとにヴィゴツキーの言語生活を探ってみましょう（広瀬, 2018; レオンチェフ, 2017）。

　ヴィゴツキーは、現在のベラルーシの南東部に位置するゴメリで生涯の大半を過ごしたユダヤ系ロシア人です。その時代にユダヤ人はベラルーシの総人口の約 15% を占め、90 万人が居住していました。彼らはアシュケナージ

（ヘブライ語でドイツの意味、主に東ヨーロッパに暮らしたユダヤ人）であり、ドイツ語やスラブ語、ヘブライ語の混成語で、ヘブライ文字で表記されていたイデッシュ語を日常生活で使用していました。当時のベラルーシ人民共和国（1918-1922）、その後の白ロシア・ソビエト社会主義共和国（1922-1991）において、イディッシュ語はポーランド語、ロシア語、ベラルーシ語とともに公用語の地位を占めていました。ヴィゴツキーは裕福な家庭に生まれた、教養あるユダヤ人としてロシア語を第一言語としていながらも、イディッシュ語も話すことができました。ヴィゴツキーの母は師範学校の卒業生でフランス語とドイツ語を流暢に話しており、ヴィゴツキーは反ユダヤ主義の強い公立学校を避けて、家庭で母や家庭教師から教育を受け、英語、古典ギリシア語、ヘブライ語を学んだようです。そして、15歳から2年間は、ゴメリの私立ラトネール・ギムナジアに通い、ドイツ語、フランス語、ラテン語を学び、その後にモスクワ大学に進学しました。

　ヴィゴツキーはエスペラントを10代に独学で習得していたようです。当時、エスペラントは「若者たちの国際交流の言語」であり、みずからの世界を広げる役割を持っていました。このようにヴィゴツキーは第一言語に加えて、古典ギリシア語、ヘブライ語、ラテン語、英語、フランス語、ドイツ語を、さらにはエスペラントを習得した複言語話者であったようです。しかしながら、それらの言語学習の開始時期や具体的な状況は不明です。著書の中で英語、フランス語、ドイツ語の文献を縦横に参照していることから、その成果が推測されます。また、1925年にはイギリスでの学術会議に参加し、ドイツ、オランダ、フランスの障害児教育を視察しており、外国語の口頭能力も想像に難くありません。

　ヴィゴツキーは1929年4月にウズベキスタンのタシケントにある国立中央アジア大学で講義を行いました。ウズベキスタンは1924年にウズベク・ソビエト社会主義連邦共和国として独立し、ウズベク語にくわえてロシア語も公用語と定め、これ以外にもタジク語をはじめとして、多くの少数言語が存在している国です。ウズベキスタンでの研究目的は「文化と教育改革によってウズベキスタンの人たちの認識内容にどのような変化があったのかを調べる」ことでした（佐藤, 2022, p. 170）。ウズベキスタンへの旅行を通じて、ヴィ

ゴツキーはロシア語を必ずしも第一言語としないものの、学校でロシア語を学ぶ状況に置かれた複言語話者の子どもたちに接したかもしれません。ヴィゴツキーはこのような多様な言語経験を背景として、言語学習を論じているのです。

　ヴィゴツキーは外国語学習について少なくとも 2 本の論文を残しています注3。一つは 1928 年から 1929 年にかけて執筆された「児童期における多言語併用の問題によせて」（ヴィゴツキー，2003）であり、もう一つは『思考と言語』第 6 章第 5 節「外国語の学習と母語の発展」です。

　1928 年の論文は児童期、すなわち 6 歳から 12 歳くらいの年齢にある子どもにおける二言語使用の心理学的問題を論じるものです。言語の基盤が音声と意義の連合にあるならば、複数の言語使用は、言語や思考の結びつきに混乱を生むのでしょうか。このような関心からヴィゴツキーは「多言語併用は母語のより良い習得や子どもの一般的知的発達を促進するものか、あるいは反対に、それはこの発達の途上におけるブレーキや障碍であるのか」（ヴィゴツキー，2003, p. 84）と問いただしています。実際のところ、ある人々は、多言語併用が子どもの知能の発達を妨げると考え、これに反対していたのです。ヴィゴツキーは多言語併用の子どもたちについて以下のように指摘します。

　　二言語ないし複数言語の併用が個々の人たちではなく、大衆全体の生活上の必要事となるような環境の下に置かれた極めて多様な国々のおびただしい数の住民が存在することや、また学校が子どもに対して複数言語の教育学習という措置を取らざるを得ないような環境が存在することは、自明のことです。

（ヴィゴツキー，2003, p. 83）

　ヴィゴツキーのこのような指摘はベラルーシに居住するユダヤ人やウズベキスタンの少数民族の言語使用を想起させるものです。レーニン（1870-1924）の指導下にあったソ連ではそれぞれの民族語による教育が進められていましたが、1924 年以降にスターリン（1878-1953）が最高指導者になると、

ソ連はロシア語化を加速し、ロシア語は行政や教育、経済の言語となりました（Leclerc, 2024）。

ヴィゴツキー没後の 1935 年に刊行された論文集の中には、以下の編者註が付記されています。

> 著者（ヴィゴツキー）は、わがソビエト共和国連邦の環境においてこの問題は極めて大きな政治的意義を有することを指摘していない。レーニン的民族政策の正しい展開を促進しつつ、ソ連邦諸民族のいくつかの言語を習得することそれ自体が諸民族をきわめて緊密に近づけ、兄弟的連帯の増大とわが偉大な連邦の力強さを助けるのである。これ以外に、外国語の習得は働く者にとって、先進的技術の今日的成果を獲得する重要な手段であり、また資本主義との闘争における国際プロレタリアートの連帯を促進するものでもある。
>
> （ヴィゴツキー, 2003, p. 83, 編者註;（　）は本章筆者による補註）

この編者註はスターリンが最高指導者となった時代のソ連の言語政策を擁護するもので、少数民族がそれぞれの第一言語である民族語ならびに、教育言語であるロシア語を習得することの政治的・イデオロギー的正当性を訴えるものです。少数民族は民族語を学びながらも、少数民族の第一言語ではないロシア語による教育を受け、さらに外国語を学び、それにより先端的技術を獲得し、他国のプロレタリアートとの連帯を表明することが重要になるのです。ところが編者は、ヴィゴツキーがこのような言語学習の政治的意義を十分に論じていないと批判します。

このような言語状況を確認したうえで、さきほどの論文に立ち戻り検討しましょう。この論文でヴィゴツキーは、多言語併用は第一言語に混乱や遅滞をもたらすとする学説を批判する一方で、二言語併用への楽観的な視点も紹介するなど、二言語併用について肯定的な意見と否定的な意見を紹介し、いずれが優勢であるかといった一般化を避け、二言語併用が教育的介入をとることなく自然発生的に行われるときにのみ否定的な結果をもたらすだろうと論じます（ヴィゴツキー, 2003, p.100）。つまり学校教育などを通じて第二

言語が教育され、そのうえで第二言語による教科教育が行われる場合、二言語併用は効果を上げるであろうと示唆しているのです。少数言語話者の子どもたちに敷衍するならば、教育言語であるロシア語をまず教育したうえでこそ、ロシア語による教科教育が効果的なのであって、教育言語の学習なくして、教科教育を効果的に行うことはできないと主張するのです。このように1928年の論文は第一言語と外国語を対比的に論じるものの、媒介について直接に言及するものではありません。

　第一言語と外国語の関係は、没後に刊行された『思考と言語』第6章第5節「外国語の学習と母語の発展」のなかでも習得をめぐって対照的に論じられます。ただし、この議論は科学的概念と生活的概念の相補関係を解明する論文の一部を構成するもので、言語学習・教育に特化したものではありません。ヴィゴツキーは外国語と母語の習得を次のように対比して論じます。

> 外国語の習得は、母語の発達とは正反対の道をたどって進む。子どもは母語を無自覚的・無意図的に習得するが、外国語の習得は自覚と意図から始まる。
>
> （ヴィゴツキー, 2010, p. 319）

　子どもは母語を自覚することなく獲得するのであって、何らかの意図を持って獲得するものではありません。それに対して外国語学習は、学習者がはじめから自覚的に、何らかの意図を持って行われるものです。さらに母語と外国語の習得の過程についても次のように展開します。

> 母語の発達が言語の自由な自然発生的な利用から始まり、言語形式の自覚とそのマスターで終わるとすれば、外国語の発達は言語の自覚とその随意的な支配から始まり、自由な自然発達的な会話で終わる。
>
> （ヴィゴツキー, 2010, p. 320）

　子どもは生活のなかで自由で自然な発話を行いながら母語を習得し、その後に、概念的な理解ができるような発達の段階に至ると、学校教育において

母語の言語形式や文法構造を学習し、それらを自覚するようになります。つまり文法学習は言語構造や文法といった概念を理解できるようになって初めて行われるのです。また、母語では話し言葉の獲得が先立ち、書き言葉の獲得は遅れます（土井, 2016, p. 210）。それに対して、外国語学習は母語とは逆の道筋をたどります。外国語では書き言葉が話し言葉に先行するもので、まず言語形式や文法構造を意識的に学習し、それを意識的に運用する訓練を行い、そして、最終的には自由で自然な発話ができるようになるのです。またヴィゴツキーは、子どもは外国語を学ぶことにより、母語の働きを一般化し、言語現象そのものの一般化や自覚に結びつくと説きます（ヴィゴツキー, 2010, p. 321）。外国語学習により言語の概念的理解を進め、それを母語に転移することにより、母語への概念的理解が実現し、さらには言語全般の理解へと進むのです。この一連の論述は外国語を科学的概念に、母語を生活的概念に比較するもので、母語と外国語の相補性を主張するものです。

　ヴィゴツキーの言語学習観は、まず文法を学習する学習観と親和性が高く、コミュニカティブアプローチが推進するような、目標言語を使い、それを使用することによって言語を習得することができるといった学習観とは対照的です。

　しかしながらここでは、ヴィゴツキーが学齢期の子どもを念頭に置いていたことを思いおこす必要があります。これは当時のソビエトの教育制度に関連があります。ソビエトの義務教育は8年間で、地域によって4年間の小学校と8年制学校が組み合わさっている地域と、8年制学校が設置されている地域がありました。そこでの古典語やフランス語、ドイツ語といった外国語教育は5年生（11歳や12歳）から導入されていたのです（川野辺, 1976）。すなわちヴィゴツキーはソビエトの教育制度に従って、つまり12歳からの中等学校で実施される外国語教育制度に基づいて子どもの外国語学習の議論を進めているのです。

　では、概念による認識ができる発達段階に到達してから外国語を学ぶ場合、母語と外国語のあいだにはどのような関係が生まれるのでしょうか。その段階ではすでに母語により意味の体系ができているため、母語は外国語に意味を媒介する役割を果たします。つまり外国語を通じて、いきなり新しい意味

を獲得するのではなく、学習者は新たに学ぶ外国語を母語に翻訳し、母語を通じて間接的に理解した意味を外国語に転移するのです。ヴィゴツキーはこの点で、「外国語の単語と対象とのあいだの関係の樹立において母語の単語が果たすこのような媒介的役割」（ヴィゴツキー, 2010, p. 323）を指摘しており、意味の獲得が母語を媒介にして行われると明言しています。しかし、ヴィゴツキーの外国語教育・学習に関する考察は二言語併用や母語と外国語の相補性といった課題に限られており、媒介に言及するものの、その教育上の機能を考察するものではありません。そこで、次に媒介と関連が深いと考えられている「発達の最近接領域」の理論を検討しましょう。

　「発達の最近接領域」の理論は『思考と言語』第6章第3節「発達と教授との相互関係」などで論じられています。この理論は現在、子どもが誰かの手助けを得ることなく、一人で自主的に解決できる領域と、非自主的に他者との協力や指導のもとで解決できる領域とのあいだの相違を表すものです。子どもは指導者などの助けを借りれば、その日に一人では解決できない課題も解決できるようになることから、教育とは子どもの発達を先回りし、明日できることをこの日に教育することであると主張します。このような観察から、教師や仲間による指導や協力の重要性を訴えており、「足場かけ」はこのような着想を教育現場のなかで具体化したものです。しかしながら、ヴィゴツキーは言語教育との関連で「発達の最近接領域」の議論を行っていたのではなく、あくまでも子どもの発達の議論のなかで論じているのです。子どもは他者の手助けを得て、模倣すべき情報を獲得し、それを模倣の対象として受け入れますが（佐藤, 2022, p. 215）、なかでも学校教育では模倣がたいへん重要な役割を担うと主張するのです（ヴィゴツキー, 2010, pp. 301-302）。とはいえ、子どもは提示された事柄を直ちに実現できるとは限りません。そこで実現できないものは何かに気づき、その実現に向けて模倣を繰り返すことが学習の過程になるのです。

　ブルーナーはこのような「発達の最近接領域」の理論のなかに、教育・心理的問題と社会・哲学的問題があると看破し、1990年代には社会文化理論がこの2つの観点より「発達の最近接領域」の理論を拡張し、教育現場で「足場かけ」として展開していきました（佐藤, 2022, p. 223）。

では、CEFR2001 はヴィゴツキーなどから着想を得て媒介を考案したので
しょうか。次の節では CEFR2001 とヴィゴツキーなどの理論を歴史的、文
献学的に考察します。

5.　ヴィゴツキーとCEFR における媒介

　CEFR2001 はヴィゴツキーの著作を参考文献に掲げていませんし、ブルー
ナーや北米の社会文化理論の研究も参照していません。CEFR2001 の著者の
一人、ノースはその博士論文のなかでヴィゴツキーの英訳本（1962）を参考
文献に掲げているものの、直接の引用は見当たりません。では、CEFR2001
とヴィゴツキーや社会文化理論の関係をどのように検証することができるで
しょうか。そこで西洋におけるヴィゴツキーの受容を振り返ってみましょう。
　ヴィゴツキーの著作は時代のさまざまな影響を被り、ソ連では刊行をめぐ
り、政治的な摩擦がありました。『思考と言語』はソ連でヴィゴツキー没後
の 1934 年に刊行されましたが、1936 年 7 月 4 日にソビエト共産党は「教
育人民委員部における児童学的偏向」と題する通達を出し、ヴィゴツキーを
含む児童学の研究者を断罪し、その研究を発禁にしてしまいました。この通
達は、児童学が子どもに知能テストを課し、それにより知能の低い子どもを
特殊学級に選別することを批判するもので、特殊学級を解体するものでした
(Vigotski, 2015, présentation de Licien Sève, p. 27)。さらにヴィゴツキー
はユダヤ人であったため、スターリンに忌避され、反ユダヤ主義の犠牲者に
なったとも語られています。そのため、ヴィゴツキーの復権はスターリン体
制が終わった 1956 年を待たねばなりませんでした。
　ヴィゴツキーは国際社会で知られるにあたり、その翻訳はさまざまな課題
に遭遇しました。『思考と言語』の日本語訳は 1961 年に、英訳は 1962 年に
出版されましたが、英訳は原著の三分の一程度の抄訳本で、マルクス主義を
想起する箇所は意図的に省略されていました。その抄訳本でブルーナーは短
い序論を著し、その思想を簡略に紹介しましたが、その中でブルーナーは「発
達の最近接領域」には触れていません。ブルーナーはその後、ヴィゴツキー
の発見をめぐる論文を著し（ブルーナー, 1998 [1986]）、1954 年のモント

リオールでの国際会議でのレセプションにおいてソ連の代表団からヴィゴツキーの研究について初めて聞いたと回想しています。とはいえ、ヴィゴツキーは 1962 年の英訳によって直ちに世界を席巻したのではありません。1982 年から 1984 年にかけてソ連でヴィゴツキーの著作集全 6 巻が刊行され、これに基づきアメリカでも著作集全 6 巻が刊行され、次第に知られるようになったのです。ブルーナーは著作集第 1 巻『思考と言語』の序文を著し、ここではより詳細にヴィゴツキーの思想を論じ、1962 年の序文ではあまり触れていないヴィゴツキーの教育理論を高く評価しています。とはいえ、北米でヴィゴツキーの思想が広く影響を持つようになるのは 1990 年代以降、アメリカで認知科学が登場し大ブームとなってからのようで、とりわけ 21 世紀に社会文化理論がブームになってからのことです（ヴィゴツキー, 2003, p. 221）。

　フランスでのヴィゴツキーの受容も決して早くからのものではありませんでした。フランス語版『思考と言語』は 1985 年に初めて刊行され、2019 年まで第 5 版を数えますが、それ以外の著作も散発的に刊行されるにとどまっています。日本でのヴィゴツキー研究が 1960 年代から始まり、主要な著作が忠実に翻訳された事情に比べると、北米やヨーロッパでのヴィゴツキーの受容は後発的で、とりわけ 1990 年代以降にヴィゴツキーの評価は進んだようです。

　このようにヴィゴツキー受容の時期を考慮に入れると、CEFR2001 とヴィゴツキーに直接の関連を認めることは容易ではありません。ではなぜCEFR2001 は「足場かけ」を想起させる教授法に言及しているのでしょうか。ブルーナー等の論文を参照したことが実証されない以上、CEFR2001 の著者は教室での学習活動を詳細に観察し、分析した経験のなかで、生徒のあいだでの媒介活動に着目したと考えるのが妥当ではないでしょうか。また、ヴィゴツキーは「発達の最近接領域」の理論のなかで他者による手助けに言及し、教育効果の要点は模倣にあると明言しています。ところが、CEFR2001 は模倣の重要性についてまったく言及していません。このような相違点を考慮に入れると、CEFR2001 が「足場かけ」に類似した教室活動を媒介の一つであると認めていることはヴィゴツキーの理論などとの偶然の一致かもしれません。

そこで次に CEFR-CV の媒介を検討し、CEFR2001 で言及されていた媒介がどのように継承され、展開したのかを考察しましょう。

6.　CEFR-CV の媒介

　CEFR-CV の構想は欧州評議会の提唱によるもので、North and Piccardo (2016) によれば、2013 年から 3 年計画で進められました。そのなかでは、例示的能力記述文の刷新と補充、媒介の例示的能力記述文の作成、年少者向けの例示的能力記述文の収集、CEFR2001 の理論的枠組みの再検討の 4 項目が課題となりました。最後の項目は Coste & Cavalli (2015) によって取り上げられましたが、それ以外の 3 点は CEFR-CV に関わります。ノースは評価学の専門家として主に例示的能力記述文の作成に関わり、媒介については主にピカルドが改訂に関わったと思われます。そこでピカルドが媒介をどのように理解していたのかを、より詳細にたどり、CEFR-CV での媒介の位置づけを解明しましょう。

　ピカルドは現在、カナダのトロント大学教育学部の教授で、第二言語・外国語学習教育、複言語主義と媒介、言語教育学習へのヴィゴツキーの影響、言語習得における複雑系理論、創造性などを専門分野とする研究者です。ピカルドが媒介に関心を持つようになったのは、Lévy & Zarate (2003) の書評を 2003 年に公開してからのことと思われます (Piccardo, 2003)。これ以前のピカルドの業績には媒介に関連する研究はありません。Lévy & Zarate (2003) は媒介と言語文化教育学に関わる論文集で、CEFR2001 に関わる論考はありませんが、媒介を翻訳の観点から、近いものと遠いものを近づける媒介の働き、国際交流や言語接触、衝突における媒介の意義を考察するもので、ピカルドはそれぞれの論文を的確に評しています。

　その後、ピカルドが媒介に関連する研究論文を発表するのは 2012 年の La médiation linguistique: Entre traduction et médiation des langues vivantes. *Etudes de linguistique appliquée*（「言語による媒介：現代語の翻訳と媒介のあいだで」『応用言語学』）に掲載された論文になります。この特集号は 2010 年 3 月に実施された国際研究集会の成果のようです[注4]。

この雑誌に発表されたピカルドの論文は以下の 5 章から構成されています。

1.　四技能から 4 つの「活動モード」へ
2.　CEFR における媒介: 忘れられた概念か
3.　媒介：さまざまな発展が見込める概念
4.　CEFR を越えて：概念や知識の構築のための媒介の役割
5.　CEFR の再考：個人的次元と社会的次元のあいだでの媒介、相互行
　　為、態度

　ピカルドは CEFR2001 が難解すぎるために、かえってそれが共通参照レ
ベルのみといった具合に単純化されることに懸念を示す一方で、媒介の概
念に着目し、相互作用や態度との関係を考察します。そのうえで社会文化
理論、生態学、複雑系の理論の観点から媒介の役割を検討します。そして、
CEFR2001 の作成を歴史的に振り返り、パイロット版（1996）での媒介の
位置づけを重視し、外国語教育以外の分野での媒介の役割にも注目し、その
可能性を再考するのです。

　ピカルドは CEFR2001 の例示的能力記述文などが注目される一方で、受
容、産出、相互行為、媒介から構成される言語モードが必ずしも十分に論じ
られていないことを指摘し、その重要性を強調し、四技能から言語活動への
転換は言語の社会的次元の強調に結びつくと強調します。コミュニケーショ
ン言語活動のなかで媒介は従来の四技能に比肩する地位を占めるもので、実
際それは 1996 年のパイロット版では図表を伴い、よりいっそう明示的だっ
たと論じます。

　ピカルドは、媒介には人間相互や複数の空間を結びつける機能があるこ
とを根拠として、ヴィゴツキーやその影響のもとに発展した北米の社会文
化理論の訴える媒介論を参照します。社会文化理論からみると、媒介は社
会的なものと個人とを結びつけるプロセスであり、ヴィゴツキーの理論に拠
れば、ことばはわれわれの精神活動を媒介する記号の働きをするものです
(Piccardo, 2012, pp. 292-293)。ピカルドは社会文化理論における言語や
媒介の機能を概観し、そのうえで、CEFR2001 もまた社会的次元と個人的

次元との絶えざる往来を強調することから、社会文化理論の論じる媒介との類似性を正当化するのです。しかしピカルドは、ヴィゴツキーや社会文化理論がCEFR2001に対して何らかの影響を与えたのか、あるいはそこから間接的にであれ、着想を得たのかなどを一切実証していません。あくまでも媒介の重要性をCEFR2001に認めることから、ヴィゴツキーや社会文化理論を援用するに終始するもので、それらのあいだの文献学的、内的必然性にはまったく論及するものではありません。言い換えれば、CEFR2001はヴィゴツキーや社会文化理論の文脈とは必ずしも関係することなく媒介を論じていたのですが、ピカルドはCEFR2001と媒介を論ずるヴィゴツキーや社会文化理論のあいだに連関があると想定しているのです。これはあくまでもピカルドの解釈であり、CEFR2001が主張していた媒介の意義の延長線上にはないのではないでしょうか。

7. 結論

　本章は、CEFR-CVがCEFR2001の理念を継承しているかを中心課題として、CEFR2001で主に翻訳や通訳として論じられてきた媒介がCEFR-CVでは中心的な教育概念として例示的能力記述文を伴うまでに発展していることの妥当性を考察しました。

　CEFR-CVは媒介を重視するにあたり、ヴィゴツキーや社会文化理論を援用し、その意義を訴えましたが、CEFR2001の分析や文献学的検討によっても、そこにヴィゴツキーや社会文化理論の影響関係を認めることは困難であることがわかります。むしろそれらの理論はCEFR2001からみると後発の理論であり、ピカルドは媒介の理論をいわば接ぎ木のように結びついているようです。

　とはいえ、媒介の理論や社会文化理論それ自体は魅力的な理論で、外国語教育に新たな貢献をもたらすものです。これまでヨーロッパ、なかでもフランス語圏でヴィゴツキーの知見は言語教育にあまり取り入れられていなかったため、CEFR-CVによってであれ、媒介の教育的価値が広く知られるようになったことは望ましいことです。

ここで CEFR2001 の著者の一人コストによる CEFR-CV についての評価、とりわけ媒介の位置づけを紹介したいと思います（コスト, 2021）。コストは媒介を言語活動のなかだけで捉えるのではなく、さまざまな社会活動のなかに働く機能として位置づけていることから、媒介を他の言語能力と同じような例示的能力記述文と共通参照レベルに組み入れることに懐疑的な姿勢を示しています。「媒介は他の言語活動とは異なるレベルで機能しており、まったく異なる記述と分析が必要である」と明言するように、コストは CEFR-CV の貢献を認めながらも、媒介の取り扱いについては、異なる視点を提供しています。これは Coste & Cavalli（2015）で提示する媒介観を指すもので、媒介を学校、移動、他者性の観点から捉えるものです。この論文で示されている視座を媒介のモデルと呼ぶことができるにせよ、それは例示的能力記述文や共通参照レベルに依拠した分類ではないため、その点では、決して教育現場で直ちに使い勝手が良いものではありません。

　コスト（2021）はさらに CEFR2001 をスイスのアーミーナイフのように多種多様な用途を持つ資材と捉え、それらがすべて統合されていないことの意義を強調しています。これに対して、CEFR-CV はすべての用途を総合的にまとめ上げ、「総合的な方向への一歩」を果たしたと評しており、CEFR-CV はある意味で、CEFR2001 の課題であった多義性や多面性の単純化を意味するもので、簡略化により用途が制限されることにもつながるものです。

　またコスト（2021）は、CEFR-CV が媒介を発展させるにあたり参照した社会文化理論やヴィゴツキーの心理学にまったく言及していません。このことからも CEFR2001 にはヴィゴツキーや社会文化理論の貢献がないであろうと推測することができます。

　CEFR2001 は例示的能力記述文によって外国語教育の標準化を進めたと批判されましたが、媒介を広く取り込み、例示的能力記述文を拡大させた CEFR-CV の措置は CEFR2001 のさらなる標準化を推進することになりかねません。媒介能力の評価が規範化されることにより、さまざまな言語、環境で実践されている言語教育が多様性を発揮するのではなく、画一的な教育観をさらに押し進めるのではないかと私はひそかに懸念するのです。

注

1 本章ではmediationを「媒介」と訳します。mediationの訳語をめぐる考察については西山 (2023) を参照のこと。

2 異文化間の媒介についてLévy & Zarate (2003)、Zarate et al. (2003) はCEFR2001に言及していないものの、文化間の媒介を論じています。

3 この項は土井 (2016)、西本 (2002) を参照しました。

4 ピカルドの論文が掲載された雑誌は「言語による媒介」をテーマとしており、他の論文もCEFR2001との関連のなかで媒介を論じています。媒介はこれまでヨーロッパ諸国の学習指導要領に取り入れられていなかったことから、論文の多くは媒介が従来の翻訳の授業を刷新すること、また、媒介能力の養成を行う方策を検討しています。しかし、このなかでもヴィゴツキーに言及する論文はピカルドとNicolas (2012) のみです。Nicolas (2012) は教師と学習者のあいだの媒介をテーマとする博士論文で、ブルーナーなどが唱道した「足場かけ」にも言及するもので、媒介を言語面だけではなく、教育活動にも認めています。

参考文献

ヴィゴツキー, L. ／土井捷三, 神谷栄司 (訳) (2003). 「児童期における多言語併用の問題によせて」『「発達の最近接領域」の理論 ―教授・学習過程における子どもの発達―』三学出版.

ヴィゴツキー, L. ／柴田義松 (訳) (2010 / 1934). 『思考と言語 (新訳版)』新読書社.

欧州評議会／吉島茂・大橋理枝 (訳・編) (2004). 『外国語の学習、教授、評価のためのヨーロッパ共通参照枠』朝日出版社.

川野辺敏 (1976). 『ソビエト教育制度概説』新読書社.

コスト, D.・大山万容 (訳) (2021). 「CEFRとスイスのアーミーナイフ ―その概念から使用まで―」西山教行・大木充 (編)『CEFRの理念と現実　理念編　言語政策からの考察』くろしお出版.

佐藤公治 (2022). 『ヴィゴツキー小辞典』新曜社.

土井捷三 (2016). 『ヴィゴツキー『思考と言語』入門 ―ヴィゴツキーとの出会いへの道案内―』三学出版.

西本有逸 (2002). 「ヴィゴツキーと第二言語習得 (1) ―内言とワーキングメモリ―」『ヴィゴツキー学』3, 1-8. ヴィゴツキー学協会.

西山教行 (2023). 「複言語教育のなかの『媒介』の多義性」西山教行・大山万容 (編).『複言語教育の探求と実践』pp. 179-180. くろしお出版.

広瀬信雄 (2018). 『ヴィゴツキー評伝 ―その生涯と創造の軌跡―』明石書店.

ブルーナー, J. S.・田中一彦 (訳) (1993).『心を探して：ブルーナー自伝』みすず書房. (Bruner, J. S. (1986). *Actual Minds, Possible Worlds.)*

ブルーナー, J. S.・田中一彦 (訳) (1998).『可能世界の心理』みすず書房. (Bruner, J. S. (1986). *Actual Minds, Possible Worlds.*)

マッケイ, W. F.・伊藤健三ほか (共訳) (1979).『言語教育分析』大修館書店. (Mackey, W. F. (1967). *Language teaching analysis* (p.554). Indiana University Press.)

レオンチェフ, A. A. ／広瀬信雄 (訳) (2017).『新装改訂版ヴィゴツキーの生涯』新読書社.

Capelle, M.-J., Debyser, F., & Goester, J.-L. (coordonné) (1987). *Le numéro spécial du français dans le monde, Recherches et application, Retour à la traduction.* Hachette.

Coste, D., & Cavalli, M. (2015). *Éducation, mobilité, altérité: Les fonctions de médiation de l'école.* Conseil de l'Europe.

Council of Europe. (2020). *Common European Framework of Reference for Languages: Learning, teaching, assessment - Companion volume.* Council of Europe Publishing.

Cuq, J.-P. (Sous la direction de) (2003). *Dictionnaire de didactique du français langue étrangère et seconde.* CLE International.

Delouis, A. F. (2008). Le CECRL: compte rendu du débat critique dans l'espace germanophone. *Les Langues modernes,* 19-31.

Galisson, R. & Coste, D. (Eds.) (1976). *Dictionnaire de didactique des langues.* Hachette.

Goullier, F. (2007). *Rapport: Le Cadre européen commun de référence pour les langues (CECR) et l'élaboraation de politique linsuitiques: défis et résponsabilités. (Forum intergouvernemental sur les politiques linguistiques,* Conseil de l'Europe, Strasbourg, 6-8 février 2007).

Leclerc, J. (2024). L'aménagement linguistique dans le monde, Fédération de Russie 4) La politique linguistique à l'égard du russe. https://www.axl.cefan.ulaval.ca/europe/russie-4pol-lng.htm#:~:text=1%20La%20 politique%20linguistique%20sous%20l%27URSS&text=Même%20si%20 le%20russe%20n,langue%20officielle%20jusqu%27en%201991

Lévy, D. & Zarate, G. (Eds.) (2003). *Le Français dans le monde, janvier 2003 : La médiation et la didactique des langues et des cultures.* Cle International.

Nicolas, L. (2012). L'apprenant-médiateur: enjeux et perspectives des traductions spontanées en classe de Français Langue Etrangère. *Etudes de linguistique appliquée, 167,* 369-380.

North, B. (2000). *The Development of a common framework scale of language proficiency.* Peter Lang.

North, B. & Piccardo, E. (2016). *Cadre européen commun de référence pour les langues : apprendre, enseigner, évaluer. Elaborer des descripteurs illustrant des aspects de la médiation pour le CECR.* Conseil de l'Europe.

Piccardo, E. (2003). Review of D: Lévy & G. Zarate (Eds.). *Le Français dans le monde, janvier 2003: La médiation et la didactique des langues et des cultures. Studi Francesi, 141,* 774-775.

Piccardo, E. (2012). Médiation et apprentissage des langues : Pourquoi est-il temps de réfléchir à cette notion? *Etudes de linguistique appliquée, 167,* 285-294.

Vygotsky, L. S. (1996). *Thought and language* (E. Hanfmann & G. Vakar, Trans.; 2nd ed.). M.I.T. Press. Basic Books. (Original work published 1962)

Vygotski, L. S. (2015). *Pensée et langage : Suivi de Commentaire sur les remarques critiques de Vygotski par Jean Piaget* (F. Sève, Trans.; 4th ed.). Dispute.

Wood, D. J., Bruner, J. S., & Ross, G. (1976). The Role of Tutoring in Problem Solving. *Journal of Child Psychology and Psychiatry, 17*(2), 89-100. https://doi.org/10.1111/j.1469-7610.1976.tb00381.x

Zarate, G., Gohard-Radenkovic, A., Lussier, D., & Penz, H. (2003). *Médiation culturelle et didactique des langues.* Conseil de l'Europe CELV /ECML.

確認チェック

❶. CEFR2001 は媒介を翻訳と通訳であると断言していますか？ 他にも媒介の働きはあるでしょうか？

❷. CEFR2001 はなぜ媒介に関する例示的能力記述文 (can do) を作成しなかったのでしょうか？

❸. ヴィゴツキーの媒介論は CEFR2001 に影響を与えましたか？

❹. CEFR2001 と CEFR-CV のあいだで、媒介についての見解は同じでしょうか？

おわりに

西山 教行 (にしやま のりゆき)

　歌手の戸川純が歌っていた「隣りの印度人」という曲を聞いたことがあるでしょうか。隣りに暮らすインド人をテーマとした、実にシュールな楽曲です。この曲が発表された1984年頃、日本にインド人はあまり暮らしていなかったのでしょう。日常生活のなかでインド人を隣人とする日本人がわずかだったからこそ、インド人はエキゾチシズムの対象となり、非日常を構成し、楽曲に取り上げられたのでしょう。ところが、今ではインド料理屋のない都市はなく、インド料理屋は中華料理屋と同じくらい私たちの日常の一コマを構成しています。もっとも、実際に調理をしているのがインド人ではなく、ネパール人であっても構いません。私たちはインド人とネパール人を識別するほど、南アジアに関わる文化能力を保持していないのですから。

　外国人はもはやエキゾチシズムの対象ではなく、外国人との共生はますます緊密になりつつあります。しかし、私たちは彼らとどのようなことばを共有し、交わしているのでしょうか。現代の日本社会は、国外は英語のみ、国内は日本語のみといった二重の単一言語主義に依然として閉じ込められています。しかし、日本語だけが国内を支配すると唱えるにせよ、日本語を第二言語とする人口は増加の一途をたどり、そこでの日本語にはさまざまなバリエーションがあり、またさまざまな用途があります。そのため、そのような人々の要望に応え、彼らの暮らす環境にふさわしい言語教育が日々求められているのです。

　日本社会を構成している外国人は、必ずしも日本のポップカルチャーに憧れて来日したのではありません。より切実で、より実利的な関心から日本を訪れ、社会の一員となることを選択した人々もいることでしょう。来日にあたり、日本語を学習してきた人々もいれば、学習歴のない人々、さらには教育歴そのものが乏しい人々もいるでしょう。また、彼らの保持する言語の多様性も無視できません。実際、彼らのなかには文字文化を持たない言語変種

を日常生活で利用している人々もいることでしょう。そのような多様な言語や言語学習歴を持つ人々に言語を教えることは容易ではありません。それでもさまざまな外国人が日本語を学び、また彼らに日本語を教えることは民主的な多文化共生社会を構築するために不可欠な要素です。なぜならば、言語の共有こそが共生の基盤であり、日本語の習得により外国人は日本社会への統合を進めるからです。

　本書がテーマとする言語教育のなかの仲介は、CEFR が言及し、CEFR-CV で大幅に拡充した概念で、これまでの言語教育があまり注目することのなかった教育活動です。しかし、今後さらなる展開が予想される分野であり、本書の実践や考察の対象が提唱するように隣の外国人との共生に有益な教育活動の一つとなるでしょう。

　本書は、2023 年 3 月 25 日 26 日に京都大学で開催された国際研究集会 2023「複言語主義の多元性をめぐって」（科研 18H00688：西山教行、21K13080：大山万容、19K00813：中村典子、21K00789：21K00789：西島順子、22K13185：ダニエル・ピアス、21K00677：大木充）ならびに 2023 年 1 月 21 日に大分大学で開催された公開研究会「CEFR、CEFR 補遺版の仲介（媒介）活動と複言語・異文化間教育の接点 ―日本語と外国語―」、2024 年 3 月 22 日に宮崎で開催された公開研究会「CEFR2001、CEFR-CV と仲介、複言語・複文化 ―日本語と外国語―」等での報告をもとに編集された論集です。本書の先駆的な実践や研究がCEFR 研究や仲介の考察や討議に役立つことにつながれば、編者として喜びに堪えません。

［著者一覧］

大木 充 （おおき みつる） 〔編集〕 第Ⅰ部、第Ⅲ部 8 章

京都大学大学院 人間・環境学研究科 名誉教授

専門は外国語教育学、特に日本人フランス語学習者の動機づけと複言語・異文化間教育研究。主な共編著に、『マルチ言語宣言 ―なぜ英語以外の外国語を学ぶのか―』（京都大学学術出版会, 2011）、『異文化間教育とは何か ―グローバル人材育成のために―』（くろしお出版, 2015）、『グローバル化のなかの異文化間教育 ―異文化間能力の考察と文脈化の試み―』（明石書店, 2019）、『CEFRの理念と現実 実践編』（くろしお出版, 2021）、フランス語教科書に『私たちの未来が危ない ―グレタにつづけ 翻訳AI・生成AIを使いこなそう―』（大木充他, 駿河台出版社, 2024）などがある。

西山 教行 （にしやま のりゆき） 〔編集〕 第Ⅲ部 9 章

京都大学大学院 人間・環境学研究科 教授

日本言語政策学会会長（2024 ～ 2027）、公益財団法人日仏文化交流協会理事長

専門は言語政策、言語教育学、フランス語教育学。共編著に、『複言語教育の探求と実践』（くろしお出版, 2023）、『多言語化する学校と複言語教育 ―移民の子どもたちの教育支援を考える―』（明石書店, 2022）、『CEFR の理念と現実 理念編』『同 現実編』（くろしお出版, 2021）、『多言語世界ヨーロッパ』（トリュショ著・西山教行ほか訳, 大修館書店, 2019）『ヨーロッパの言語』（メイエ著・西山教行訳, 岩波文庫, 2017）などがある。

葦原 恭子 （あしはら きょうこ） 第Ⅱ部 2 章

琉球大学グローバル教育支援機構 国際教育センター 教授

琉球大学大学院 地域共創研究科 言語表象プログラム 教授

専門は日本語教育学および異文化コミュニケーション学。特に、CEFR を援用した、高度外国人材に求められるビジネス日本語能力・日本語教育人材に求められる異文化間コミュニケーション能力に関する Can-do statements 構築に取り組んでいる。2024年現在、日本語教師歴40 年。教え子の出身国は 107 カ国に及ぶ。主な論文に、葦原恭子・小野塚若菜（2015）「高度外国人材のビジネス日本語能力を評価するシステムとしてのビジネス日本語 Can-do statements の開発 ―BJT ビジネス日本語能力テストの測定対象能力に基づいて―」（第 10 回日本語教育学会林大記念論文賞受賞）がある。

奥村 三菜子 （おくむら みなこ） 第Ⅱ部 5 章

NPO法人YYJ・ゆるくてやさしい日本語のなかまたち 副理事

専門は日本語教育。各地で CEFR を参照した教育実践や教師研修を行っている。主な著書に、『日本語教師のための CEFR』（共編著, くろしお出版, 2016）、「欧州における継承日本語教育と欧州言語共通参照枠（CEFR）」（近藤ブラウン妃美・坂本光代・西川朋美編『親と子をつなぐ継承語教育 ―日本・外国にルーツを持つ子ども―』第 12 章, くろしお出版, 2019）、「日本語教育と複言語教育の接続 ―日本語教育にもたらす課題とインパクト―」（西山教行・大山万容編『複言語教育の探求と実践』第 3 章, くろしお出版, 2023）、『CEFR-CVとことばの教育』（共著, くろしお出版, 2024）などがある。

櫻井 直子（さくらい なおこ）　第Ⅱ部 5 章

ルーヴェン・カトリック大学 専任講師

専門は日本語教育。CEFR には公開直後から関心を持ち、その理念を参照した教育実践や教師研修を行っている。主な著書に、「言語教育機関における CEFR 文脈化の意義 ―ベルギー成人教育機関での実践例からの考察―」（細川英雄・西山教行編『複言語・複文化主義とは何か ―ヨーロッパの理念・状況から日本における受容・文脈へ―』第 5 章, くろしお出版, 2010）、『日本語教師のための CEFR』（共編著, くろしお出版, 2016）、「海外で日本語を教える⑧　ヨーロッパ」（吉永未央子・島津百代・櫻井千穂編『言葉で社会をつなぐ仕事』第 5 章, 凡人社, 2019）、『CEFR-CV とことばの教育』（共著, くろしお出版, 2024）などがある。

島田 徳子（しまだ のりこ）　第Ⅱ部 1 章

武蔵野大学グローバル学部 教授

専門は日本語教育、異文化間教育、学習環境デザイン。博士（学際情報学）。1997年から2012年まで独立行政法人国際交流基金において、「みんなの教材サイト」「JF日本語教育スタンダード」「みんなのCan doサイト」の開発や、『国際交流基金日本語教授法シリーズ　14教材開発』の執筆を担当。博士論文では、元留学生外国人社員の日本企業における組織社会化の研究に取り組む。厚生労働省委託事業「就労場面で必要な日本語能力の目標設定ツール開発」（令和 2 年度）調査研究会座長、文化庁日本語教育小委員会委員（令和 3 - 6 年度）など、国内の外国人材受け入れのための調査研究や実践等に広く関わっている。

関崎 友愛（せきざき ともえ）　第Ⅱ部 4 章

日本語サービスYOU&I 代表

専門は日本語教育、社会言語学。言語文化学修士（大阪外国語大学）。大阪外国語大学非常勤講師、国際交流基金日本語国際センター専任講師などを経て、現在は「子育ての日本語」をテーマに地域の外国人保護者への言語支援等に携わる。文化庁事業において「『生活 Can do』の作成及び検証補助業務」アドバイザー、『生活者としての外国人』に対する日本語教師初任研修」「地域日本語教育コーディネーター研修」講師、「『生活者としての外国人』のための日本語教室空白地域解消推進事業」地域日本語教育アドバイザー、埼玉県の「地域日本語教育の総合的な体制づくり推進事業」において地域日本語教育コーディネーターを務めるなど、地域における日本語教育人材の育成に関わる。

福島 青史（ふくしま せいじ）　第Ⅲ部 7 章

早稲田大学大学院 日本語教育研究科 教授

専門は日本語教育、言語政策、言語教育政策。移動の時代において移民やその家族がどのように言語を身につけ自らの生を営むのか、その方法や制度について研究をしている。主な著書に、「『共に生きる』社会形成とその教育 ―欧州評議会の活動を例として―」『異文化間教育とは何か』（西山教行・細川英雄・大木充編, くろしお出版, 2015）、「移民と戦争の記憶：ことばが海を渡る」『複数の言語で生きて死ぬ』（山本冴里編著, くろしお出版, 2022）、「『違い』の感覚を生きる」『「日系」をめぐることばと文化』（長谷川アレサンドラ美雪と共著, 松田真希子他編, くろしお出版, 2022）、『英語ヒエラルキー』（佐々木テレサと共著, 光文社新書, 2024）などがある。

真嶋 潤子（まじま じゅんこ）　第Ⅲ部 6章

大阪大学大学院人文学研究科 名誉教授、国際交流基金関西国際センター 所長

専門は日本語教育学、外国語教育学、言語教育政策で、特に日本語教員養成、年少者への複数言語教育、欧州の言語教育政策など。主な著書に、『技能実習生と日本語教育』（編著, 大阪大学出版会, 2021）、「第4章　日本語教育におけるCEFRとCEFR-CVの受容について」（西山教行・大木充編『CEFRの理念と現実　現実編　教育現場へのインパクト』くろしお出版, 2021）、"Migration, Multilingualism and Education: Critical Perspectives on Inclusion"（分担執筆, Latisha M., Ann-Birte K., & Andrea S. Y. 編, Multilingual Matters, 2021）、『母語をなくさない日本語教育は可能か ―定住二世児の二言語能力―』（編著, 大阪大学出版会, 2019）、"Handbook of Bilingual and Multilingual Education"（分担執筆, Wayne E. W., Sovicheth B., & Ofelia G. 編, Wiley Blackwell, 2015）などがある。

松岡 洋子（まつおか ようこ）　第Ⅱ部 3章

岩手大学国際教育センター・総合科学研究科 教授

専門は日本語教育、移民政策。移民の言語教育政策、社会統合政策について、ドイツ、韓国、日本などを対象に研究を進めるとともに、地域日本語教育の在り方、災害時多文化対応力養成等、研究および研修を行う。主な共編著に、「地域の日本語教育と被災地の外国人 ―コミュニティにおける言語とその役割―」（駒井洋監修・鈴木江理子編著『移民・ディアスポラ研究2　東日本大震災と外国人移住者たち』第7章, 明石書店, 2012）、「社会を支える外国人移住者と受入れ社会とのコミュニケーション構築 ―多文化社会の持続可能性を支える仕組み―」（宮崎里司・杉野俊子編著『グローバル化と言語政策』第2章, 明石書店, 2017）、『アジア・欧州の移民をめぐる言語政策 ―ことばができればすべて解決するか？―』（編著, ココ出版, 2018）などがある。

249

CEFR-CVの「仲介」と
複言語・複文化能力

2024年9月30日 初版第1刷発行

編 著 者	大木充，西山教行
著 者	葦原恭子，奥村三菜子，櫻井直子，島田徳子 関崎友愛，福島青史，真嶋潤子，松岡洋子
発 行	株式会社 凡人社 〒102-0093 東京都千代田区平河町1-3-13 電話 03-3263-3959
カバーデザイン	株式会社クオリアデザイン事務所
印刷・製本	倉敷印刷株式会社

定価はカバーに表示してあります。乱丁本・落丁本はお取り換えいたします。
＊本書の一部あるいは全部について、著作者から文書による承諾を得ずに、いかなる方法に
　おいても無断で、転載・複写・複製することは法律で固く禁じられています。

ISBN 978-4-86746-029-0
©OHKI Mitsuru, NISHIYAMA Noriyuki, et al. 2024 Printed in Japan